LAW & POLITICAL SCIENCE SERIES

法政科学丛书 · 张千帆主编

民主的宪法

The Democratic Constitution

[美国]尼尔 · 戴文思 路易斯 · 费希尔 著 李松锋 译

译林出版社

图书在版编目(CIP)数据

民主的宪法 /（美）戴文思（Devins, N.），（美）费希尔（Fisher, L.）著；李松锋译.
—南京：译林出版社，2015.9
（法政科学丛书）
书名原文：The Democratic Constitution
ISBN 978-7-5447-5663-1

Ⅰ.①民…　Ⅱ.①戴… ②费… ③李…　Ⅲ.①宪法–研究–美国　Ⅳ.①D971.21

中国版本图书馆CIP数据核字（2015）第178510号

书　　名 民主的宪法
作　　者 [美国] 尼尔·戴文思 路易斯·费希尔
译　　者 李松锋
责任编辑 陈　锐
原文出版 Oxford University Press, 2004
出版发行 凤凰出版传媒股份有限公司
译林出版社
出版社地址 南京市湖南路1号A楼，邮编：210009
电子邮箱 yilin@yilin.com
出版社网址 http://www.yilin.com
经　　销 凤凰出版传媒股份有限公司
印　　刷 江苏凤凰通达印刷有限公司
开　　本 652毫米 × 960毫米　1/16
印　　张 21
插　　页 2
字　　数 256千
版　　次 2015年9月第1版　2015年9月第1次印刷
书　　号 ISBN 978-7-5447-5663-1
定　　价 55.00元

主编序

张千帆

自新文化运动提出“德先生”与“赛先生”以来，距今已有九十多年。这么多年来，“民主”与“科学”一直是引领中国现代化进程的两面大旗，一直在指引着中国现代化理论与实践的方向。但不得不说的是，虽然中国科学经过不懈努力取得了长足的进步，民主仍然是几代人前赴后继、孜孜以求的目标，而对于一个国家来说，民主甚至比科学更为重要。没有科学，国家是落后的；没有民主，国家也许可以一时强盛起来，但是国家发展迟早会发生严重的方向错误甚至堕入战争的深渊；纳粹德国和军国主义日本就是前车之鉴，中国在改革开放前二十年也走过很长一段弯路。可见“德先生”要带着“赛先生”走，否则“赛先生”要迷路的。今天我们依然倡导科学与民主，而不能不看到两者的纲目之分、体用之别。

其实民主本身就有一套科学，而中国民主之所以长期不完善，恰恰是因为我们忽视了民主政治的常识和规律。近百年来，民主一直是一个政治正确的口号，各种民主思潮和理论相继引入中国，激发了国人的极大兴趣，但是我们对于民主制度在各国实际政治中的运行方式及其经验教训却所知甚少。理念和理论永远是新奇的，但是解决不了一个国家的实际问题。今天，我们不能停留在民国初年或改革开放初期引介西方思想的水平上，而有必要综合考察各国民主宪政的制度实践。惟其如此，我们才可能用民主的科学推动民主的政治。

《法政科学丛书》的宗旨正是探索各国民主宪政的制度模式，及其在实践运行中的利弊得失。所谓法者，法治也，当首推宪法之治；政者，政治也，非民主政治莫属。我们冀望这套丛书可以帮助中国通过"赛先生"，看到更真实的"德先生"，进而加速民主宪政的进程。

是为序。

目　录

献给我的姐姐玛吉。

——路易斯·费希尔

献给我的父母马特和戴安·多林格。

——尼尔·戴文思

序　言

我们通过一系列案例分析，解释了司法与非司法力量如何塑造美国宪法。我们不是仅仅关注最高法院或下级法院对宪法的解释，而是分析了民选部门、各州、利益集团以及普通大众对宪法的贡献。结果看到的是更加丰富、更加生动、更加精确的宪法发展路径。

本书还有第二个目的。我们不仅表明宪法是由庞大的政治文化塑造而成，而且我们认为，宪法**应当**如此。我们认为这种广泛意义上的宪法，更加稳定，更加契合宪政原则，也更能保护个人和少数群体的权利。

近来一系列研究已经挑战了法院作为宪法最终解释者的地位。有学者认为，法院判决在推行社会变革方面毫无作用，所以呼吁法院做出“极简主义”的判决——允许民选政府在界定宪法规范方面发挥领导作用。[1]更引人注目的是，有学者提到了人民——通过选举等——有效修正宪法的“立宪时刻”，或者法院试图回避宪法解释的大众型宪政对话。[2]我们认为，这些研究通常低估了法院在引领社会运动和民选政府行为方面能够

1　例如见 Gerald N. Rosenberg, The Hollow Hope（1991）（在解决种族、堕胎等问题上，法院并没有发挥重要作用）；Cass R. Sunstein, One Case at a Time（1999）（为司法极简主义辩护）。

2　见 Bruce Ackerman, We the People：Foundations（1991）；Mark Tushnet, Taking the Constitution Away from the Courts（1999）。

发挥并且也应当发挥的关键作用。[3]最高法院的判决的确重要。但同样重要的是——如果不是更重要的话——民选官员和人民对最高法院的判决,以及许多宪法问题(比如从来没有进入法院,或是进入法院后,被法官退回政治部门解决的问题)的回应。

已有研究解释了民选官员和民意如何参与界定宪法规范,但这些研究通常只考虑一两个具体领域,并且通常局限于特定历史时期。[4]有些研究只是泛泛而论,或仅提出了理论模型。[5]我们的研究以具体实例为基础,
vii 展示了利益集团的努力、立法辩论的本质以及行政部门的策略。[6]

我们已经出版的著作和文章为本研究奠定了基础。费希尔的《宪法

---

3 近来针对积极司法审查的辩护(与本书讨论的主题密切相关),见 Terri Jennings Peretti, In Defense of a Political Court(1999)(辩护了政治推动宪法决策);Louis Michael Seidman, Our Unsettled Constitution(2001)(司法审查鼓励政治过程的所有参与方相互商谈);Christopher Eisgruber, Constitutional Self Government(2001)(强调了法院引导其他政府部门和人民的方式)。

4 这一领域的著作包括:Michael Kent Curtis, Free Speech: The People's Darling Privilege(2000);Lee Epstein & Joseph F. Kobylka, The Supreme Court and Legal Change: Abortion and the Death Penalty(1992);Michael J. Glennon, Constitutional Diplomacy(1990);Barbara Hickson Craig & David M. O'Brien, Abortion and American Politics(1993)。关注不同历史时期的著作包括:Wayne D. Moore, Constitutional Rights and Powers of the People(1996);Keith E. Whittington, Constitutional Construction: Divided Power and Constitutional Meaning(1999)。更多的历史性争论,见 Robert G. McCloskey, The American Supreme Court(Sanford Levinson 于 1994 年出版了修订的第二版)(分析了最高法院通过发布符合社会标准的判决,维护其在政府中的地位,呼吁读者对此予以注意)。

5 例如见 Robert A. Burt, The Constitution in Conflict(1992)(捍卫了三部门解释与民主理论是相一致);Robert F. Nagel, Constitutional Cultures: The Mentality and Consequences of Judicial Review(1989)(认为政治宪法高于法律宪法,因此,警告不要过度依赖司法审查);Stephen M. Griffin, American Constitutionalism(1996)(认为宪法解释理论必须将政治部门纳入考虑);Sanford Levinson, Constitutional Faith(1998)(除其他内容外,指望新教与天主教之间的辩论来判断谁应该解释宪法)。

6 一些宪法教科书提供了许多具体例子,包括 Paul Brest et al., Processes of Constitutional Decisionmaking(4th ed. 2000);Louis Fisher, American Constitutional Law(5th ed. 2003);James C. Foster & Susan M. Leeson, Constitutional Law: Cases in Context(2d ed. 1998);and Walter F. Murphy et al., American Constitutional Interpretation(2d ed. 1995)。

对话:作为政治过程的解释》(普林斯顿 1988 年版)获得了国家公共行政科学院颁发的路易斯·布朗洛图书奖。他的著作《美国宪法》(麦格劳希尔出版公司 1990 和 1995 年版;卡洛琳娜学术出版社 1999, 2001 和 2003 年版)与他最近的《美国宗教自由:政治保护》(堪萨斯大学出版社 2002 年版)也是以三个政府部门的解释为基础。他的其他著作以及三百多篇文章,就像他三十八次在国会各委员会作证一样,都解释了这方面的许多问题。在他供职美国国会研究服务中心的三十多年间,他亲自参与了这方面的许多争论。本书所表达的都只是个人观点,并不属于所在部门,不代表美国国会研究服务中心或是国会图书馆的立场。

戴文思与费希尔合著的《宪法学的政治驱动力》(西方出版公司 1992,1996 和 2001 年版)为分析国会与行政参与提供了案例研究和资料。戴文思的《塑造宪法价值:民选政府、最高法院和堕胎纷争》(约翰·霍普金斯 1996 年版)也专注于三个部门的解释。他在法学期刊上的许多论文以及在国会各委员会都分析了民选官员在宪法解释上的作用。1993 年,戴文思编辑了《民选部门在宪法决策中的影响》(法律和当代问题)。1998 年 1 月,众议院司法委员会针对国会在宪法解释中的作用举行了听证,他和费希尔都受邀作证。

在本书撰写期间,我们得益于许多个人和机构的帮助。阿希尔·阿玛(Akhil Amar)、李·爱泼斯坦(Lee Epstein)、巴里·弗里德曼(Barry Friedman)、马克·格雷伯(Mark Graber)、阿布纳·格林(Abner Greene)、桑迪·莱文森(Sandy Levinson)、奇普·鲁普(Chip Lupu)、约翰·麦金尼斯(John McGinnis)、鲍勃·内格尔(Bob Nagel)、戴维·奥布赖恩(David O'Brien)、苏珊娜·谢里(Suzanna Sherry)、比尔·特雷纳(Bill Treanor)、马克·图什奈特(Mark Tushnet)、基思·惠廷顿(Keith Whittington)评论了本书初稿,更概括地说,与我们共同或分别讨论了本研究的某些方面,改善了我们的想法。史密斯·理查森基金会(Smith Richardson Foundation)和威廉·玛丽学院提供拨款和学术休假,对我们的研究助益良多。费利西娅・伯顿(Felicia Burton),特别是德拉・哈里斯(Della Harris),不仅提供文字处理支持,更让我们感到像是在同一间办公室工作,而非远隔千里之遥。在过去几年里,威廉・玛丽法学院的学生为本书以及相关项目提供了研究帮助。这些学生有玛丽・休・巴克斯(Mary Sue Backus)、埃琳・奥卡拉汉(Erin O'Callaghan)、基思・芬奇(Keith Finch)、罗伯特・居尔克(Robert Juelke)、克里斯・谢伊(Chris Shea)、简・斯塔克韦瑟(Jan Starkweather)、温迪・沃森(Wendy Watson)、贾雷
viii 尔・怀特(Jarrell Wright)。最后,特别感谢牛津大学出版社的德迪・菲尔曼(Dedi Felman)。德迪对这个项目的热忱极大地推动了书稿的完成。并且,德迪和莫莉・巴顿(Molly Barton)一道对书稿提出了非常有价值的评论。我们也非常感谢朱迪斯・胡佛(Judith Hoover)认真慎思的编辑以及丽贝卡・约翰斯-戴恩斯(Rebecca Johns-Danes)的印刷工作。

费希尔将本书献给他的姐姐玛吉,感谢她一生的支持与鼓励。戴文思将本书献给他的父母:马特和戴安・多林格,感谢他们的爱、宽容与启发。

本书有些内容与我们的其他成果重复。特别是第十章中的部分内容最初发表在我们合写的文章《司法绝对主义和政治稳定》(《弗吉尼亚法律评论》1998 年第 84 卷)之中。

ix 2003 年 9 月 12 日

引　言

本书最早源于 1987 年。当时，最高法院的解释主导着宪法的适用，这种观点还没有受到严重挑战。譬如，当报道 60% 的美国人认为最高法院是最终的宪法裁决者时，报纸通常就简单地指出这 60% 的人是“正确的”。[1] 同理，当司法部长埃德温·米斯提出，最高法院判决并不能“在今后永远约束所有人和所有政府部门”时，新闻界和学术界都义愤填膺。[2] 更值得提及的是，米斯的观点充分惊醒了参议院司法委员会，进而要求最高法院大法官候选人来评论这一点。

但是，1987 年也标志着一个时代的结束。过去一直抱怨法官创制权利的保守派人士，期望里根时代的法官任命能够重塑联邦法院。同样，左派期望沃伦法院的自由主义尽快消失。简言之，左派尽管抨击司法部长米斯，但已不再期望法院去推进他们的政治计划。双方都有理由要抛弃司法至上，学术界开始将注意力转向民选政府部门对宪法的解释。

1987 年之所以重要，还有另外一个原因：那一年，我们开始讨论写作

---

1 Ruth Marcus, *Constitution Confuses Most Americans*; *Public Ill-Informed on U.S. Blueprint*, Washington Post, Feb. 15, 1987, at A13.

2 Edwin J. Meese, *The Law of the Constitution*, 61 Tul. L. Rev. 979, 983 (1987). 第一章详细叙述了这段插曲。

本书。费希尔此前已经出版了《宪法对话》一书，认为宪法原则源自三个政府部门之间的对话，以及各州和普通公众之间的对话。戴文思在评论这本书时提出，评价非司法部门对宪法解释的影响和分量，最好的方法是通过一系列的案例研究。[3]

本书正是这样来做的。我们通过一系列的案例研究表明，几乎所有重要的最高法院判决都不能说没有注意到周围的政治因素。至于为什么
3 是这样，我们提供了一些解释。

首先，不管是废除南方公立学校的种族隔离，[4]还是推翻哈里·杜鲁门总统战时征收钢铁厂的行为，[5]大法官们在起草判决书时，都关注了公共舆论。同样，国会的政治决定通常容易获得司法的支持，诸如国会依据贸易条款，要求旅馆和饭店对少数族裔和非少数族裔提供同等服务。[6]政治也有助于评价最高法院的理论。最高法院判决拘留日裔美国人，不管怎么分析都应考虑到拘留只是军方的遁词，并且得到司法部的批准。[7]为回应 1985 年加西亚诉圣安东尼奥都市运输局案中的联邦主义问题而启动的立法，提到在政治过程中是否对各州有足够的保护。[8]

其次，政治力量决定了法院判决的落实程度。1983 年美国移民归化局诉崔德案判决立法机关的否决无效之前，立法机关的否决异常盛行。只有理解了这背后的制度力量，才能明白为何还在继续使用立法机关的否决——自从美国移民归化局诉崔德案判决以来，已经采纳的立法机关否决足有四百多例。[9]布朗诉教育委员会的判决难以得到执行（最高法院

---

3 Louis Fisher, Constitutional Dialogues: Interpretation as Political Process (1988); Neal Devins, *The Constitution between Friends*, 67 Tex. L. Rev. 213 (1988).

4 第七章分析了布朗案及其后果。

5 第五章讨论了没收钢铁工厂案。

6 第三章分析了公共设施立法。

7 第七章详述了这段插曲。

8 第三章讨论了加西亚案及其后果。

9 第四章详述了这个案例。

将救济权授予南部地区法院法官)，引发 20 世纪 60 年代中期民选部门的改革，以致更多种族隔离的废除都是立法而非通过司法得到推进的。[10]

民众对法院判决的抵制，通常促使最高法院调整自己的立场，典型例证是，在所谓的及时转变之后，最高法院接受了罗斯福的新政措施。[11] 公众对迫害耶和华见证会的愤怒，促使最高法院改变了在强制向国旗敬礼案上的立场。[12] 在堕胎和校车问题上，民选部门的不同意见很可能导致伦奎斯特法院对伯格法院的一些判决作出适当调整。[13]

民选官员有时认为某个司法判决是错误的。尽管 1819 年判决了麦卡洛克诉马里兰州案，但安德鲁·杰克逊总统认为，国会无权设立国家银行。[14] 更近的例子是，最高法院在选举权、宗教自由、出版自由、主权豁免、公平原则、独立检察官和同性鸡奸等问题上的判决，要么已经受到限制，要么已通过州和联邦立法将其阉割。[15]

最后，民选官员有时在宪法含义上最先发言，并且拥有最终话语权。在弹劾、行政特权、战争权以及其他许多问题上，法院通常以管辖权为由来回避这些问题。[16] 当这种情况发生时，政治人物通常控制宪法解释。此
外，美国不是只有一部宪法，而是五十一部宪法。五十部州宪法允许各 4
州以截然不同于联邦最高法院的方式界定宪法。[17] 这种多元抉择为公民们——通过州立法机关、州长和州法院来实施——在宪法问题上提供了独立进行创造性思考的机会。

---

10 更多讨论，见第七章。

11 第三章详述了法院改组所引发的争议。

12 第九章分析了这场争论。

13 更多讨论，见第六章(堕胎)和第七章(废除校园种族隔离)。第六章还分析了民选部门反对罗伊判决影响了最高法院在同性鸡奸和医疗辅助自杀方面的判决。

14 第三章讨论了这段插曲。

15 更多讨论，见第三章(主权豁免)、第四章(独立委员会)、第六章(鸡奸)、第七章(选举权)、第八章(出版自由和公平经营原则)及第九章(宗教自由)。

16 第四章分析了弹劾和行政特权；第五章分析了战争权。

17 这些例子包括堕胎(第六章)、同性恋权利(第六章)和宗教学校(第九章)。

我们呼吁大家注意非司法部门在塑造宪法价值方面发挥的重要作用，但我们并不是认为，法院在这些纠纷中只发挥微小的作用。恰恰相反，我们认为，法院通常引领了民选部门的讨论，并解释了法院为什么必须发挥这样的作用。民选官员、公众和法院之间的这种共振，既促进了宪法与我们每个人生活的关联度，又提高了宪法决策的质量。政府各部门相互制衡，并且又由人民制衡政府，这种充满活力的过程使宪法更有生机，也更加稳定。我们的研究最终是吁求法院、民选官员和公众都能积极参与政府决策。我们认为，在激发社会运动，引导民选政府行为方面，法院能够并且也应当发挥重要作用。基于这一点，我们与对最高法院作为宪法最终解释者地位提出质疑的其他学者具有共同的立场。尽管如此，由于媒体和宪法教科书通常将最高法院的宪法解释作为最高解释，所以我们的大量研究用来解释为什么最高法院判决根本不具有最终性。

本书最初几章分析了目前宪法学上的一些重要误解。如果认为最高法院向公众提供的宪法价值是最终决定，那就是错误的。虽然最高法院近来的一些判决有不同意见，但著名的马伯里诉麦迪逊案绝没有说最高法院的宪法解释是最终决定。大法官罗伯特·杰克逊曾经说过，最高法院的判决“不是因为一贯正确而享有最高权威，而是因为享有最高权威才一贯正确”。这也是错误的。美国法律的历史已经表明，最高法院既不享有最高权威，也不是一贯正确。19世纪，最高法院在德雷德·斯科特案中对奴隶制问题作出的判决并不享有最高权威，在种族关系上支持“隔离但平等”原则也不具有最高权威。20世纪，在诸如童工、堕胎、联邦主义、校车、政教关系、死刑、立法否决以及其他诸如此类问题上的判决，也不具有最高权威。

另一个误解是，认为最高法院在保护个人和少数群体权利上发挥了独特作用，并且这种职责不能授予依据多数决规则产生的民选部门。历史给出的是不同答案。从1789年至今，在保护个人和少数群体权利方面，
5 国会和总统的成绩要好于法院。在最高法院最初的一个半世纪里，大法

官们较倾向于保护公司和政府的权利。沃伦法院的二十年，提供了一个较为积极的典范，因此个人和游说集团一而再地到法院维护自己的权利。但是，后沃伦时代又回到通常的模式。个人和利益集团都对诉讼结果感到失望，甚至在预计应进入诉讼的问题上，通常都诉诸民选部门来纠正合宪性上的问题。

有关国家权力分立、战争权和联邦主义的几章内容一再表明，在解决组织问题方面，非司法部门通常主导了法院判决。大多数情况下，组织问题（特别是重要的战争决定）都交给了民选部门。即使大法官们试图介入，他们的决定也总是与立法者和公众传达给最高法院的信号紧密相连。

关注个人权利和自由的几章，解释了民选部门如何发挥积极作用。譬如，有关种族和隐私权的论述表明，布朗诉教育委员会案、罗伊诉韦德案以及最高法院其他里程碑式判决，在全国有关平等受教育机会和堕胎权问题的争论上，是一个转折点而非终点。民选部门有时（废除校园种族隔离是最著名的例子）支持最高法院判决，并以此鼓励大法官们提供更多宪法性保护。但在其他时候，最高法院也会屈服于公众的批评。譬如，面对民选部门的抵制，最高法院在校车问题上走回头路，在堕胎问题上也有后退。

有关种族、宗教和言论自由的章节更具体地解释了，在保护权利和自由方面，通常早在法院采取行动之前很久，国会和总统就已经首先采取行动了。在许多案件中，法院以有限的方式界定权利和自由之后，民选部门会再度回到这个问题，给予更大的保护。虽然这个过程有时会是颠倒的——民选部门试图去限制法院对个人权利的保护；但普遍的模式是，民选部门决定了个人和少数群体的权利保护。

我们在本书中还呼吁，关注利益集团和普通大众在游说民选官员方面发挥的重要作用。正如勒尼德·汉德所言：“自由存在于人们的心中，一旦它在人们心中死去，宪法、法律、法院都挽救不了。”[18] 正是这个原因，驱使三个部门解释宪法的强大力量——通常走向积极方向——是公众的态度与偏好。

单纯根据最高法院的判决来谈论宪法，为法院施加了不可承受，也不
6 应当承受之重。宪法权利的保护源自政治过程，这通常涉及三个政府部
门、各州以及公众。正是这个讨价还价且相互尊重的商讨过程，使得各政
府部门暴露不足，制衡越权，逐步在宪法价值上达成合意。一个开放的过
程——为反思提供了许多入口和机会，并通过民主决定和司法制衡之间
7 的平衡得到加强——维护了宪法的永久稳定。

18 Learned Hand, *The Spirit of Liberty*, in The Spirit of Liberty 189, 190 (1960).

第一章　作为主流的司法至上

对于一般大众，甚至受过教育的公众来说，宪法法律就是由一系列上达联邦最高法院的案例组成。最高法院定期阐释宪法含义，并将该事实通告给等待的国民。这种模式的支持者偶尔承认国会、总统和各州在早期阶段也可能参与宪法讨论，但这种参与都是次要的，位于较低层级。根据这种解释，不管内容还是论证，最终决定性发言权属于最高法院。

这种宪法认识并不老套。虽然一些政治学家和法学家已经对这种模式提出质疑，[1] 但司法至上仍然是本科生、研究生和法学院教育中的主流模式。由于这种对案例法的专注，忽视了非司法因素，耶鲁法学院的迈克尔·赖斯曼教授指出："从任何意义上来说，美国法学院都没有综合性的宪法课程。"[2] 但这种对司法至上的信仰是错误的。宪法文本、制宪者的意图以及国会和白宫分别对宪法的解释一再表明，民众（以及学者）对司法至上的信仰是荒谬的。虽然最高法院判决在塑造宪法价值方面扮演了显著角色，但民选官员和美国人民在打造宪法新解方面也发挥了决定性作用——尽管这意味着对不得人心的法院判决提出质疑和挑战。

1　对这些质疑的详细目录，见我们的序言。

2　W. Michael Reisman, *International Incidents: Introduction to a New Genre in the Study of International Law*, 10 Yale J. Int'l L. 1, 8 n.13 (1984).

司法霸权的根源

罗伯特·杰克逊大法官曾经说过，最高法院的判决“不是因为一贯正确而享有最高权威，而是因为享有最高权威才一贯正确”。[3] 他很聪明
9 地调换了措辞，但随便一个了解美国历史的人都知道，最高法院判决既非享有最高权威，也非一贯正确。拜伦·怀特大法官在 1970 年说过一句话，更接近真实情况，他说：“本法院在履行职责中需要解释宪法时并不孤单。宪法解释所需要的智慧和洞见，本法院根本没有垄断权。”[4]

对司法权一个特别夸张的解释是查尔斯·埃文斯·休斯非常著名的一句话：“我们生活在宪法之下，但宪法是什么，由法官说了算。”[5] 通常认为休斯是在担任首席大法官时说的这句话，但实际上是在担任纽约州州长时说的这句话。更严重的误解是，休斯从来不认为司法垄断了宪法问题，甚或是法律问题的解释权。当有人反对授权委员会来调查铁路公司滥权时，他对这些批评者做出回应。他担心如果委员会不具有这种权力，这些分歧性问题就会交给法院，有损司法制度。他说，司法权必须严格限定。如果试图把铁路问题交给法院，“将会让法院背负行政重担，并让法院成为公众批评的靶子……它们本应免受这些批评，并且，如果法院仅承担它应承担的职责，将不会受到这种批评”。[6] 休斯并不认为法院力大无比，能够承担所有挑战。他建议他的听众，法院在政治上是脆弱的，绝不能因贪婪太多而浪费司法资源和司法信誉。

但是，司法至上之说好像已经稳固确立。譬如，前联邦法官罗伯特·博克在 1990 年写道：“宪法是美国政治中的王牌，而法官则决定宪法的含义。在某个问题上，只要最高法院援引宪法，不管正当与否，民主

3 Brown v. Allen, 344 U.S. 443, 540（1953）（杰克逊大法官的协同意见）。

4 Welsh v. United States, 398 U.S. 333, 370（1970）（怀特大法官的反对意见）。

5 Addresses and Papers of Charles Evans Hughes 139（1908）.

6 出处同上，141—142；另见 Hughes's later reflection on his Elmira address；The Autobiographical Notes of Charles Evans Hughes 143—144（David J. Danelski & Joseph S. Tulchin eds., 1973）。

过程便已终结。”[7] 事实上，对提名博克进入最高法院的愤怒很大程度上源自对司法至上的信仰，即博克入主最高法院将会在塑造宪法含义方面发挥转变性角色。因为博克批评罗纳德·德沃金：“归根结底，最高法院有权代表政府在整体上决定宪法的含义。”[8]

国会议员也经常提到，最高法院在宪法问题上享有最终发言权。虽然立法者全年都在考虑宪法价值和宪法问题，但他们有时也会不经意地提到，宪法问题由法院决定，而不是由国会决定。1997 年，参议员阿伦·斯佩克特称，最高法院是“法律问题的最终裁决者……我们知道，自 1803
年联邦最高法院判决马伯里诉麦迪逊案以来，联邦最高法院已经成为最 10
高部门，因为联邦最高法院拥有最终话语权”。[9]

立法者的这种说辞是对国会的不够信任，扩大了司法的作用，扭曲了马伯里案的判决意见，并且与过去二百多年来我们知道的宪法发展史相冲突。有许多例子可以证明，不管是法律问题还是宪法问题，国会都能挑战，甚至推翻法院判决。但是，如果立法者发现隐藏在法院判决之下更合适，国会出于政治上的权宜之计，就会放弃解释宪法，不去挑战法院。[10]

当国会故意回避宪法问题时，也鼓励信仰司法至上。譬如，国会不是自己决定某项措施的合宪性，而是在法律中规定一个便捷程序，允许快速到法院提起诉讼。从 1985 年至 1996 年，国会四次诉诸这种手段，并且在这四次中，法院都判决相应立法违宪。[11] 包含便捷程序的立法毫不隐藏地传达了一种信息：我们所做的这些事情，其合宪性我们并不确定。但这部

---

7 Robert H. Bork, The Tempting of America: The Political Seduction of the Law 3 (1990).

8 Ronald Dworkin, Law’s Empire 356 (1986).

9 143 Cong. Rec. S12024 (daily ed. Nov. 7, 1997).

10 有关这个问题的一般观点，强调了立法者有时支持法院判决不受欢迎的法律无效。见 Mark A. Graber, *The Nonmajoritarian Difficulty: Legislative Deference to the Judiciary*, 7 Studies in American Political Development 35 (1993)。

11 The Gramm-Rudman-Hollings Act of 1985, the Flag Protection Act of 1989, the Line Item Veto Act of 1996, and the Communications Decency Act of 1996.

法律在政治上深得民心，我们不知道会不会搞砸，不过不用担心，法院会纠正过来。

总统也鼓励信仰司法至上。白宫和国会一样，有时发现躲在法院判决后面更容易，而不是独自冒险解释宪法。譬如，詹姆斯·布坎南总统把奴隶制说成是“司法问题，由联邦最高法院管辖比较合理”就是一例。[12]一百年后，德怀特·艾森豪威尔总统在截然不同的背景下表达了类似信息。在派遣联邦部队进入小石城执行布朗诉教育委员会案的判决时，艾森豪威尔表示，布朗案的判决是否正确，他不发表任何意见。相反，他谈到“最高法院负有解释宪法的职责和权力”。[13]这种把最高法院判决称为最终决定的做法还在继续。[14]

新闻记者更是大力提升司法至上。当最高法院发布一个重要判决时，报纸通常都将这个判决作为最终确定性结论。1996 年，琼·比斯丘皮克在《华盛顿邮报》撰文说，最高法院的重要性不在于它判决案件的数量，“而在于法院拥有最终话语权。大法官是宪法问题的最终裁判者”。[15]有趣的是，她用来支持其观点的案例——德雷德·斯科特案（被宪法修正案推翻）、废除新政立法（被后来的司法判决撤销）、1954 年的废除种
11 族隔离案（影响受到限制）、罗伊诉韦德案（法院在 1992 年收回了部分内容）——几乎都不符合最终话语权理论。1998 年，比斯丘皮克在描述大法官们努力寻找解决办法时，指出“不管多数意见是什么，事实上都会成为**最终**答案”。[16]罗伊诉韦德案是最终答案吗？德雷德·斯科特案是最终

---

12 5 A Compilation of the Messages and Papers of the Presidents 431 (James D. Richardson ed., 1897).

13 Public Papers of the Presidents, 1957, at 690.

14 见 Gerald M. Boyd, *Goals for Hiring to Stay in Place*, N.Y. Times, Aug. 25, 1986, at A1（讨论了里根时代的平权行动）。

15 Joan Biskupic, *The Shrinking Docket*, Washington Post, Mar. 18, 1996, at A15.

16 Joan Biskupic, *In June, Rulings Move with Supreme Speed*, Washington Post, May 26, 1998, at A15（强调为原文所加）。

答案吗？有关童工的判决是最终答案吗？充其量法院只是提供了一种答案，在塑造宪法含义方面，只是各种力量中的一个分支。

只是最近几十年最高法院才开始声称所发表的是最终意见。司法至上的前提源自1803年的马伯里诉麦迪逊案。首席大法官约翰·马歇尔声称："判定法律是什么显然属于司法部门的职责。"[17] 正如本章随后所说，马歇尔绝没有——政治上——命令其他部门。到1857年，最高法院对其权力已足够自信，联席大法官约翰·卡特伦告知总统候选人布坎南，就德雷德·斯科特案来说，法院"已经决定要解决这个长期以来令全国严重焦虑的争议"。[18] 这种司法最终性论断是作为代价高昂的自我伤害而被载入史册，并且这种伤害至今仍萦绕于法院。

1958年，司法至上再度抬头。阿肯色州州长奥瓦尔·福伯斯企图终止法院要求的废除种族隔离，但最高法院在库珀诉亚伦案中否决了州长的做法。福伯斯对下级法院的命令置若罔闻，拒绝让黑人学生进入小石城中心学校。最高法院作出回应，声称马伯里案"宣布了联邦法院在解释宪法方面具有最高地位的基本原则"。[19]1962年和1969年，最高法院在关于重新分配议席和众议院拒绝亚当·克雷顿·鲍威尔入席的判决中，声称自己是"宪法最终解释者"。[20] 法院对自己是"宪法最终解释者"的想象至今犹存。1992年有关堕胎权的判决中，最高法院认为，当它解释宪法时，它"依据宪法授权，要求具有全国性争议的对立双方终结他们在全国的分歧"。[21]1997年有关宗教自由的判决，最高法院同样坚持国会必须接受法院的宪法判决，因为法院的判决具有最终权威性。[22]

---

17 Marbury v. Madison, 5 U.S. (1 Cranch) 137, 177 (1803).

18 10 The Works of James Buchanan 106 (John Bassett Moore ed., 1910).

19 Cooper v. Aaron, 358 U.S. 1, 18 (1958).

20 Baker v. Carr, 369 U.S. 186, 211 (1962) ; Powell v. McCormack, 395 U.S. 486, 521 (1969).

21 Planned Parenthood of Southeastern Pennsylvania v. Casey, 505 U.S. 833, 866 (1992).

22 City of Boerne v. Flores, 521 U.S. 507, 535—536 (1997).

最高法院宣称自己是宪法最终解释者的喜好必须谨慎解读。第一,最高法院说谁拥有最终话语权?它自己。不用过多怀疑,这不是一种利己主义吗?这种观点难道不是一种明显的自私自利吗?如果总统这样说他的决定,声称他是最明智的人,全国人民有什么反应呢?杰·雷诺[*]和
12 其他午夜喜剧演员将获得空前机会。

第二,当法院担心政治命令漠视它的判决时,总称自己是最终解释者。在围绕小石城、重新分配议席、亚当·克雷顿·鲍威尔、堕胎以及1997年有关宗教自由判决引发的争执中,这种模式尤为明显。所有这些案件中,民选官员的抵制,为最高法院的判决蒙上了阴影。譬如,在堕胎案件中,最高法院预感到,如果它"屈服于政治压力",它将承受"沉重的不必要损害"。[23]换句话说,大法官们大肆宣称司法权隐藏的是制度上的不自信,就像大猩猩拍着胸脯、发出凄厉的声音,只是为了避免受到攻击。

司法审查的范围

司法至上不具有宪法基础。宪法并没有授权最高法院判决国会立法、总统或州政府行为违宪。宪法的某些规定蕴含了司法审查,制宪者讨论过司法审查,但这种司法审查很大程度上是对各州立法的审查,而不是对国会和总统行为的审查。根据宪法第三条第二款规定,司法权包含"依据本宪法、联邦法律和条约产生的"所有案件。制宪会议早期的大多数版本中,"产生"只适用于国会制定的法律。[24]1787年8月27日,威廉·萨缪尔·约翰逊提议,在"联邦法律"之前加入"本宪法"。詹姆斯·麦迪逊

---

[*] 杰·雷诺(1950年4月28日—),美国脱口秀主持人,从1992年至2009年,一直在NBC电视台主持脱口秀节目《杰·雷诺今夜秀》(The Tonight Show with Jay Leno)。该节目一直保持高收视率,甚至位于每周收视榜榜首。2009年9月,在节目调整、休息了三个月后,杰·雷诺重新出现在电视屏幕上,主持名为"杰·雷诺秀"的脱口秀。——译注

23 Planned Parenthood of Southeastern Pennsylvania v. Casey, 505 U.S. 833, 869, 867 (1992).

24 2 The Records of the Federal Convention 46, 132—33, 146, 172, 186 (M. Farrand, ed. 1937)[下文用Farrand]。

反对。他“怀疑将最高法院的一般管辖权延伸到依据宪法产生的案件，是否有些过分，或者说，是否应当限于司法性质的案件。在这种性质的案件中，解释宪法的权利不应当授予那个部门”。[25] 约翰逊的提议没有经过进一步讨论，“通常认为，法院的管辖权仅限于司法性质的案件”。[26]

我们如何理解这种立法史？努力将最高法院的权力限定在“司法性质”的案件，显然意味着最高法院不享有全面的司法审查权。在弗吉尼亚州批准宪法的人民会议上，以及亚历山大·汉密尔顿撰写的《联邦党人文集》第八十篇中，“产生”的含义得到澄清：这意味着司法审查只是针对各州，[27] 并不意味着司法可以控制国会和总统。 13

制宪者每次谈到司法审查，通常指的都是控制各州。麦迪逊担心州的越权，希望国会能对各州违反联邦宪法的行为行使否决权。罗杰·谢尔曼认为，不必要赋予国会这种权力，因为州法院将会废除无效的州法。[28] 其他代表也都支持司法审查各州法律。古维尼尔·莫里斯说道，与宪法不一致的州行为“明显无效”，法官“将视它们为无效”。[29]

1788 年 10 月，麦迪逊在评论弗吉尼亚州的宪法草案时，强烈反对司法至上。他分析了草案提议设立的“审查委员会”，即由法官和行政机关审查弗吉尼亚州立法机关制定的法律。不管是法官还是行政机关，都可以对他们认为草率、不公正或违宪的法案提出反对意见。但是，议会两院三分之二或四分之三多数就可以推翻这种反对意见。如果某个法案具有宪法性质，立法机关推翻了审查委员会的反对意见，麦迪逊倾向的观

25 2 Farrand 430.

26 出处同上。

27 3 The Debates in the Several State Conventions on the Adoption of the Federal Constitution 532（J. Elliot ed. 1836）［下文用 Elliot］（见麦迪逊 1788 年 6 月 20 日的声明）；The Federalist No. 80, at 503（B. Wright ed., 1961）。

28 2 Farrand 27.

29 出处同上，92；另见麦迪逊的评论，第 93 页。有关制宪者在司法审查问题上的意图，更详细论述，见 Louis Fisher, *The Curious Belief in Judiciary Supremacy*, 25 Suffolk U. L. Rev. 85, 87—92（1991）。

点是,该法案暂停通过,待下次选举后,由三分之二或四分之三多数重新予以通过。他不希望将最终话语权交给法官:“当出现解释分歧时,州宪法——事实上联邦宪法也是如此——并没有规定如何解决。由于法院通常在最后作出判决,导致由他们拒绝或不拒绝执行某个法律,法院由此好像就成了最终决策者。这让司法部门事实上高于立法机关;而宪法从来没有打算让司法部门高于立法机关,并且这永远都不合适。”[30]

从 1789 年至 1803 年,曾有一些先例为最高法院在马伯里案中宣布国会立法违宪打下了基础。1792 年,国会立法要求联邦法官担任理赔委员会委员,遭到联邦法官拒绝。由于战争部长可以不理会法院的决定,法院实质上发布的是“咨询性意见”,这让法院隶属于行政官员。在最高法院对该项法律的合宪性作出判决之前,国会废除了令人感到冒犯的内容,剥夺了战争部长否决联邦法官决定的权力。[31]

1796 年,国会通过了运输税法,其合宪性得到最高法院支持。[32] 如果最高法院有权支持国会制定的法律,那么按理也应该有权废除国会制定的法律。但是,大法官塞缪尔·蔡斯说:“**这时**,由我来决定在**宪法上**法
14 院是否拥有宣布国会立法**无效**的权力是不必要的……但如果法院拥有这样的权力,我可以自由决定,那我也永不会行使这项权力,**除非是非常明显的情况**。”[33] 因此,制宪会议结束后近十年,最高法院大法官们仍然不确定他们是否拥有审查国会立法的司法权。充其量来说,这项权力也是极为有限,根本不是随后这种随心所欲的司法审查。

1798 年,最高法院支持了另一项国会立法,这次涉及到修改宪法的程序。[34] 同一年,最高法院一些大法官对司法审查权及其范围提供了一系

30 5 The Writings of James Madison 294 (Gaillard Hunt ed., 1904).

31 1 Stat. 143—145, ch. 11 (1792) ; 1 Stat. 324—325, ch. 17 (1793) ; Hayburn's Case, 2 U.S. (2 Dall.) 409 (1792).

32 Hylton v. United States, 3 U.S. (3 Dall.) 171 (1796).

33 出处同上, 175 (强调为原文所加)。

34 Hollingsworth v. Virginia, 3 U.S. (3 Dall.) 378 (1798).

列意见。艾尔德尔大法官提醒说，除了“明显而又紧急的情况”外，最高法院绝不要援引司法审查权来制衡国会。他特别反对用诸如“自然公正原则”这种模糊的理由判决法律无效，因为这“没有任何固定标准”，掺进太多司法造法的因素。[35]直到1800年，最高法院仍然不确定是否有权判决国会立法无效。大法官蔡斯说，即使违反宪法的法律应当无效，“但问题是，谁有权宣布它无效？”他说，通常认为，最高法院应该宣布国会立法违宪，“但最高法院自己的判决并没有触及这一点”。[36]没多久就出现了这样的判决。

被误解的马伯里案

最高法院在马伯里诉麦迪逊案中判决1789年《司法法》部分内容违宪。通常认为，这是司法至上的权威基础。事实上，该案提出的只是一个非常适度的观点。首席大法官马歇尔表示：“解释法律是什么显然属于司法部门的职责。”[37]事实确实如此，但除了特定案件外，解释法律的权威并不等于最高法院享有最高地位。解释法律同样也是国会与总统的职责。最高法院只是表明判决作出那一天法律是什么。如果国会和总统不同意这种解释，法律随后还可以改变。

最高法院高于其他部门，能向其他部门发布指示，这是首席大法官马歇尔的观点吗？显然不是。1803年，最高法院在政治上根本不可能向国会和总统发布命令。1800年选举中，杰弗逊党人控制了国会和总统。联
邦党人仍然控制着法院，但这个位置是弱的。马歇尔知道他不可能与其 15
他部门抗衡。

联邦党人任命了威廉·马伯里——由约翰·亚当斯总统提名，经参

35　Calder v. Bull, 3 U.S. (3 Dall.) 386, 399 (1798).

36　Cooper v. Telfair, 4 U.S. (4 Dall.) 14, 19 (1800).

37　5 U.S. (1 Cranch) 137, 177 (1803).

议院批准——担任哥伦比亚特区的治安法官，但他一直没有收到任命书。他想让最高法院依据1789年《司法法》规定，命令杰弗逊总统或国务卿麦迪逊发放他的任命书。如果马歇尔判决《司法法》规定合宪，那么他拥有发布令状的法定权力。他认为这样的令状能得到执行吗？不。包括马歇尔在内的每一个人都知道结局是什么。正如首席大法官沃伦·伯格所说，如果马歇尔签发令状，杰弗逊政府置之不理，“最高法院将遭受沉重打击，沦为笑柄，并且法庭将在令人捧腹的笑谈中摇摇欲坠”。[38] 马歇尔判决法律规定违宪，从而避免了这种羞辱。

杰弗逊党人发起的弹劾程序更是加剧了最高法院的危险地位。马伯里案判决于1803年2月24日，众议院在1803年3月2日弹劾了一名地区法官约翰·皮克林，参议院在1804年3月12日判其有罪。众议院刚一结束弹劾皮克林的程序，就将枪口对准大法官塞缪尔·蔡斯。如果这项动议成功，马歇尔就是下一个目标。

在这危险关头，马歇尔于1805年1月23日在写给蔡斯的信中说道，如果国会议员反对司法判决，不必要弹劾法官。相反，国会只需要通过日常的立法程序就可以审查并推翻有异议的判决。马歇尔写给蔡斯的信有点模糊。他应该提到的是推翻法律解释，而不是宪法解释，但鉴于当时的情况，后者好像更有可能。马歇尔写给蔡斯的话是这样说的：“我认为现代的弹劾制度应该换成立法机关的上诉管辖权。与不了解法官犯的错误就罢免法官相比，由立法机关推翻那些它们认为不成立的法律意见，更契合我们温和的特性。”[39]

这并不是最高法院傲慢的空头承诺。在敌视司法权的政治气候下，

---

38 Warren E. Burger, *The Doctrine of Judicial Review: Mr. Marshall, Mr. Jefferson, and Mr. Marbury*, in Views from the Bench 14（Mark W. Cannon & David M. O'Brien ed., 1985）.

39 3 Albert J. Beveridge, The Life of John Marshall 177（1919）. 马歇尔记录的日期是1804年1月23日。从背景来看，学者们目前推测，他弄错了日期，应该是马伯里案判决一年后。The Papers of John Maeshall 348 n.1（Charles F. Hobson ed., 1990）. 另见 David E. Engdahl, *John Marshall's" Jeffersonian" Concept of Judicial Review*, 42 Duke L. J. 279（1992）。

这是一种谨慎小心的品格，以期能保全自身。在这时说司法至上是站不住脚的。政治学家沃尔特·墨菲就写道："马歇尔自己从来没有声称法院垄断宪法解释权，也没有宣称司法至上，只是说在法院审理的案件中有权解释宪法。"[40] 16

民选部门的角色

最初几十年，最高法院很少有引领前进方向的判决，国会和总统必然会独自处理一系列复杂的宪法问题。在没有法院引领的情况下，国会审视了许多诸如司法审查、联邦银行、国会调查权、奴隶制、内部改良、联邦主义、交战权、签订条约和外交关系、州际贸易以及总统的撤职权等等类似问题。[41] 正是民选部门"而非法院，塑造了对宪法的最初理解"。[42] 立法机关和行政机关的讨论是活跃的、紧张的并且费尽心血。鉴于当时最高法院和下级法院提供的指导很少，这种情况也是必然的。

当然，第一届国会议员对司法至上并不熟悉。1789 年讨论总统的撤职权时，詹姆斯·麦迪逊认为，国会如何选择，其合法性判断无需遵从司法。他虽然承认"法律和宪法的解释权属于法院"，但他想要知道，"任何

40　Walter F. Murphy, Why Marbury Matters, 1 Constitution 62, 68 (1989). 针对马伯里案，一项较近的研究认为，该案并没有授予最高法院解释宪法的最终权力。见 Robert Clinton, *Marbury v. Madison* and Judicial Review (1989)。

41　William G. Andrews, Coordinate Magistrates: Constitutional Law by Congress and the President 1—20 (司法审查), 21—43 (银行), 44—64 (奴隶制), 65—95 (州际贸易), 109—130 (撤职权), 131—144 (战争权) (1969)。有关内部改良的早期争论，见 A Documentary History of American Economic Policy since 1789 53—84 (William Letwin ed., 1961)。另见 James Hart, The American Presidency in Action 78—111(条约和外交), 152—248(撤职权)(1948); Charles Miller, The Supreme Court and the Uses of History 52—70, 205—210(撤职权)(1969); Donald G. Morgan, Congress and the Constitution 49—57 (撤职权), 101—118 (调查权), 140—159 (州际贸易) (1966); Abraham D. Sofaer, War, Foreign Affairs and Constitutional Power(1976)(讨论了自 1789 年至 1829 年国会进行的合宪性研究)。

42　David P. Currie, The Constitution in Congress 296 (1997).

一个部门从宪法中获得比其他部门更大的权力，在不同部门之间划分权力界限”的理由是什么。[43]

共和国早期的总统也都认为，每个政府部门都是独立的宪法解释者。乔治·华盛顿第一次行使立法否决权就是以宪法为据。托马斯·杰弗逊认为《外籍和煽动叛乱法》（规定批评政府的言论属于犯罪）公然违宪，并运用总统的赦免权豁免了“依据《外籍和煽动叛乱法》受到惩罚或控诉的所有人”。[44]安德鲁·杰克逊在1832年否决重新授予联邦银行许可证的法律时，提出了他自己的合作解释理论。事实是，最高法院在麦卡洛克诉马里兰州案中全体一致支持了联邦银行的合宪性，这让他极为不满。杰克逊声称：“法官的意见并不比国会的意见更具权威，就像国会并不比法官更有权威一样，在这一点上，总统独立于二者。”他说，每个公职人员都宣誓捍卫宪法，“宣誓捍卫他所理解的宪法，而不是别人理解的宪法”。[45]

这段时期，最高法院对民选部门的宪法判断发挥了支持性作用，运用司法审查权不是判决民选部门的行为无效，而是支持民选部门的决定。
17 纵观约翰·马歇尔大法官从1801年至1835年供职最高法院的漫长时期，只在马伯里案这一个案件中判决立法规定违宪。在其他所有案件中，他都支持了由国会通过并经总统签署的法律，支持了总统和国会对贸易条款以及其他条款的解释。

立法机关和行政机关通过独自协商和共同努力，最先决定某项措施的合宪性。最先对合宪性边界进行检验，并对公共政策做出艰难选择的，是立法机关和行政机关，而非最高法院。只有在这复杂的过程结束之后，

43　1 Annals of Congress 500（Joseph Gales ed., 1834）.

44　1804年7月22日，托马斯·杰弗逊写给约翰·亚当斯夫人的信，载11 The Writtings of Thomas Jefferson 42, 43（Andrew A. Lipscomb ed., 1905）。有关这段历史更详细的讨论，见第八章。

45　3 A Compilation of the Messages and Papers of the Presidents 1145（James D. Richardson ed., 1897）. 有关麦卡洛克案及其后果中渗透的政治因素的详细分析，见第三章和Paul Brest et al., Processes of Constitutional Recisionmaking 1—59（4th ed. 2000）。

并且偶尔有人向法院提出申请时,法院才会行使司法审查权。法官通常接受并支持政治过程达成的结果。因此,在大多数情况下,法院发挥的是协调作用,而不是扮演高人一等的角色。

1937 年围绕重组最高法院的斗争期间,司法至上的支持者认为,法院是个人和少数群体权益的保护者。参议院司法委员会强烈反对法院重组计划,并极具夸张地说:"政治上的少数群体,与宗教组织、少数族裔一样,当被迫诉诸最高法院时,从来没有失败过,他们的意见能够得到确认,他们的宪法权利能够得到保护。"[46] 但是,同一年,亨利·埃杰顿(后被任命为联邦法官)发现的是完全不同的模式。他查阅了从 1789 年至 20 世纪 30 年代的最高法院判决,并分析了最高法院对个人和少数群体权利的保护后,得出结论说,这些案例"并不支持这个理论——国会侵犯'公民自由',而司法至上捍卫'公民自由'"。他发现法院通常保护政府,而非公民。事实上,马伯里案就是一例。威廉·马伯里诉诸最高法院,申请获得他的任命状,但法院用煞费苦心的推理拒绝为其提供救济。

埃杰顿还分析了德雷德·斯科特案,这是最高法院历史上第二次判决国会立法违宪(第一次是马伯里案)。通过首席大法官罗杰·坦尼的阐释,最高法院禁止国会阻碍奴隶制向西部地区扩展,因为拥有奴隶的权利"得到宪法的明确承认"。[47]"结果就是由内战来挽救",[48] 德雷德·斯科特案是一个绝好的例子,证明了国会和总统认可的个人权利,最高法院却不予支持。

在有关重大公共政策问题上,亚伯拉罕·林肯拒绝承认最高法院判决是最终意见。这类问题应保留给民选部门。[49]1861 年,他在就职演讲中宣称,如果"影响到全体人民的重要公共政策是由最高法院确定,且不

46 S. Rept. No. 711, 75th Cong., 1st Sess. 20 (1937).

47 Dred Scott v. Sandford, 60 U.S. 383, 451 (1856).

48 Charles Warren, Congress, the Constitution, and the Supreme Court 135 (1925).

49 2 Collected Works of Abraham Lincoln 516 (Roy Basle red., 1953).

18 可撤销，那么人民将不再是自己的统治者，在这个意义上，人民实际上将他们的政府让予给精英裁判席”。[50] 林肯的司法部长爱德华·贝茨不承认自己受德雷德·斯科特案的制约。他发表了长篇大论，认为不管是肤色还是种族，都不能否认美国黑人的公民权。[51] 为此，国会则在 1862 年通过立法禁止奴隶制。[52]

最高法院担任守门员

谁能参与诉讼取决于制约待裁案件的司法原则。这些原则对原告来说，可能是障碍或是门槛；但还不仅仅如此。它们还能保护法官拒绝那些可能威胁到他们独立性和部门效能的案件。它们合理调配稀缺的司法资源，使法官延迟或避免针对政治敏感问题作出判决。因此，这类法律和宪法问题就推给民选官员和普罗大众。

宪法明确规定“司法权”只针对“案件”或“争议”，确保司法不做抽象的政策宣告，但具体纠纷与假设问题如何区分仍是一个问题。为此，法院坚称诉讼当事人在争议中具有个人利害关系（诉讼资格），并且可以在辩论中提出自己的诉求（对抗性）。除了这些初步的要求外，法院承认宪法将一些事务交给其他部门解决。有些法律争议涉及的是非司法的“政治问题”，不适合由司法部门解决，因为这些情况“有些反常，需要不加质疑地遵从已经作出的政治决定”，“有可能因各式各样的决定而出现尴尬”，以及司法判决必须“对其他同等部门的决定给予正当的尊重”。[53]

政治问题和司法性已用来阻止法院对一些重要宪法纠纷进行裁决。

---

50 6 A Compilation of the Messages and Papers of the Presidents 9 (James D. Richardson ed., 1897).

51 10 Op. Att'y Gen. 382. 贝茨认为，首席大法官坦尼有关公民资格的说法，纯粹是一个声明，“不具有司法判决的权威”。出处同上，412。

52 12 Stat. 432, c. 111 (1862).

53 Baker v. Carr. 369 U.S. 186, 217 (1962).

越南战争，美国是否应当承认越南作为一个独立国家，参议院启动弹劾程序，里根总统向萨尔瓦多派遣军事顾问等合宪性诉讼，都是以政治问题为由遭到否决。法官，特别是最高法院大法官，擅长操纵这种入门条件。当他们不准备解决某个纠纷时，这些条件就成为主要的“逃生手段”。但是，当法院决定解决某个纠纷时，这些条件“不会碍事”。[54] 亚历山大·比克尔认为，“无原则的社会不是好社会，但原则盛行的社会也不是切实可行的社会”，[55] 对于非选举产生的法院来说，通过灵活运用案件的入门条件， 19
避免发生削弱其力量的冲突，并因此保护自己的制度资本，是必要的。但是，在杰拉德·冈瑟看来，通过无原则的理由回避裁判，既损害了原则的正当性，又导致“随意干涉”。[56]

不服从

理论上，法院判决意见既约束公众，也制约其他政府部门。但实践中，地方和联邦官员在落实法院意见时的忠诚度有所不同。不服从是藐视司法过程吗？并不必然。这要取决于具体的判决。如果法院误判了自己的权力，夸大了自己部门的地位，便不能期望得到公众和其他政府部门的认可。无故冒犯法院命令也有可能发生，但通过适当的教育以及明确的司法裁决可以补救。在这两种立场之间还隐藏着各种逃避和规避。

大法官奥利弗·温德尔·霍姆斯认为，社会需要法律的维系，“法律稳定的首要条件是契合共同体的实际感情与需要，且不论这种感情与需要是否正确”。[57] 曾担任霍姆斯助理的托马斯·科克伦回忆说，霍姆斯大法官曾提醒最高法院，除非民众已经准备愿意遵守，否则法院不要作出要

54 Louis Fisher, Constitutional Dialogues 103 (1988).

55 Alexander M. Bickel, *The Passive Virtues*, 75 Harv. L. Rev. 40, 49 (1961).

56 Gerald Gunther, *The Subtle Vices of the“ Passive Virtues”—A Comment on Principle and Expediency in Judicial Review*, 64 Colum. L. Rev. 1, 25 (1964).

57 Oliver Wendell Holmes, The Common Law 36 (1963 ed.).

求社会发生重大改变的判决。他说:“若某项法律不能得到90%以上的人遵守,谈论它就没有意义。”[58]

不服从可能源自故意规避,就像南部“大规模抵制”废除种族隔离案的判决。但有一些拖延则归因于最高法院的判决,先是在布朗案(Ⅰ)中宣布了一个强硬的立场,后又在布朗案(Ⅱ),即一年后的实施判决中公布了一个较弱的立场。后一个判决中的用词——包括“实际灵活度”“在切实可行的情况下尽快”“在合理期限内尽快启动”以及“谨慎稳妥的步伐”——为阻挠判决和拖延执行提供了借口。[59]

1983年,最高法院判决五十年来国会用于控制行政行为的“立法机关否决权”违宪。[60]但是,在随后的二十年间,国会通过了四百多项新的立法机关否决案,并且都经里根、老布什、克林顿和小布什签署为法律。虽然最高法院在权力分立领域发布了一个重要判决,但司法原则与政治实
20 践之间还存在着巨大的鸿沟。

不服从有时是因为司法意见传达不够。学者们发现,大多数人民并不理解媒体和地方官员所作的(通常是错误的)解释。[61]鉴于许多判决的专业性,以及报纸、杂志和广播标题与空间限制,报道者的误解和差错是可能的。特别是在最高法院开庭期的最后一周,大量重要判决予以公布,公众的误解最为严重。更糟糕的是,甚至很老练的记者通常都很难理解最高法院的真实意思。[62]大法官们有时会偏离案件的核心问题,在附带意见中增加一些无关的内容。而且,协同意见有时读起来像反对意见,分解

---

58 The White House: Organization and Operations 94 (R. Gordon Hoxie ed., 1971).

59 Brown v. Board of Education, 347 U.S. 483 (1954); Brown v. Board of Education, 349 U.S. 294 (1955). 第六章详述了南部州抵制布朗案的历史。

60 INS v. Chadha, 462 U.S. 919 (1983)。更多讨论,见第四章。

61 David Adamany & Joel B. Grossman, *Support for the Supreme Court as a National Policymaker*, 5 Law & Policy Qtly. 405, 407 (1983)(引用了研究结果)。

62 Linda Greenhouse, *Telling the Court's Story: Justice and Journalism at the Supreme Court*, 105 Yale L. J. 1537, 1542—1543 (1996).

了新的理由。[63] 正如大法官鲁斯·巴德·金斯伯格所说,“含糊的案件报道可能准确地把握了含糊的判决”。[64] 不管怎么解释,公众不能接受或支持经歪曲报道的判决。

惯性也会妨碍对法院判决的遵守。如果人们认为目前的做法只要略加修改还能维持,那么法院的判决就必须经受人们感性上的过滤。1962年的恩格尔诉维塔莱案,判决公立学校内政府资助的祈祷违宪,四十年后,学校当局仍然每天留出时间让学生默念祷词。地方官员可能偏向于重新解释法院对政教关系的判决,以减少与本地社区的分歧和冲突。

最后,在适用最高法院的原则时,下级法院的法官也是一个重要力量。最高法院在1954年正式宣布废除种族隔离判决后,下级法院法官在落实这项裁决时,采取了不同路径。有些是信守,而有些则藐视或回避。许多联邦法官挣扎在高等法院指令与当地民众情绪和习惯之间,无从选择。有人说,宪法取决于最高法院的解释,但最高法院的判决经常取决于地区法院的理解。[65]

大法官瑟古德·马歇尔在一个推翻第二巡回法院的判决中表达了异议,后来遇到来自那个巡回法院的法官,建议他们回去仔细严格地解读最高法院的判决。[66]1985年,大法官布伦南说,最高法院在米兰达案中的判决,“导致了几乎所有下级法院都拒绝其过分简单的推理”。[67] 他指出,最高法院的论证“十分模糊,使得州和联邦各级法院仍然有权与之进行博

---

63 譬如,以斯蒂芬·布雷耶大法官试图修改桑德拉·戴·奥康纳大法官在1997年安乐死判决中的协同意见为例:“我赞同奥康纳大法官的观点,但我认为她的意见比法院意见有更大的法律价值。她的意见中除与多数意见一致的内容外,我完全赞同。” Washington v. Glucksberg, 521 U.S. 702, 789(1997)。

64 Ruth Bader Ginsburg, *Communicating and Commenting on the Court's Work*, 83 Geo. L. J. 2119, 2128(1995).

65 Jack W. Peltason, Federal Courts in the Political Process 14(1995).

66 Sotirios A. Barber, On What the Constitution Means 3(1984); Tom Goldstein, *In Rare Attack, Justice Marshall Says Court Erred*, N.Y. Times, May 28, 1979, at A1, All.

67 Oregon v. Elstad, 470 U.S. 298, 320(1985)(反对意见)。

弈。我相信下级法院会负责任地行使这项权力，因为在最高法院介入之
21 前，大多数情况下，它们都是这样做的”。[68]

制衡法院的路径

大法官斯通曾经责备他的同事们，“限制我们行使权力的唯一方式是我们自己的自制意识”。[69] 这是一个重要的制衡途径，但这绝不是唯一途径。法官们需要时常分析他们判决的合理性与可接受性。法院发布的只是瞬间的“最终意见”，判决公布后，互动过程就已开始：国会、总统、行政机关、各州、专业协会以及一般公众。

当法院判决法律无效，特别是国会制定的法律无效时，制衡法院的时期就已开始。但法院也会因支持法律而树敌，比如首席大法官约翰·马歇尔发布的大量联邦主义判决。为制约法院，国会议员提出了大量立法建议案和宪法修正案。举行听证来探讨制约法院的途径。州立法机关准备了抗议请愿，州法官通过了决议，如果不能算谴责的话，那也是“重点关注”。为缓解紧张，联邦法院可能决定采取一种局部的且可能是优雅的撤退。

1858 年至 1869 年（反思德雷德·斯科特案以及国会努力保护重建立法），1935 年至 1937 年（最高法院判决新政立法无效引发的反应），以及 1955 年至 1959 年（废除种族隔离、国会调查和国家安全等判决的激发），这些年间，司法与国会的对抗特别激烈。[70]20 世纪 70 年代后期，新一轮限制法院的努力开始了，校园祈祷、校车和堕胎等领域的司法判决遭到质疑。1995 年之后，共和党控制国会，开始考虑限制司法能动主义的措施。

---

68 Oregon v. Elstad, 470 U.S. 346（1985）。

69 United States v. Butler, 297 U.S. 1, 79（1936）.

70 见 Stuart S. Nagel, *Court-Curbing Periods in American History*, 18 Vand. L.Rev. 925（1965）。对完善司法能动主义各项建议的分析，见 Charles Grove Haines, The American Doctrine of Judicial Supremacy 467—499（1932）。

在选举和党派重组期间，当国家政治方向发生明显转变时，法院仍然是原来的成员，保留着过时的方向，这种情况下最有可能与国会和总统的步调不一致。[71] 早期对司法的批评通常来自自由主义组织：杰弗逊党人、杰克逊党人、激进的共和党人、拉法莱特共和党人以及新政时期的民主党人。但是，保守派主导了 1955 年至 1959 年的司法确认程序，从那时开始，吸收了许多限制法院的措施。

制衡法院是宪法设计的部分目的。亚历山大·汉密尔顿在《联邦党人文集》中提醒那些担心最高法院权力太大的人，法院“真正可以说是既没有强制权，又不代表人民意志，只有判断，并且最终还需依赖行政部门 22
的支持才能落实其判断”。[72] 这种表述意味着，最高法院的“正当性——实际上是宪法的正当性——最终必须源自公众的接受，甚至支持”。[73]

当公众不能接受或支持法院判决时，最高法院的杰作将受到质疑，甚至更糟糕的是，将受到忽视，这都不足为奇。除了不服从，宪法授予民选官员的权力中还有修改宪法，剥夺法院管辖权，改变最高法院大法官数目。当然，国会也可以制定法律对最高法院宪法解释的效力表示质疑。

宪法修正案

当国会两院三分之二多数认为必要时，他们可以提出宪法修正案。修正案的批准要求得到四分之三的州接受。另一种办法是，三分之二的州同意也可以提出宪法修正案，但到目前为止，所有成功的修正案都是由国会提出的。这种修宪程序特别困难、耗时。国会只有四次成功利用宪法修正案推翻了最高法院的判决。

---

71 Richard Funston, *The Supreme Court and Critical Elections*, 69 Am. Pol. Sci. Rev. 795 (1975); David Adamany, *Legitimacy, Realigning Elections, and the Supreme Court*, 1973 Wisc. L. Rev. 790 (1973).

72 The Federalist No. 78, at 465 (B. Wright ed. 1961).

73 Walter F. Murphy & Joseph Tannenhaus, *Publicity, Public Opinion, and the Court*, 84 Nw. U. L. Rev. 985, 992 (1990).

第十三、十四和十五条修正案用来废除德雷德·斯科特案。参议员查尔斯·萨姆纳认为，不能仅仅通过解释宪法或最高法院的判决来解决奴隶制问题："只要人民改变，宪法也将发生改变；因为宪法只不过是影子，而人民才是实体。"[74] 他说，在废除奴隶制方面，法院"没有承担丝毫义务，实际上只是解释宪法来予以支持"。[75]

另外还有三种情况，宪法修正案被用于推翻最高法院的判决。[76] 其他一些宪法修正案，背后好像都有不可抗拒的政治力量，但还是半途而废。一条宪法修正案要想成功走完规定程序，需要社会、经济和政治力量的超常联合。任何一方缺席，修正案都不可能通过。譬如，国会在 1964 年曾齐心协力要通过宪法修正案推翻最高法院在重新分配议席案和校园祈祷案中的判决，但由于众议院委员会和参议院阻扰议事议员的拖延，这些努力无果而终。

即使国会明确以宪法修正案反对法院判决，然后交各州批准，阻力仍然很大。最高法院在一些判决中支持各州限制妇女的经济机会后，国
23 会在 1973 年通过了《平等权利修正案》，交各州立法机关批准。该修正案禁止"基于性别……限制或剥夺法律上的平等权"，在参众两院都以绝对多数获得支持。但《平等权利修正案》的支持者迟于组织各州之间的联盟，最终未能赢得四分之三多数州的支持。实际上，由于全国妇女协会（《平等权利修正案》的主要资助者）既支持宪法修正案，又支持堕胎权，而"保守派的积极分子认为堕胎和《平等权利修正案》是削弱传统价值的妇女解放策略中的两个领域"，于是发起了防守性反击。[77] 十四个南部

---

74 Cong. Globe, 38th Cong., 1st Sess. 1480 (1864).

75 出处同上，1482。

76 第十一修正案（禁止"一州公民"起诉另一州）；第十六修正案（同意联邦征收所得税）；第二十六修正案（授予年满十八周岁的公民在联邦和州享有选举权）。

77 Jane Mansbridge, Why We Lost the ERA 13 (1986). 另见 David A. Strauss, *The Irrelevance of Constitutional Amendments*, 114 Harv. L. Rev. 1457, 1476—1478 (2001)（以《平等权利修正案》为例，指出宪法修正案并不是改变宪法含义的重要途径）。

州和摩门教的州（连同伊利诺伊州）接受传统观点，拒绝批准宪法修正案。1982 年，《平等权利修正案》失效。

立法逆转

三个部门之间的宪法对话涉及“立法逆转”，即由国会和总统废除最高法院判决。法院除解释宪法外，还必须经常解释立法机关制定的法律。法律问题和宪法问题也可能并行出现。如果最高法院判决支持政府限制个人权利的合宪性，国会有可能介入，对个人权利提供更多的保护。譬如，最高法院判决警察在没有拿到传票的情况下可以搜查报社办公室，或是空军可以禁止正统犹太人戴圆顶小帽，国会可以立法取代法院判决。[78]即使立法推翻的纯粹是最高法院的立法解释，这些问题也经常包含重大的宪法议题，诸如种族和性别歧视。最高法院的主要业务是立法解释，并以此与其他政府部门相互沟通，不断提炼宪法的含义。最高法院基于法律理由而非宪法理由来判决案件，邀请其他部门参与讨论，以此减少破坏性对抗的风险。

国会有权推翻最高法院的立法解释，这一点国会议员很少怀疑。参议员亚历山大·威利在 1946 年作证说：

> 今天我们在这里解决的是宪法中权力制衡制度的内容……我不
> 需要向我的同事们指明，制宪者深思熟虑地设计了三个强大而又独 24
> 立的政府部门——立法机关、司法机关和行政机关——每个部门在可能的范围内，都偏重于自己的事务。这就是说，立法部门即国会，应当立法。当这种微妙的制衡体系失去平衡时，譬如，我认为目前的判决就是一例，那么，我们共和国的根基就受到动摇……因此，国会

78　第八章分析了这个与报纸有关的案例。第九章分析了犹太人戴圆顶小帽的案例。此外，这方面更具争议的例子涉及国会援引第十四修正案第五款的授权。这方面的例子包括选举权立法（第七章予以讨论）和《宗教自由复兴法》（第九章予以讨论）。

必须要制止法院。[79]

近几年来，国会更多地采用立法推翻法院判决。单单1991年的《民权法案》一部法律，就推翻或修改了九个最高法院判决。国会通过增加职员能够更密切地监督司法裁决。利益集团现在的组织能力越来越好，能够紧跟最高法院判决，以引起国会注意。最后，共和党总统里根和老布什从1981年到1993年任命的法官为法院增加了保守派力量，给当时较为自由的国会增添了以立法逆转来进行回应的压力。[80]

重组法院

历史上，国会已经改变过最高法院大法官的数量。1789年国会授权了六名大法官，短命的1801年《司法法》将其削减到五名，但一年后又改为六名，并在随后几年，跟着新巡回法院的设立增加了法官数目。自1869年以来，大法官数量一直固定在九名。这些改变法院规模的例子中，没有一例像1937年富兰克林·德拉诺·罗斯福重组法院计划那样，公然要改变司法政策。

最高法院的一系列判决既令罗斯福的新政改革无效，又让他着手获得对行政国家的控制未能得逞，为回应这些判决，富兰克林·德拉诺·罗斯福开始反击。1936年，随着他在总统选举中大获全胜，他发起了反击。他提议，每出现一名超过七十岁的大法官，他有权额外任命一位大法官，直到最高法院的规模从九名变为十五名为止。参议院司法委员会对这些提议极为愤怒，“声称我们宁愿要一个独立的法院，无所畏惧的法院……也不要一个法院出于对任命权的惧怕或服从义务，抑或派系热情，支持我

---

79 John R. Schmidhauser & Larry L. Berg, The Supreme Court and Congress at 141—142(1972).

80 对1979年至1987年间的分析，见 William N. Eskridge Jr., *Overriding Supreme Court Statutory Interpretation Decisions*, 101 Yale L. J. 331(1991)。

们制定的所有措施”。[81] 但是，国会对富兰克林·德拉诺·罗斯福计划的严厉谴责，并未能鼓励最高法院继续抵制行政措施。重组法院计划失败后不久，最高法院公布了一些判决，支持新政改革项目。 25

撤销管辖权

重组法院计划的失败并未能终结民选部门对最高法院的报复。因对沃伦和伯格法院的不满，导致出现一连串立法提议，要求剥夺联邦法院在一系列争议案件上的管辖权。这些提议以宪法第三条为基础，该条承认国会有权“设定并建立”下级联邦法院，并对最高法院上诉管辖权规定“例外”和“规制”。从 1953 年到 1968 年，六十多条法案提交给国会，要求限制联邦法院在废除校园种族隔离、国家安全、刑事供述以及其他许多议题上的管辖权。

这些尝试中，最典型的当属参议员威廉·詹纳提出的建议案，要求剥夺联邦最高法院对诸如第一修正案保护共产党员权利的上诉管辖权。[82] 司法部长威廉·罗杰斯认为，这种法案严重威胁到司法自治。在罗杰斯看来，“如果制定了这样的法律，很自然的结果便是法院经常在恐惧中运行，如果他们作出了不得人心的判决，管辖权就会受到削减”。[83] 詹纳的提议和该时期的其他提议最终都没有成功，但对第三条例外条款的范围和含义不是没有实质性讨论。

20 世纪 70 年代末，出现了第二轮剥夺法院管辖权的提议，批评伯格

81　S. Rept. No. 711, 75th Cong., 1st Sess. 14 (1937). 有关富兰克林·德拉诺·罗斯福重组法院计划的更多讨论，见第三章。

82　*Limitation of Appellate Jurisdiction of the United States Supreme Court: Hearings on S. 2646 before the Subcommittee to Investigate the Administration of the Internal Security Act and Other Internal Security Laws of the Senate Committee on the Judiciary*, 85th Cong., 1st Sess. 22 (1957).

83　*Limitation of Appellate Jurisdiction of the United States Supreme Court (Part 2): Hearings on S. 2646 before the Subcommittee to Investigate the Administration of the Internal Security Act and Other Internal Security Laws of the Senate Committee on the Judiciary*, 85th Cong., 2nd Sess. 574 (1958).

法院在堕胎和校车领域的判决。就像哈佛大学的艾布拉姆·蔡斯所描述的,联邦法院不是解决个人之见的私人纠纷,而是“需要处理一些公共项目或准公共项目管理中的冤屈,并维护政府立法和宪法条款中的公共政策。因此,法院不可避免扮演了积极的政治——如果你必须用能动的话——角色,而不是我们认为应予维护的被动裁判者角色”。[84]

米斯风暴

1984年,埃德温·米斯在被提名担任司法部长的确认听证会上,提出“如果得到确认……我将建议废止”这些法律。当时,他便以这种建议既“不明智”、宪法上又“不可行”而著称。[85] 这表明当届政府虽然对最高法院极为不满,但不支持保守派同伙对法院以“乱砍乱杀”的方式进行民主制约。里根政府显然认为,以这种方式批评司法部门的正直至少是草
26 率的(很可能是错误的)。

米斯在这里保护了司法部门,但他1986年在杜兰大学法学院的演讲则是从根本上对最高法院判决进行质疑。米斯引用了亚伯拉罕·林肯、最高法院大法官菲利克斯·法兰克福特,以及宪法史学家查尔斯·沃伦的话来解释宪法不同于且高于“最高法院对宪法的解释”。[86] 他说,宪法解释“不仅仅属于最高法院,而是所有政府部门的事情”,三个并列部门“在履行其职责时都有解释宪法的义务”。[87]

米斯谨慎地提到,法院判决确实对案件各方当事人都有约束力,并且“对必须执行的行政部门也有约束力”。[88] 即便有这些限定,米斯还是遭

84 Abram Chayes, *Public Law Litigation and the Burger Court*, 96 Harv. L. Rev. 4, 4(1982).

85 *Nomination of Edwin Meese III: Hearing before the Senate Committee on the Judiciary*, 98th Cong., 2d Sess. 185—186(1984).

86 Edwin Meese, *The Law of the Constitution*, 61 Tul. L. Rev. 981, 982(1987).

87 出处同上,985—986。

88 出处同上,983。

到记者、法学教授和利益集团的谴责。美国律师协会主席尤金·托马斯认为，采纳米斯的理论将会“动摇我们制度的根基”。[89] 美国公民自由联盟指责米斯是在呼吁“目无法纪”。[90] 哈佛大学法学院的劳伦斯·特赖布说，米斯的观点“是对法治的严重威胁，因为在这种制度下，每个立法者和政府部门都能为自己立法，宪法的统一解释将坍塌损坏”。[91]

是什么引发了这些批评？这些批评者相信司法至上，以致他们反对杰弗逊制止法院支持煽动叛乱法和林肯批评德雷德·斯科特案吗？几乎不可能。米斯演讲看起来好像亵渎神明的原因是他的政治立场：反对法院在堕胎、平权行动和校园祈祷等问题上的判决。《华盛顿邮报》在一篇题为《为什么发表那篇演讲？》的社论中解释说，虽然米斯的核心观点是民选部门的宪法解释权“不证自明”，但他的话之所以引起“很大麻烦”，是因为“微妙的、不可言说的”信息。[92]

1986 年和 1987 年，有关最高法院大法官的确认听证会上便弥漫着米斯的余悸。1986 年，参议员阿伦·斯佩克特问首席大法官候选人威廉·伦奎斯特：最高法院是否“是最终裁判者，宪法解释的最终决策者”。伦奎斯特认为这个问题只需要一个词来回答：“毫无疑问”。[93] 伦奎斯特表示：“我们正是认为法院在宪法解释方面享有最终发言权，因此倾向于根据法院判例来考虑宪法法。”[94] 一年后，最高法院大法官候选人安东

89 James Vicini, *Meese Scoured for Saying High Court Rulings Not Law of Land*, N.Y. Times, Oct. 24, 1986, at A17.

90 出处同上。

91 出处同上，另见 *Mr. Meese's Contempt of Court*, N.Y. Times, Oct. 26, 1986, at E22；Anthony Lewis, *Law or Power?*, N.Y. Times, Oct. 27, 1986, at A23；and Michael Kinsley, *Meese's Stink Bomb*, Washington Post, Oct. 29, 1986, at A19。

92 The Washington Post, Oct. 29, 1986, at A18.

93 *Nomination of Justice William Hubbs Rehnquist: Hearing before the Senate Committee on the Judiciary*, 99th Cong., 2d sess. 187（1986）.

94 William H. Rehnquist, Grand Inquests: The Historic Impeachments of Justice Samuel Chase and President Andrew Johnson 278（1992）.

27 尼·肯尼迪对斯佩克特这个问题提供了略有不同的回答。肯尼迪承认："我能想到具体事例，或者说，我能接受，行政首长或国会不能不认可最高法院的解释。"肯尼迪假设最高法院根据宪法对媒体的保护推翻了自己的判决，然后反问斯佩克特："您作为立法者，能说我认为那个判决在宪法上是错误的，我想要通过立法来改变它吗？我认为您可以这样想，并且我认为您也应当这样想。"[95]

到1993年，最后话语权的争执已经消失。大法官鲁斯·巴德·金斯伯格写道："在我们的民主制度中，法官是相互依赖的一部分。他们不能单独塑造法律原则，而是……参与和其他政府部门以及人民之间的对话。"[96] 她呼吁共同作出宪法决策的做法，得到参议院司法委员会的称赞。[97]

结　语

我们的法律史并不支持司法至上。最高法院屡次承认，宪法价值是作为广泛对话的一部分得以阐释出来。当然，在这个对话中，最高法院发挥了重要作用，但最高法院并不是孑然一身，向顺从的公众口授宪法真理。国会和白宫也会谈到它们独立解释宪法的权威。宪法文本和制宪者的意图并不支持司法至上。

因此，如何解释目前对司法至上的信仰？记者和编辑把最高法院判决描述成最终话语有助于培养公众相信司法至上。此外，本科生和法学院使用的教科书很少考虑非司法部门的重要角色。借用斯卡利亚大法官的一种区分，司法至上显然像是"午夜恐怖电影中的一个幽灵，不断被杀

---

95 *Nomination of Anthony M. Kennedy: Hearing before the Senate Committee on the Judiciary*, 100th Cong., 1st sess. 222—223 (1987).

96 Ruth Bader Ginsburg, *Speaking in a Judicial Voice*, 67 N.Y.U.L. Rev. 1185, 1198 (1992).

97 S. Exec. Rept. 103—106 (Part 2), 103d Cong., 1st Sess. (1993).

埋葬后，又反复出现在墓穴上，曳步前行”。[98]但司法至上与恐怖电影中的幽灵一样，比实际更加飘渺。“当我们需要它的时候”，它就在那里，“但我们也能随时让它回到坟墓”。[99]下一章将分析与法院共同承担解释宪法和适用宪法的各种非司法角色。 28

98　Lamb's Chapel v. Center Moriches Union Free School Dist., 508 U.S. 384, 398—399（斯卡利亚大法官的协同意见）。

99　出处同上。

第二章　谁在参与？

当最高法院解释宪法时，它有许多同伴。国会、白宫、政府部门、利益集团、普通大众以及各州都是合法的参与者。在一个案件出现之前，国会或各州必须制定法律，或是行政部门必须公布规章。一旦案件进入法院，州、司法部和国会内的联盟，有时作为案件当事人，有时是法院顾问（“法庭之友”），将他们的意见传达给法院。判决公布后，民选政府还有许多手段可以扩展或限制判决适用范围，包括随后的立法行为、创造性解释和实施（不实施），或通过宪法修正案废除法院判决。如果法院对某个宪法问题不具有管辖权，那纠纷的解决就完全交给了民选部门。

民选政府的影响力远远超出司法裁决的纠纷。最高法院大法官的数量和法院的上诉管辖权都可由民选部门进行修改。联邦法官的任命取决于总统提名和参议院批准。他们的预算依赖国会的支持，必须和其他部门一样，合法有据。所有这些行为都受到社会关注和政治监督。

社会压力

正如最高法院影响着美国社会，社会力量也在参与着宪法的解释。通常认为，法院是政府中非政治的独立部门，但它绝对是时代的产物。卡多佐大法官提醒我们说，“吞没他人的潮流并不会绕过法官”。[1]1905 年，最高法院表示，由于宪法授予的权力比较抽象，“随着社会政治生活的变 29
化，它在授权的范围内，尽其所能地接受一切新条件”。[2] 最高法院有时会承认并接受这些社会和政治变革。在许多情况下，这些变革会迫使法院改变司法理论。正如马克斯·勒纳所言，司法判决“不是宪法之鹳抚养的雏儿，而是经济条件分娩的产物”。[3]

法律现实主义早期代表人物之一莫里斯·拉斐尔·柯恩认为，法律不是一个“与经济、政治、社会或哲学毫无关系的封闭的独立系统”。[4] 雷德克里夫勋爵建议：“我们不能通过学习法律来学习法律。”他说这句逗弄人的话，意思是指，法律必须是“历史的一部分，经济和社会的一部分，伦理和哲学的一部分。法律本身不足以成为一门思想体系”。[5]

最高法院由多名大法官组成，这个团体逐步达成合意并形成判决的过程，受到社会和政治力量的影响。在诸如公民权利、性别歧视、政教关系、堕胎以及刑事程序领域，最高法院都是碎步挪移，尽管会为下一个案件做准备，但每次都只处理眼前的具体问题。这种一次一案的方式，为更全面地解决某个问题打下了基础，而全面地解决某个问题对必须执行法院判决的社会和政府部门来说总是过于敏感。社会和政治框架为司法活动设定了界限，并且对具体判决的实质内容来说，如果不是立即产生影响的话，也是在短短几年内会对其有所影响。纯粹用技术来理解和分析法律，往往忽略了法律与社会之间的相互影响，并且这种影响整体上是不断变化的。法院和社会之间一般也会出现积极的相互影响。

制宪者承认民意将会影响宪法决策。[6] 尤其是亚历山大·汉密尔顿

1 Benjamin N. Cardozo, The Nature of the Judicial Process 168 (1921).

2 South Carolina v. United States, 199 U.S. 437, 448 (1905).

3 Max Lerner, *Constitution and Court as Symbols*, 46 Yale L.J. 1290 (1937).

4 Morris R. Cohen, Law and the Social Order 380—381 n. 86 (1933).

5 Lord Radcliffe, The Law & Its Compass 92—93 (1960).

6 James G. Wilson, *The Role of Public Opinion in Constitutional Interpretation*, 1993 B.Y.U. L.

和詹姆斯·麦迪逊都认为,一部成文宪法决不会伪造民意。汉密尔顿在评论出版自由时说:“有关这一点,不管宪法规定的如何完美,最终必须依赖民意,依赖人民和政府的普遍意志。”[7] 麦迪逊同样预测到民意的力量,认为“最终权力……只在人民手中”。[8]

在这个问题上,公众针对死刑的讨论就很有说服力。1972 年,加利福尼亚州最高法院判决,死刑违反了州宪法中禁止残酷和不寻常惩罚条款。在接下来的九个月内,加州选民修改了州宪法,重申了死刑。[9] 在联
30 邦层面, 1972 年,最高法院突然判决乔治亚州和得克萨斯州的死刑立法属于残酷和不寻常的惩罚,理由是这两个州死刑的适用反复无常。5 比 4 的多数专注于州行为的恣意和不平等:死刑的执行越来越少,但适用于黑人多于白人,适用于男人多于女人,适用于穷人多于富人。[10] 最高法院承认,残酷和不寻常惩罚需要“灵活分析,并且随着民意的变化,这种惩罚的合法性也要再审视”。[11] 这个判决作出后,许多州立即重新设置了死刑,增加了新的程序。最高法院审查了乔治亚州修改后的法律,并以 7 比 2 支持了新程序。[12]

二十五年后,当死刑反对者在政治上赢得一些重要胜利后,每年执行死刑的数量开始下降。[13] 最高法院与公众态度上的这种转变保持一致,认为对心智迟缓的人执行死刑,以及由法官而非陪审团判决死刑,都是违宪

Rev. 1037;接下来的例子来自威尔逊。

7 The Federalist No. 84 at 535 (Benjamin Fletcher Wright ed., 1961).

8 The Federalist No. 46 at 330.

9 People v. Anderson, 493 P.2d 880 (Cal. 1972), cert. denied, 406 U.S. 958 (1972); Cal. Const., Art. I , § 27.

10 Furman v. Georgia, 408 U.S. 238 (1972).

11 出处同上,329 n. 37(马歇尔大法官的协同意见)。在伍德逊诉北卡罗来纳州案中,法院的多元意见同样提到了“公众情绪”。Woodson v. North Carolina, 428 U.S. 280, 293 n.27 (1976)。

12 Gregg v. Georgia, 428 U.S. 153 (1976).

13 见 Stuart Banner, *The Changing Debate over the Death Penalty*, N.Y. Times, June 22, 2002 at A27。

的。[14] 在针对涉及心智迟缓罪犯的案件作出判决时,最高法院专门指出,反对对他们执行死刑,是"一项全民共识"。[15] 最高法院并没有依据宪法文本,或是制宪者意图,当然也没有依据自己的判决。

杜利认为,最高法院一直遵从选举结果,这种判断似乎过于草率,令人难以接受,但一系列研究表明,最高法院通常保持在当时的政治边界内。[16] 如果最高法院越过这些边界,反对民选官员制定的政策或社会大势,其正当性便面临重大风险。最高法院在民意允许的范围内缓步前行,以维持其效力。

法院不是国会和总统这种意义上的政治部门,但实用主义和政治家必须调和抽象的法律分析。托克维尔在 19 世纪 40 年代就指出,最高法院的权力是"巨大的,但这是民意的权力。只要人民尊重法律,最高法院就无所不能,但如果民众忽视或藐视法律,最高法院也无能为力"。联邦法官"必须是政治家,敏锐地察觉时代的变化,勇敢地面对能够克服的障碍,如果有将他们倾覆的危险,则要迅速从这种趋势中抽身"。[17]

威廉·霍华德·塔夫脱担任联邦上诉法院法官时,曾评论过司法判决和民意之间的相互影响。他说,公开批评司法判决的权利,"对于政治共同体来说极其重要,要比法院和法官免于不公正的指责更加重要"。他
还补充说:"除了法官的每一份判决都要接受同行的专业监督,接受他们 31
坦率的批评之外,没有什么办法更能促使法官们谨慎决策,热切地主持正

14 Atkins v. Virginia, 536 U.S. 304 2002(2002); Ring v. Arizona, 536 U.S. 584(2002).

15 Atkins, 536 U.S. at 316. 在这个判决中,法院推翻了 Penry v. Lynaugh, 492 U.S. 302(1989)。

16 Robert A. Dahl, *Decision-making in a Democracy: The Supreme Court as a National Policy-maker*, 6 J. Pub. L. 279(1957); David Adamany, *Legitimacy, Realigning Elections, and the Supreme Court*, 1973 Wisc. L. Rev. 790(1973); Richard Funston, *The Supreme Court and Critical Elections*, 69 Am. Pol. Sci. Rev. 795(1975). 另见 Jonathan D. Casper, *The Supreme Court and National Policy Making*, 70 Am. Pol. Sci. Rev. 50(1973); William Mishler & Reginald S. Sheehan, *The Supreme Court as a Countermajoritarian Institution? The Impact of Public Opinion on Supreme Court Decisions*, 87 Am. Pol. Sci. Rev. 87(1993)。

17 Alexis de Tocqueville, 1 Democracy in America 151—152(Phillip Bradley ed., 1951).

义。"[18] 有些批评来自"博学的专家"和法律评论,但塔夫脱也看到普通大众的评论价值。他说:"如果法律不过是常识,那么,许多普通人的指责可能意味着依据美妙的法律推理和艰深的知识得出的司法判决存在问题。"[19]

对奴隶制的反对源自公众,而不是司法、行政或立法。未受过宪法教育的普通美国人都会认为,奴隶制不符合基本的政治、道德和法律原则,特别是与《独立宣言》宣誓的基本原则不符。反奴隶制的重要文献是私人著述和演讲,而非法院判决或立法。[20] 公民们有一种强烈的责任感,要表达自己对宪法权利的认识。他们既不顺从法院,也不听从立法机关。19 世纪中叶的美国人"对公法的构想、实施和解释倾向于既交给公共人物,也同样交给私人律师。宪法领域不存在贵族,这种观念较为普遍。与政治一样,宪法是所有人的事情,每个人都不可逃避"。[21]

在地方,法院对社会的回应更加迅速直接。初审法官与当地社区有着紧密的联系。他们能够当选,某种程度上通常是因为他们在当地出生、上学、执业,并参与当地政治。这些地方性纽带会影响他们在诸如公民权利、劳动关系和反越战者的量刑等领域的判决。当民意都反对越南战争时,联邦初审法官的回应就是对抵制征兵者从轻量刑。[22]1961 年,在一个联邦法官会议上,大家认为民意"不应当对量刑造成实质性影响",法院

---

18 William Howard Taft, Criticisms of the Federal Judiciary, 29 Am. L. Rev. 641, 642 (1895).

19 出处同上,643。

20 William M. Wiecek, The Sources of Antislavery Constitutionalism in America, 1760—1848 (1977).

21 Howard M. Hyman, A More Perfect Union: The Impact of the Civil War and Reconstruction on the Constitution 6 (1975).

22 Herbert M. Kritzer, *Federal Judges and Their Political Environment*, 23 Am. J. Pol. Sci. 194 (1979) ; Herbert M. Kritzer, *Political Correlates of the Behavior of Federal District Judges: A" Best Case" Analysis*, 40 J. Pol. 25 (1977) ; Gerald L. Clore, *Judicial Activity and Public Attitude: A Quantitative Study of Selective Service Sentencing in the Vietnam War Period*, 23 Buff. L. Rev. 465 (1974).

"必须坚决反对过分的民意"。尽管如此,在增加了"过分"这个限定词后,法官们还是提醒说:"这并不意味着在量刑时完全忽视社会的态度:虽然法官应当成为民意的领导者,但绝不能走得太快,让公众看不见他们。"[23]

联邦法官终身任职,免受周期性选举的压力,但他们知道,是否能够写出令人接受的判决意见取决于对公众的敏感度。这种考虑影响到撰写判决意见的任务分配。1944 年,首席大法官斯通最初指定法兰克福特大法官撰写得克萨斯州的"白人预选"案。杰克逊大法官表示对法兰克福特和斯通感到担心。他认为,由于"南方人的敏感性",让一个出生在
维也纳、成长在新英格兰(废奴运动所在地)的犹太人撰写多数意见,废 32
除规制民主党选举的得克萨斯州法律,是不明智的。鉴于法兰克福特的理解和同意,斯通将这个案件转交给斯坦利·里德,一位本土出生的新教徒,并且是资深的肯塔基人。里德是一位坚定的资深民主党人,而法兰克福特与民主党的关系则受到怀疑。[24]

新法官的任命有助于最高法院吸纳当代的社会和政治态势。首席大法官威廉·伦奎斯特说,只要法官"是相对正常的人",他们"不可避免要受到民意的影响"。[25] 因此,如果某位法官决定"与当前民意隔绝……那么,他不过是受他初任法官时的民意影响"。[26] 虽然大法官们有时不赞成轻而易举地丢弃先例,忽视遵循先例原则,但新来的大法官为法院注入了新的理念和哲学思想。布莱克大法官在 1971 年的一份反对意见中抱怨说,宪法保护的内容"不应当被改变本院组成的政治风所左右"。[27] 毫无疑问,他对从沃伦法院到伯格法院的政策转移感到失望,然而,他本人就是罗斯福在 20 世纪 30 年代末、40 年代初任命的人员之一,曾在宪法解

23　35 F.R.D. 398(1964).

24　Alpheus T. Mason, Harlan Fiske Stone: Pillar of the Law 614—615(1968).

25　Willaim H. Rehnquist, *Constitutional Law and Public Opinion*, 20 Suffolk U. L. Rev. 751, 768(1986).

26　出处同上,768—769。

27　Rogers v. Bellei, 401 U.S. 815, 837(1971).

释方面协助创设了新的方向，断然与保守理论决裂。

用典型的直白话来说，杰克逊大法官承认，最高法院组成的变化使其能够了解当代思潮。他认为，这种特点并没有威胁独立、非政治的司法性质："我们不要自欺欺人，长期以来，民意确实影响了宪法解释过程。我们法院的人事构成不断变化，每一个新成员的到来，都会为此后一段时期带来他已有的思想。政治力量实际上发挥着影响力，司法权虽然经常落后于民意，但绝不会一直对实质多数的意志置若罔闻。"[28]

虽然司法至上的支持者对最高法院推翻民选政府行为的做法表示敬意，但纯粹从负面意义上考虑司法审查，即判决国会、总统和各州行为无效，是错误的。这种做法忽视了最高法院更多且更重要的行为是支持民选部门，并且为民选部门的行为注入合法性。查尔斯·布莱克对这个问题解释说："最高法院的主要职责，并且也是最必要的职责是**确认**，而非
33 判决无效。有限政府自始至终需要的是令人民满意，为此，政府已采取一切手段保持在其权力范围之内……在历史上，最高法院一直扮演的就是政府的合法化者。"[29]

个人和团体游说

公众的态度和偏好经常通过个人和团体汇集起来，用其宪法诉求向国会、行政部门和法院施加压力。瑟古德·马歇尔大法官在 1969 年的一次演讲中，强调了公众参与的重要性："不管我们政府宪章中规定的原则如何庄严、神圣，不管我们的法院如何独立、尽职，只有通过信法为真者的努力才能获得真正的公正，而个人既可以独自行动，也可以通过团体集体行动。"[30]

---

28 Robert H. Jackson, *Maintaining Our Freedoms: The Role of the Judiciary*, Vital Speeches, No. 24, Vol. XIX, Oct. 1, 1951, at 761.

29 Charles L. Black Jr., The People and the Court 52（1960）（强调为原文所加）。

30 Thurgood Marshall, *Group Action in the Pursuit of Justice*, 44 N.Y.U.L. Rev. 661, 662（1969）.

贝尔瓦·洛克伍德就是这些“信法为真者”中的一员。她在完成法律学习之后，于1873年开始在哥伦比亚特区执业。但因为她是女性，无权在联邦法院执业。她“立即缠住”国会，通过“积极有力的游说”，促使国会在1879年通过立法允许妇女在联邦法院执业。[31]正是由于她的努力，她成为第一位在联邦最高法院出庭的女律师。洛克伍德的经历表明，在宪法问题上，法院不可能有最后发言权，对个人和少数族裔来说，法院也不是可靠的权利保护者。洛克伍德没有机会在法院得到满意答复，因为法院通常不承认妇女在法院的执业权，但她能够说服国会——一个完全由男人组成的部门——为她提供合适的救济。[32]有人认为，执业问题应留给法院解决，参议员乔治·霍尔强烈反对：“我虽然对法院心存敬意，但我认为，哪些公民能够参与执业的问题，应该由本政府的立法部门而不是法律解释部门来决定。”[33]

19世纪与20世纪之交，全国消费者联盟利用其资源，通过立法和司法途径，为工厂工人的权益赢得了重要保护。譬如，全国消费者联盟成功游说俄亥俄州立法机关将妇女每天的工作时间限定在十小时之后，总顾问（也是后来最高法院大法官）路易斯·布兰代斯着手在法院为这部法律辩护。他将专家们关于妇女工作时间的意见汇集到他的辩护意见之中， 34
令最高法院相信长时间工作威胁到女工的健康和幸福。[34]作为回应，保守的实业家组成了美国自由联盟，来挑战政府的新经济规则。[35]

全国有色人种民权促进会成立于1909年，20世纪30年代又设立了法律辩护和教育基金，将诉讼作为系统性策略，为黑人共同体赢得新的重

31　2 Notable American Women, 1607—1950, at 414 (1971); 20 Stat. 292 (1879).

32　针对否认妇女执业权的典型判决，见 *In re* Bradwell, 55 Ill. 535 (1869); Bradwell v. State, 83 U.S. (16 Wall.) 130 (1873); *In re* Goodell, 39 Wis. 232 (1875)。

33　8 Cong. Rec. 1084 (1879).

34　Clement E. Vose, *National Consumers League and the Brandeis Brief*, 1 Midwest J. Pol. Sci. 267, 277 (1957).

35　Clement E. Vose, *Litigation as a Form of Pressure Group Activity*, 319 The Annals 20 (1958).

要权利。从1935年开始,法律辩护基金针对废除种族隔离发起了有计划的攻击。一代人之后,随着1954年布朗诉教育委员会案的胜利,法律辩护基金发现,“在所有推进美国废除种族隔离的复杂社会政治力量中,自己处在‘刀刃’上”。[36]除了种族关系,法律辩护基金有系统地思考,应当赢得哪些战斗以及应当暂缓哪些战斗,这些做法是否能够成为其他利益集团的典范,特别是那些保护环境和妇女权益的组织,努力利用法院推动社会政策变革。

例证之一就是美国公民自由联盟努力扩展对同性恋的宪法保护。为了发起一个“测试案例”挑战乔治亚州的反鸡奸法,美国公民自由联盟等了五年,才有一个人在自己家乡因此事被逮捕。[37]因此,在挑战军队的“不要问,不要说”政策时,美国公民自由联盟试图在进入法院之前解决这个问题,认为这项政策是关于身份(平等)而非行为(权利)。[38]

利益集团通过发表文章、著作和委员会报告,将他们在重要公共议题上的发现和意见公布出来。对这些文献的依赖令许多立法者担忧,他们担心法院不加选择地信赖一些“不知名、不被认可、无权威的教材、法律评论文章,或是鼓动者和游说者的其他文件”。[39]这种观点的提出者是赖特·帕特曼议员。他在1957年抱怨说,最高法院越来越多地参照私人出版物和行政机关推动的研究。他说,这些研究不是为了客观地研究某个问题,而是旨在通过出版物媒介,推广私人组织的特定观点,影响法院对公共政策问题的处理。专家们已经指出,这些研究委员会的成员意识到,律师在他们的辩护意见中会引用这些报告,“并且可能在法院和行政机关

36 Alfred Kelly, *The School Desegregation Case*, in Quarrels That Have Shaped the Constitution 307(John A. Garraty ed., 1964).

37 见 Peter Irons, The Courage of their Convictions 396(1990)。针对该案(Bowers v. Hardwick)更详细的讨论,见第六章。

38 见 William B. Rubenstein, *Divided We Litigate: Addressing Disputes among Group Members and Lawyers in Civil Rights Campaigns*, 106 Yale L. J. 1623, 1639—1644(1997)。

39 103 Cong. Rec. 16160(1957).

的决定中发挥非常好的实际影响”。[40]

法官们引用专业刊物的做法至少可追溯到20世纪20年代的布兰代斯大法官。包括卡多佐和斯通在内的其他大法官也采取过这种方式,维持法律与美国社会同步。布兰代斯的意见中赋予了“权威”一词新的含 35
义。他认为:“就像法律源自事实一样,司法意见的权威也源自不可更改的事实。不管在哪里发现这些事实,只要有用,法官就可以自由采纳。”[41]

在20世纪40年代至50年代,通过诉讼来改造社会政策,这导致广泛的公共参与,也使得“法庭之友”辩护意见发生了根本性变化。最初,“法庭之友”允许与案件没有任何关系的第三方提出某些事实,提醒法庭注意,以避免司法错误,目的是提供法官不知道的情况。法院也希望获得这种帮助,因为“这让大法官们有幸避免错误”。[42] 近几年来,“法庭之友”意见丧失了这种淳朴的特性,成了私人组织表达自己理由的工具。法庭里的顾问成了类似于国会委员会里的集团代表:“正如集团参与让立法过程更能代表民意,更具有多数代表的性质,这对司法过程也同样如此。”[43]“法庭之友”“从中立者变成了当事人,从法庭的朋友变成了辩护者”。[44]

今天,85%的案件都提交有“法庭之友”辩护意见。[45] 此外,在典型的提交有“法庭之友”意见的案件中(至少提交了一份“法庭之友”意见

---

40 103 Cong. Rec. 16167(路易斯·B. 施瓦茨的声明)。

41 Chester A. Newland, *The Supreme Court and Legal Writing: Learned Journals as Vehicles of an Anti-Antitrust Lobby*, 48 Geo. L. J. 105, 140(1959). See also Chester A. Newland, *Legal Periodicals and the United States Supreme Court*, 3 Midwest J. Pol. Sci. 58(1959).

42 Samuel Krislov, *The Amicus Curiae Brief: From Friendship to Advocacy*, 72 Yale L. J. 694, 695(1963).

43 Lucius J. Barker, *Third Parties in Litigation: A Systemic View of the Judicial Function*, 29 J. Pol. 41, 62(1967).

44 Krislov, *The Amicus Curiae Brief*, at 704.

45 Lee Epstein, *Interest Group Litigation during the Rehnquist Court Era*, 9 J. Law & Pol. 639, 645(1993).

的案件)，通常有二十个有组织的利益集团参与。这对于一千八百个组织来说，在每个最高法院开庭期内，至少在一个案件中签名表示支持，并没有什么不同寻常。[46] 由于大法官们经常在判决意见中引用"法庭之友"意见，利益集团将继续以"法庭之友"的身份游说最高法院。[47]1989 年，在一个堕胎案件中，四百多个组织和成千上万的个人，分别在七十八份"法庭之友"意见上签了名。[48]

在最高法院的游说当然只代表了很小一部分试图影响宪法价值的利益集团。诸如南方基督教领袖会议、全国妇女组织、基督教联盟等利益集团，都是社会运动——影响公共讨论和宪法规范——的引路灯。有组织的利益集团也作为专家发言，在这个过程中，也会影响宪法对话。譬如，美国精神病学会早期认为，同性恋是一种精神疾病，但后来通过否认早期观点，为增加同性恋的社会接受度打下了基础。[49]

更需要注意的是，国会、总统和各州官员密切关注利益集团。不管是控枪、焚烧国旗、安乐死，还是其他有争议的问题，利益集团在影响公共政策方面都发挥了重要作用。[50] 利益集团的代表经常出没在立法机关听证
36 会上，参加国会的宪法讨论，而且更重要的是，在立法起草阶段，他们与立法者密切合作。总统也不遗余力地试图赢得利益集团的支持。譬如，当罗纳德 · 里根公布他的生命权规制计划时，他首先在生命权领袖组织前

---

46 Lee Epstein, *Interest Group Litigation during the Rehnquist Court Era*, 9 J. Law & Pol. 639, 645 (1993)(讨论了最高法院 1990 年开庭期的判决情况)。

47 出处同上，651；另见 Lee Epstein & C. K. Rowland, *Interest Group in the Courts: Do Groups Fare Better?*, in Allan J. Cigler and Burdett A. Loomis, Interest Group Politics 275 (2d ed. 1986)(认为利益集团的参与影响了法院判决)；Joseph D. Kearney and Thomas W. Merrill, The Influence of Amicus Briefs on the Supreme Court, 148 U. Pa. L. Rev. 744 (2000)(认为"法庭之友"影响了法院判决)。

48 见 Susan Behuniak-Long, *Friendly Fire: Amici Curiae and Webster v. Reproductive Health Services*, 74 Judicature 261 (1991)。

49 见 Lawrence Lessig, *Fidelity and Constraint*, 65 Fordham L. Rev. 1365, 1397—1399 (1997)。

50 本书大多数案例研究都详述了利益集团在民选官员面前发挥的重要作用。特别是第八章(宗教自由)追溯了利益集团的参与权。

公布。除了制定立法和规章外,利益集团还在遴选司法人员、任命部门工作人员等方面与总统密切合作,在国会审核这些候选人时,与国会进行密切合作。

利益集团影响宪法决策。一个非常生动的例子是州和地方官员努力在国会和白宫推销自己的观点。不管是关于无资金保障的施政命令、福利改革还是平等就业标准的适用,州和地方官员在说服华盛顿愿意以第十修正案和其他联邦主义保护为基础接纳政策建议方面,都发挥了显著作用。[51]

克林顿总统第二任期内发生的一个事件是强调州和地方的自我保护能力。1998 年,克林顿发布了一个有关联邦主义的行政命令,设定了一系列原则来界定联邦政府和州政府的界限。与早期的行政命令(包括克林顿 1993 年发布的一个行政命令)不同,1998 年的行政命令明确列举了一些情况,保证联邦的优先权,而没有提到州和地方政权的传统界限。全国州立法机构会议、全国州长联合会、联邦市长会议、全国县联合会、全国城市联盟以及其他一些组织,纷纷表示强烈抗议。两个月内,这些组织已说服参议院,敦促克林顿撤销行政命令,重新发布一个里根曾发布的行政命令,更多地支持各州。[52]起初,克林顿所在的白宫承诺重写行政命令,但后来同意撤回这份行政命令,重新开始,与州和地方组织同心协力起草了新的行政命令。[53]

独立的陪审团

成百上千万的公民参与大陪审团和日常陪审团。在决定控告或判决

---

51 第三章详述了州和地方官员影响联邦主义对话的努力。

52 144 Cong. Rec. S8747—8749, S8769 (daily ed. July 22, 1998).

53 David S. Broder, *White House to Rewrite Federalism Order, Now with State-Local Input*, Washington Post, July 29, 1998, at A19; David S. Broder, *Clinton" Suspends" Federalism Order to Assuage Local, State Officials*, Washington Post, Aug. 2, 1998, at A5.

同胞们有罪时，大多数情况下，他们会遵循检察官和法官解释的法律。但在有些情况下，通常是非常重要的案件中，陪审团依赖自己的良知决定是否合宪或适当。陪审团以自己的方式感知和理解什么是正当程序、平等
37 保护、言论自由、不合理的搜查和扣押，以及残酷和不寻常的刑罚。陪审团行使独立判断时，在不同时间分别代表着最好的民主和最坏的民主。[54]

一个独立的陪审团，意味着在某些情况下，能够自由拒绝法官对法律的解释，这种理念在美国有着深厚的根基。约翰·亚当斯在 1771 年的日记中，记载了陪审团决定法律问题面临的困难，因为那些法律通常是用拉丁文和法文书写。因此，期望法官解释法律，陪审团决定事实问题，这是比较合理的。然而，亚当斯问道："如果法律要求他们根据法院的指示裁决，违反他们自己的意见、判断和良知，这不是很荒谬吗？""根据自己的最佳理解、判断和良知作出裁决，即使违背法院的指示"，这不仅是陪审团的"权利，更是他的义务"。[55] 托马斯·杰弗逊在 1789 年写道：

> 任何情况下，如果他们认为法官存在偏袒，就由陪审团自己负责解释法律，裁定事实。除非他们怀疑法官偏袒，否则决不行使这种权力，但当他们行使这种权力时，他们就成了英国自由最坚定的堡垒。如果要我决定在立法机关忽视民意，还是在司法部门忽视民意，哪一个更好，我会说，最好让他们离开立法机关。[56]

1793 年，为防止美国人军事支持英法战争，乔治·华盛顿总统发布了中立声明。有人因违反了这个声明被控有罪，陪审团宣布其无罪，因为他们拒绝单凭一个声明判决某个人有罪。因没有法律依据，政府放弃了

---

54 Jeffrey Abramson, We, the Jury (1994).

55 2 The Works of John Adams 254—255 (Charles Francis Adams ed., 1850).

56 15 The Papers of Thomas Jefferson 283 (Julian P. Boyd ed., 1958).

对其他人的指控。[57] 陪审团认为,刑罚问题应该由国会和立法过程决定,总统不能通过命令确定犯罪行为。华盛顿总统请求国会通过立法授权采取有效的指控。第二年,国会通过《中立法案》,赋予行政部门特定的法律地位,以追诉违法者。

在共和国早期,法官们很难就法律问题指令第一线那些多疑的陪审员。一位首席陪审员曾告诉一位法官:"陪审团想要知道,我们第一次出去讨论时,您告诉我们的**就是**法律,还是说,这**只是**您的理解。"[58]19 世纪,陪审团不仅反对谋杀犯适用死刑,还反对叛国、海盗、纵火、强奸、抢劫、盗窃以及鸡奸适用死刑。许多陪审团没有机会建议采取较轻的刑罚,就对这些情况投无罪票。立法机关迫于压力,就在这个过程中增加了量刑裁 38
量权,允许陪审团在死刑和无期徒刑之间作出选择。[59] 陪审团不是依照法律亦步亦趋,而是独立进行判断,挑战法律,并促动更大的弹性。

对于较轻的犯罪,陪审团可能会反对现有刑法。对于因违反狩猎、赌博和饮酒(在禁酒时期)有关的法律而遭到指控的人,陪审团经常判其无罪,他们认为这些法律不合理,或是说太严厉。不管检察官提出什么证据,陪审团都可能反对。[60] 最终,一些检察官决定不在这些徒劳的案件中浪费时间,立法者被迫修改或废除了这些不得民心的法律。

当陪审团认为执法者滥用权力,侵犯了个人最基本的自由时,也可能会宣判无罪。早期一些案件中,被告没有辩护人,陪审团就会判其无罪,以对这类严重不公表达抗议。一位陪审员曾告诉法官:"如果政府不提

---

57 Francis Wharton, State Trials of the United States during the Administrations of Washington and Adams 84—85, 88 (1849); 2 John Marshall, The Life of George Washington 273 (1832).

58 Mark DeWolfe Howe, *Juries as Judges of Common Law*, 52 Harv. L. Rev. 582, 582 (1939) (强调为原文所加)。完全有理由认为,制宪者将陪审团视为民主制衡政府行为的重要途径。见 Akhil Reed Amar, *The Bill of Rights as a Constitution*, 100 Yale L. J. 1131 (1991); Akhil Reed Amar, *Reinventing Juries: Ten Suggested Reforms*, 28 U.C. Davis L. Rev. 1169 (1992)。

59 Woodson v. North Carolina, 428 U.S. 280, 289—291 (1976); The Death Penalty in America 27—28 (Hugo Adam Bedau ed., 1968).

60 Harry Kalven, Jr. & Hans Zeisel, The American Jury 286—297 (1966).

供公共辩护人,他就把所有人都释放了。"[61] 在这种情况下,各州和联邦政府不仅为死罪提供辩护援助,而且也为其他罪犯提供援助。如果陪审员认为,政府采取了一些拙劣的手段引诱他人犯罪,没有政府的操控,犯罪就不会发生,那么,宣告无罪可能对检察官是一个提醒:他们已经侵犯了基本的宪法权利。不管立法者如何立法,检察官如何追诉,法官如何判决,陪审团划定了可容许的政府行为。

在涉及色情和淫秽的案件中,陪审团显然参与了基本的宪法问题。在这些领域,最高法院提供的都是一些抽象的——如果不是难以理解的——原则。陪审团需要判断:(1)依据当时社区标准,普通人是否认为这个作品整体上能够引起淫欲;(2)这个作品是否明显以令人不快的方式描绘了州法界定的特定性行为;(3)这个作品整体上是否缺乏"严肃的文学、艺术、政治或科学价值"。[62] 淫欲意味着淫荡的想法。但什么是淫荡?是性欲、行为不检还是下流?什么是性欲、行为不检和下流?这些词是循环解释。最终,由陪审团自己决定,某本书、某部电影、某个艺术展或某场音乐表演是否对他们的社区有害。在 1990 年两个极富争议的案件中,俄亥俄州辛辛那提和佛罗里达州劳德代尔堡的陪审团分别认定,对画展和 2 Live Crew 说唱乐团指控的淫秽罪名不成立。淫秽的合宪性与其说是依赖最高法院认定的原则,不如说是取决于陪审员个人的良知、直
39 觉、口味和判断。

陪审团判其无效仍是一个有争议的话题。这个术语意味着,即使陪审团相信被告有罪,也可能判其无罪:陪审团拒绝"受制于案件事实或法官对法律的解释。相反,陪审团基于自己的良知进行判断"。[63] 有时,少数群体也会使用这种策略抗议多数人制定的政策:"鉴于黑人社区法律实

61 Harry Kalven, Jr. & Hans Zeisel, The American Jury 319(1966).

62 Miller v. California, 413 U.S. 15(1973).

63 Paul Butler, *Racially Based Jury Nullification: Black Power in the Criminal Justice System*, 105 Yale L. J. 677, 700(1995).

施的成本,并且针对危害社会的黑人,白人立法者也想不出有效的非监禁措施,黑人陪审团在道义上有责任释放一些有罪的黑人违法者。”[64] 但由陪审团判其无罪是比黑人的抗议更宽泛的概念。用一位研究者的话说:“将太多权力交给公共官员,公民们总是表示担心,而陪审团则可能是他们的最后一道防线。由陪审团判其无罪引发了一定程度的不确定性,要求检察官时刻牢记,在惩罚问题上,谁享有最终话语权。”[65]

国会的参与

立法过程的所有阶段,国会都参与了宪法决策,从立法的制定到宪法修正案的批准,再到对政府部门的监督。近几十年来,不管是以自己的名义,还是通过议员提交的诉讼文书,国会还参与到诉讼当中。最后,当遇到弹劾或最高法院认为不具有司法性的“政治问题”时,国会就专享了宪法解释权。

宪法解释的普遍性与重要性,以及最高法院愿意遵从民选政府部门,导致许多利益集团表示要重点拥护国会,而非法院。根据美国公民自由联盟的说法:“现在,法院是最后的依靠,但越来越多地要求国会来评判宪法问题,因为除它以外,别无其他。”[66] 还有一个类似的说法,全国堕胎权保护联盟呼吁,宪法权利的保护要“依赖我们在国会的民选代表回应联邦人民的意愿”。[67]一些法律学者也支持国会的宪法解释。诸如罗宾·韦斯特认为,国会应当“自由想象,并理解一个更加平等的社会秩序,一个更加自由的个人与集体生活”,因为司法起草的政策不是促进,而是阻碍

64　Paul Butler, *Racially Based Jury Nullification: Black Power in the Criminal Justice System*, 105 Yale L. J. 679(1995).

65　Andrew D. Leipold, *Rethinking Jury Nullification*, 82 Va. L. Rev. 253, 324(1996).

66　W. John Moore, *In Whose Court?*, National Journal, Oct, 5, 1991, at 2400.

67　National Abortion Rights Action League(NARAL)Supreme Court Alert, June 27, 1991.

了前进的方向。[68]

这种趋势要求国会在宪法解释中发挥主导作用，特别是在左翼利
40 益集团和学者看来，这意味着在观念上发生了戏剧性变化。1979 年，欧文·菲斯写道，“在理论上，立法者没有致力于追寻宪法价值的含义，在制度上，立法者也不适合这项工作”，但从人民的偏好来看他们的职能，“他们希望的和他们相信的，都应当有所成就”。[69]1983 年，联邦上诉法院法官和前议员阿布勒·密克华指责国会“肤浅，在大多数情况下，独自进行宪法性辩论”。密克华指出，国会“是回应性部门，如果面临的问题不是很紧迫，就无法制定法律”，并且“法律中涉及的宪法原则与宪法价值不同，通常比较抽象，不受人注意，难以引起媒体和公众的关注”，所以密克华认为，“不管国会说什么冠冕堂皇的理由，大多数情况下，立法机关……将宪法判决留给了法院”。[70] 斯坦福大学的保罗·布雷斯特在 1986 年回应了这种观点，猛烈抨击了国会“参与宪法解释的能力和职责”，认为“除非国会采取了一套可靠的决定宪法问题的程序，否则在此之前，绝不能与法官的决定相冲突”。[71]

国会作为宪法解释者的优势地位与近几十年来最高法院判决遭遇到的批评有很大关系。早期对国会的批评被夸大了，因为这种批评的前提是，与国会相比，法院是更有力的宪法守护者；而真理则处于两者之间。国会“在宪法含义形成过程中发挥着重要、广泛且从不间断的作用”，但这是一个协调性角色，某种程度上是在法院和国会之间“永不间断的对话”，在这个过程中，宪法原则“通过对话不断发展，而非由单一一方决

---

68 Robin West, *The Aspirational Constitution*, 88 Nw. U. L. Rev. 241, 241 (1993).

69 Owen M. Fiss, *The Forms of Justice*, 93 Harv. L. Rev. 1, 10 (1979).

70 Abner J. Mikva, *How Well Does Congress Support and Defend the Constitution?*, 61 N.C. L. Rev. 587, 609—610 (1983).

71 Paul Brest, *Congress as Constitutional Decisionmaker and Its Power to Counter Judicial Doctrine*, 21 Ga. L. Rev. 57, 59 (1986).

定”。[72] 国会的宪法解释史支持了这种观点。在判决作出之前、判决期间和判决作出之后，法院和国会以及行政部门，同等地参与相互之间的宪法对话。

立法制定前，国会要进行宪法审查。立法者及其职员在国会研究中心、众议院法律顾问、参议院法律顾问以及总审计署的协助下，对法案的合宪性进行审查。通过正式的立法听证和非正式的邀请，宪法学者、司法部和其他政府官员、利益集团对法案的合宪性发表自己的看法。

立法过程中，国会对宪法问题的考虑以及行使监督权，通常取决于该问题出自哪个委员会。譬如，1963 年，参议院领袖认为，贸易委员会负责具有重大意义的民权立法，但担心更保守的司法委员会将阻挠民权改革。 41
国会想要禁止饭店、旅馆以及其他公共设施中的歧视。最初，国会以第十四修正案的平等保护条款作为权力依据，但随之出现对其权力来源的质疑，国会又援用贸易权作为另一种支持。在审查以这种方式形成的法律时，最高法院根本就没考虑第十四修正案问题，而是以贸易为由，支持了这项措施。[73]

除了将问题交给法院裁决之外，国会及其议员还参与诉讼过程。最高法院有时会邀请众议院、参议院或议员个人作为“法庭之友”提交意见，或是参与口头辩论。最著名的是在堕胎和权力分立纷争中，参议院、众议院及其议员个人主动作为“法庭之友”提交了意见。譬如在 1980 年的哈里斯诉麦克雷案中，二百多位国会议员联合提交了“法庭之友”辩护意见，按照自己的意思捍卫国会的资助权或反对国会的资助权。

议员个人偶尔也会提起诉讼，质疑国会或白宫某种行为的合宪性。法院通常拒绝受理这类问题，因为这意味着国会内部存在分歧，出现派系不和。正如与战争权或其他问题有关的案例所表明的，法官倾向于告诉

72 Louis Fisher, Constitutional Interpretation by Members of Congress, 63 N.C. L. Rev. 707, 708, 746(1985)(引用了亚历山大·比克尔)。

73 第三章详述了这个事情。

立法者:用制度赋予你的权力来保护你自己,不要来法院寻求救济。这正是最高法院 1997 年的基本立场。当时参议员罗伯特·伯德及其同事提起诉讼,认为 1996 年的《单项否决法》违宪,最高法院认为他们不具有诉讼资格。[74] 如果国会穷尽了制度赋予自己的权力,法院有可能提供救济。譬如,参议员爱德华·肯尼迪成功提起诉讼,对尼克松总统在 1972 年休会期间动用“口袋否决权”提出质疑。[75]

当司法部拒绝为某项法律的合宪性进行辩护时,国会被迫参与诉讼。譬如,在涉及破产法院和立法机关否决权的合宪性时,国会和行政部门之间的利益出现冲突。[76] 在这两类案例中,国会和司法部的律师在口头辩论以及提交给最高法院的诉讼文书中相互争执。

如果最高法院判决了某个案件,国会还可能动用一系列权力来表示赞同或反对。在宪法问题上,国会几乎不曾使用诸如剥夺法院管辖权或对法院判决无效的法律重新立法等方式,但国会还是有很多机会可以制
42 定法律,采纳一些与最高法院新近判决截然不同的宪法价值。

宪法修正案要求国会两院三分之二认可,并得到四分之三州的批准,这种方式很难成功;但这些措施可能触动法院判决。因为最高法院没有判决性别歧视无效,国会便作出回应,批准了《平等权利修正案》,并发送各州寻求批准,以禁止“基于性别……剥夺平等权”。这项修正案尽管从来没有获得批准,但事实证明相当有影响力。1971 年 10 月,在针对这项修正案辩论期间,参议员玛萨·格里菲斯说道,《平等权利修正案》的整个目的就是要告诉最高法院,“醒醒吧!这是 20 世纪了”。[77] 一个月后,最高法院全体一致判决爱达荷州一项法律无效,因为该法在财产处理上重

74 Raines v. Byrd, 521 U.S. 811 (1997).

75 Kennedy v. Sampson, 364 F. Supp. 1075 (D.D.C. 1973), aff'd, Kennedy v. Sampson, 511 F.2d 430 (D.C. Cir. 1974).

76 Northern Pipeline Co. v. Marathon Pipe Line Co., 458 U.S. 50 (1982); INS v. Chadha, 462 U.S. 919 (1983).

77 117 Cong. Rec. 32323 (1971).

男轻女。[78] 短短几年之内,最高法院的判决就已经"与《平等权利修正案》主流支持者在诸如国会分委员会报告以及《平等权利修正案》听证会记录等文件中表达的观点完全一致,与国会档案中记载的《平等权利修正案》主要支持者的证词完全一致"。[79]

当立法者认为最高法院判决未能充分保护个人权利时,国会通常总能推翻最高法院判决。1976 年,最高法院在判决中支持执法者可以在不告知储户的情况下传唤银行,调取储户信息。法院将储户在银行的信息作为银行的商业信息,而不是个人的私人信息。判决作出不到两年,国会通过了《商业隐私权法》,要求传唤需要通知储户,或是接受法院监督。[80] 因此,第十四修正案赋予的权利在法院未能得到保护,但得到了立法机关的保护。

行政部门的解释

宪法决策中的行政权范围极广。行政部门任命最高法院大法官,提出立法建议案和宪法修正案,行使否决权,制定行政规章,以及动用白宫的影响力。在这些领域中,每一项都涉及行政部门对宪法的解释并塑造着宪法价值。事实上,在日常执法和联邦政府运行中,毫无疑问,行政部门要比法院更经常涉及对宪法的解释:"不论何时,当联邦执法者决定是否具备拘留的理由时,行政部门都已对第四修正案作了解释;当联邦雇员 43
因个人言论受处分时,行政部门已经解释了第一修正案。"[81]

司法部有两个部门在宪法解释中非常活跃:法律顾问办公室针对正

78 Reed v. Reed, 404 U.S. 71(1971).

79 Leslie Friedman Goldstein, *The ERA and the U.S. Supreme Court*, 1 Law & Policy Stud. 145, 145(1987).

80 United States v. Miller, 425 U.S. 435(1976); 92 Stat. 3617(1978).

81 David A. Strauss, *Presidential Interpretation of the Constitution*, 15 Cardozo L. Rev. 113, 114(1993).

在讨论的法案、已经生效的立法以及总统建议的合法性等问题为司法部长提供建议，政府律师办公室是政府在最高法院的律师。这两个部门通常是通往最高法院的跳板。首席大法官伦奎斯特以及大法官斯卡利亚此前都是法律顾问办公室主任。大法官瑟古德·马歇尔、罗伯特·杰克逊、斯坦利·里德，以及首席大法官查尔斯·埃文斯·休斯此前都是政府律师。白宫的法律顾问办公室也是总统的律师，为其提供"司法部因部门偏见或政治偏见无法涵盖的法律建议"。[82]

总统参与立法过程，与国会商讨他对拟议立法，包括校车、堕胎、焚烧国旗以及校园祈祷等问题合宪性的意见。行政立法权还包括否决权。当总统认为国会制定的某项法案违宪时，这种争议的最终决定权通常取决于行政部门（除非参众两院三分之二多数推翻了总统的否决）。乔治·W.布什担任总统期间，有五项允许联邦资助堕胎的法案都遭到总统否决，乔治·W.布什总统成功维持了严格限制堕胎的禁令。单单是否决权的存在，通常就足以迫使国会修改或删除法案中有争议的内容。

奇怪的是，总统有时在签署法案的声明中对法案的合宪性表达异议。老布什于1989年签署国旗保护法时就表示，"严重怀疑它能经受住最高法院的审查"。[83] 里根在签署《葛兰姆—拉德曼赤字控制法案》时，同样为"宪法制定者精心设计的权力分立受到侵犯"而感到焦虑。[84] 在这两个例子里，总统都因为接受了这些法案中潜在的政策而搁置了宪法上的反对理由。同样，总统有时会认为法律规定违宪，因此签署声明中表示法律规定不予适用。最高法院1983年在美国移民归化局诉崔德案中判决立法机关否决权违宪之后，从罗纳德·里根到乔治·W.布什，历任总统都表示他们将不遵守国会制定的法律中所含有的立法机关否决权。但在部

82 Jeremy Rabkin, *At the President's Side: The Role of the White House Counsel in Constitutional Policy*, 56 Law & Contemp. Prob. 63, 97 (1993).

83 Public Papers of the Presidents, 1989, Ⅱ, at 1403.

84 Public Papers of the Presidents, 1985, Ⅱ, at 1472.

委一级,行政官员可能认为还是要慎重,有必要接受这些立法制约。[85] 44

除立法权外,行政部门还通过规章制定权调解宪法争议。虽然规章制定应落实国会意图,但许多法律都有足够的弹性,行政官员可基于自己的宪法理念将之推向某个方向。里根政府制定规章禁止联邦资助堕胎咨询,最高法院在 1991 年的案件中拒绝推翻这种规定,因为法院认为应尊重行政部门的立法解释。[86] 当国会后来想要通过立法推翻这些规章时,老布什成功否决了这个法案。克林顿就任总统后,率先采取的一项行动就是推翻里根时期制定的规章。小布什就任总统后,率先采取的一项行动就是推翻克林顿时期的堕胎政策,即动用联邦资金支持为到海外堕胎提供帮助的组织。

行政部门通常既作为一方当事人,也作为"法庭之友",参与宪法诉讼。不论支持或反对最高法院判决,还是准备诉讼文件或口头辩论,都委托给联邦政府律师。他是唯一一位不用事先获得最高法院批准,就有权参与最高法院诉讼的诉讼当事人。一份法律顾问办公室的意见表明,司法部长"通过筛选政府的案件,减轻法院审查无聊诉求的负担,进而保护法院的案件数量"。[87] 法院帮助其维持这种看门人的形象,司法部长提交给法院的案件中, 75% 至 90% 都能得到法院审查(复审)。[88] 最高法院在判决中通常严重依赖司法部的辩护意见。譬如,司法部长在布朗案中的诉讼意见发挥了重要作用,说服法院种族隔离在政治上难以接受。

但是,政府在最高法院的辩论并不专属于司法部长,白宫偶尔也会直接指导诉讼文件。现代经常出现这种干预,包括艾森豪威尔起草了布朗诉教育委员会案中政府意见的部分内容,[89] 卡特任职期间,白宫推翻了司

85　第五章详述了立法否决的出现及存续。

86　Rust v. Sullivan, 500 U.S. 173 (1991).

87　1 Op. Off. Legal Counsel 228, 231 (1977).

88　H. W. Perry, Deciding to Decide 128 (1991).

89　Philip Elman & Norman Silber, *The Solicitor General's Office, Justice Frankfurter, and Civil Rights Litigation, 1946—1960: An Oral History*, 100 Harv. L. Rev. 817, 842 (1987).

法部长在罗杰斯诉贝克案[90]———个涉及平权行动的案例——中的最初立场。

司法部长并不总是政府在最高法院的唯一发言人。如果独立机构成为一方当事人，有时也允许该机构提交诉讼文书或在法院参与辩论。因此，联邦机构和司法部在最高法院曾出现过几次公开的分歧。以下面两
45 个涉及联邦通信委员会的案件为例。在1978年的联邦通信委员会诉太平洋基金电台案中，联邦通信委员会规定，大多数广播时间应避开某些词汇，司法部认为这种规定过于宽泛，没有考虑“出现这些脏词的具体背景”，但联邦通信委员会成功捍卫了自己的观点，驳倒了司法部的质疑。[91]在麦德龙广播公司诉联邦通信委员会案中，联邦通信委员会和司法部在种族优待问题上争论不休。联邦通信委员会认为，“提高广播节目的多样性”是一项“迫切重要”的政府利益，而司法部认为，优待是受到禁止的“种族模式”。[92]在这场争执中，联邦通信委员会再次获胜。[93]

最高法院作出判决后，行政部门参与宪法决策并不会因此而止息。行政部门还可以通过司法任命，提议修改宪法等诸多方式进一步影响法院行为。

政治对司法任命的影响

遴选并批准联邦法官明显是一个政治过程，这也是民选政府与司法判决最直接的联系。宪法第二条授权总统“在参议院建议和同意的情况下”任命联邦法院法官。这种遴选过程使得总统和参议院可以推进他们

---

90 有一种描述，见 Joseph Califano, Governing America 237—243 (1987)；略有不同的表述，见 Griffin Bell & Ronald J. Ostrow, Taking Care of the Law 28—32 (1992)。

91 Brief for the United States, at 14, FCC v. Pacifica Found., 438 U.S. 726 (1978). 进一步的讨论，见第九章。

92 Brief for the FCC, at 16; 199 Landmark Briefs 217. Brief for the United States as Amicus Curiae, at 8; 199 Landmark Briefs 293.

93 Metro Broadcasting, Inc. v. FCC, 497 U.S. 547 (1990).

各自的司法哲学(或者说,至少是拒绝自己不能接受的司法哲学)。

最高法院大法官的任命“是高度政治化的任命,由国家首要政治人物任命一个高度政治化的部门”。[94] 通过改革将联邦法官遴选过程中的政治因素剔除出去,这种建议毫无希望。从共和国早期开始,参议员在遴选联邦法官候选人方面拥有巨大的权力。最高法院大法官(特别是首席大法官塔夫脱)显然都能成功为候选人游说。其他政府部门也很积极。一位非常坦诚的法官评论说,“法官就是和政府关系好的律师”。[95]

回顾司法任命过程就会发现,最高法院的宪法判决与这种政治任命过程密切相关。1870 年,针对将纸币当作法定货币,试图免除内战债务的法律,最高法院七名大法官严格根据所属党派,四名民主党大法官占据多数意见,三名共和党大法官提出反对意见,判决该法无效。十五个月后,共和党总统尤利塞斯·格兰特填补了两个最高法院空缺,最高法院立即推翻了此前判决,宣布《法定货币法》合宪。[96] 格兰特有理由相信他提名的两位候选人将会支持这部法律:威廉·斯特朗是宾夕法尼亚州最高法 46
院法官,已经支持了《法定货币法》;约瑟夫·P. 布拉德利对该法的支持显然丝毫不亚于威廉·斯特朗。[97] 富兰克林·德拉诺·罗斯福的“新政”任命也达到了类似效果。这些新任命的大法官,除其他判决外,推翻了最高法院在 1918 年宣布国会不能依据贸易条款规制童工的判决,确定了洛克纳时代的终结。

还值得关注的是,艾森豪威尔总统在 1953 年任命厄尔·沃伦担任首席大法官。如果没有沃伦,最高法院很可能就支持了普莱西案中的“隔离但平等”原则。1952 年,当首席大法官弗雷德·文森掌舵时,最高法院

94 Michael A. Kahn, *The Politics of the Appointment Process: An Analysis of Why Learned Hand Was Never Appointed to the Supreme Court*, 25 Stan. L. Rev. 251, 283 (1973).

95 Fred Rodell, Woe Unto You, Lawyers! 36 (1939).

96 Hepburn v. Griswold, 8 Wall. (75 U.S.) 603 (1870); Legal Tender Cases, 12 Wall. (79 U.S.) 457 (1871).

97 Sidney Ratner, *Was the Supreme Court Packed by President Grant?*, 50 Pol. Sci. Q. 343 (1935).

就准备判决这个问题。在提交了诉讼文书(包括杜鲁门任期的最后一个月,司法部提交了一份重要的诉讼意见,指出种族隔离削弱了美国作为自由世界领导者的地位)并举行口头辩论之后,最高法院再次将这个案件列入待审目录,以便能够决定“联邦城”——华盛顿特区——隔离教育的合宪性。

这时,大法官们出现了分歧。1952 年 12 月,大法官们举行的会议表明, 5 比 4 支持隔离教育。正如大法官威廉·道格拉斯在其自传中写道:“如果在 1952 年作出判决,很显然,我们中间有五位会说隔离但平等的教育是合宪的,违宪的只是隔离且不平等的教育,因此,补救办法就是为各州提供时间,让两种学校的教育条件相当。”[98] 道格拉斯大法官一语中的,但毋庸置疑的是,如果文森法院发布一份充满分歧的判决意见,无疑会加剧校园隔离问题上的冲突。然而, 1953 年,文森去世,沃伦担任首席大法官,这个偶然事件令菲利克斯·法兰克福特大法官惊呼:“这是我第一次真实见证确实存在一位上帝。”[99] 一年之后,最高法院在布朗案中发布了一份全体一致的判决意见,指出“隔离教育本身就不平等”。

沃伦·伯格接替沃伦担任首席大法官后,也改变了法院判决的方向。1971 年,伯格法院对沃伦法院保护个人权利免受减损的判决做了限制,导致胡果·布莱克大法官在反对意见中抱怨说,新任大法官不应“非议”平等保护条款。[100] 同样,斯图尔特大法官在 1974 年的一份反对意见中指出,尼克松新近提名的两位大法官导致在推翻 1972 年的判决时出现分歧,“对法律作出重要改变的理由比我们大法官的变化还不充分,这导致
47 公众误以为本部门与现存的两个政治部门没有区别”。[101]

委婉地说,斯图尔特大法官的指责有些歪曲。最高法院大法官的任

98 William O. Douglas, The Court Years, 1939—1975, at 113 (1980).

99 Elman & Silber, *The Solicitor General's Office*, 100 Harv. L. Rev. at 840.

100 Rogers v. Bellei, 401 U.S. 815, 837 (1971).

101 Mitchell v. W.T. Grant Co., 416 U.S. 600, 636 (1974).

命实质上就是政治。一直都是如此。司法判决是政策选择的一部分。白宫和参议院完全有理由关注候选人将来可能的投票趋向。总统试图选择那些能进一步推动其政治纲领的候选人,参议院也可以这样做。不可否认,一旦某位候选人获得终身任职的联邦法官席位后,几乎不可能完全预测他会如何作出判决。有些大法官的表现就出人意外。厄尔·沃伦、哈里·布莱克门以及戴维·苏特都是典型的例子。

特别是近几年来,总统司法提名中的意识形态取向已经导致参议院对提名的法官候选人——尤其是最高法院大法官候选人——进行积极全面的审查。总统提名的145个大法官候选人中,有27个被参议院否决。这种否决率接近20%,相对于需要参议院批准的其他职位来说,这个比例是最高的。参议院除行使否决权,否决总统提名的候选人外,还通过"建议"总统应该或不应该提名谁来影响司法遴选过程。譬如,1932年提名本杰明·卡多佐进入最高法院就是参议员威廉·博拉百折不挠游说的结果。[102] 参议员沃伦·拉德曼是戴维·苏特的强大(也是成功)支持者。1994年,因比尔·克林顿的第一选择——内政部长布鲁斯·巴比特——日益遭到参议院反对,遂提名斯蒂芬·布雷耶。布雷耶曾是参议院司法委员会的前任首席法律顾问。

参议院还试图借助批准程序,通过向候选人提出呼吁,影响司法判决。根据斯蒂芬·沃尔梅尔1993年的一项研究,"司法委员会的委员们已经学会通过在批准程序中向候选人说明,在某些特定的宪法价值上乐意公开承认自己的信仰,是获得这份工作的前提条件,以此影响宪法磋商"。[103] 从1981年提名桑德拉·戴·奥康纳开始,"这些特定的宪法价值已经包括承认存在宪法保护的未列举权利,这些未列举权利包括隐私权

102　George S. Hellman, Benjamin N. Cardozo: American Judge 200—201 (1940).

103　Stephen J. Wermiel, *Confirming the Constitution: The Role of the Senate Judiciary Committee*, 56 Law & Contemp. Prob. 121, 121—122 (1993).

和遵循先例”。[104]

围绕最高法院大法官人选的争执表明，总统和参议院都明白，决定出口（法院判决）的最好方式是控制入口（谁来担任大法官）。这项原则也适用于总统提名、参议院批准的其他职位，譬如下级法院法官和较高级别
48 的行政官员。

各州的解释

宪法决策不仅仅涉及联邦政府的三个部门。各州法官和政府官员也宣誓要“支持和捍卫宪法”，并通过解释联邦宪法和所在州的宪法来践行这个誓言。许多情况下，各州的解释对个人权利的保护要比最高法院提供的保护更为宽泛。这也意味着，各州还可能会限制权利与自由。

最惹人注目的例子当属南部各州大规模抵制最高法院在布朗诉教育委员会案中的判决。相反，大多数州致力于限定罗伊诉韦德案所提出的问题，这也是最高法院并没有明确判决的问题，即罗伊案并没有解决配偶同意，父母同意并签署意见，等待一定时期，知情后表示认可等条件。从1973年到1989年，这些努力几乎都没有成功，但稳固的立法潮流（在这期间共通过了306项反堕胎措施）解决了上诉到最高法院之前的堕胎问题，并且确实为该领域扩张州权提供了无数机会。

与反对布朗案与罗伊案判决形成鲜明对比的是，各州立法机关对个人权利的保护通常要比联邦宪法提供的保护更为广泛。譬如，立法者通常扩大第一修正案的宗教自由和立教条款。19世纪期间，为回应天主教与新教之间的宗教冲突，一些州采取了所谓的布莱恩修正案，禁止用公共财政资助教会学校。而且，从20世纪80年代开始，基要派基督徒教育家提出以他们认为合适的方式教育孩子，遭到法院拒绝后，州立法者通过立

104 出处同上，122；遵循先例原则要求法院尊重法院判例，确保法治稳定，并以此区分以先例为基础的司法判决和民选部门的决策。

法扩大了宗教信徒作为父母享有的教育权。[105]在扩大宪法保护方面,州法院也发挥了重要作用。只要州法院的判决是基于“真正独立、适当而中立的理由”,最高法院不会阻挠它们扩大对个人权利的保护。[106]简言之,有关州宪法的最终话语权取决于州法院。

各州将自己的宪法视为独立的人民契约,在联邦宪法之外规定了更多自由,这一点不足为奇。正如威斯康星州最高法院大法官雪莉·亚布
拉汉森所言,州宪法解释必须考虑各州的“特殊情况”,“考虑当地的土地、 49
工业、人民及其历史”。[107]比如,得克萨斯州最高法院提到,本州宪法规定了特别宽泛的言论自由,这归因于州缔造者的“经验和哲学理念”,“多年边疆生活的艰苦经历”塑造了他们的观点。[108]在阿拉斯加州最高法院看来,本州原就是“珍视个性者的故乡”,这必然需要对隐私权作出宽泛解释。[109]

最高法院的许多所谓革新最初都是先在州一级确立。沃伦法院在1963年的吉迪恩诉温赖特案中赋予贫穷被告人有权获得政府提供的法律援助,因此受到褒奖。然而,许多州在此之前已经承认了这项权利。印第安纳州最高法院在1854年就表示,“一个文明的共同体”不能在不提供法律援助的情况下指控一个穷人。1859年,威斯康星州最高法院指出,如果承诺为一个穷人提供公平审判,但却告诉他必须自己雇用律师,这无

105　见 Leo Pfeffer, Church, State, and Freedom(1967); Neal Devins, *Fundamentalist Christian Educators v. State: An Inevitable Compromise*, 60 G. W. L. Rev. 818(1992)。

106　Michigan v. Long, 463 U.S. 1032(1983).

107　Shirley S. Abrahamson, *Reincarnation of State Courts*, 36 Sw. L. J. 951, 965(1982). 有关这个话题的更多分析,见 James A. Gardner, *Southern Character, Confederate Nationalism, and the Interpretation of State Constitutions: A Case Study in Constitutional Argument*, 76 Tex. L Rev. 1219(1998); Robert A. Schapiro, *Identity and Interpretation in State Constitutional Law*, 84 Va. L Rev. 389(1998)。

108　Davenport v. Garcia, 834 S. W. 2d 4, 16(Tex. 1992).

109　Ravin v. State, 537 P.2d 494, 504(Alaska 1975).

疑是一个“嘲弄”。国会在 1892 年通过立法为穷人提供法律援助。[110]

根据最高法院的判决意见，每个州都“有权在自己的宪法中规定比联邦宪法更宽泛的个人权利”。[111] 大法官威廉·布伦南在 1986 年鼓励“州法院挺身而出时”指出，“州最高法院重新探索本州宪法对自己公民提供的广泛保护……可能是我们这个时代宪法哲学上最重要的发展”。[112] 事实上，失意的大法官们经常提醒他们各州的同行，他们可以依据州宪法作出相反判决。正如首席大法官伯格曾经评论说：“因为我们都知道，州法院将会依据州宪法判决该法无效。”[113]

一个涉及搜查和没收的案件表明，各州有权为个人提供更多的宪法保护。1980 年，华盛顿州最高法院判决，警察扣押学生宿舍的有罪证据属于越权。联邦最高法院推翻了这个判决，运用其“目视证据”原则支持了警察的扣押行为，将案件发回州法院。在第二轮审判中，华盛顿州最高法院单独依据州宪法和法律作出判决，认为第一次判决是正确的，警察行为违法。[114]

诸如此类的判决愈加常见。由于伦奎斯特法院不愿意扩张宪法保护，
50 利益集团将注意力转向州法院和州立法机关。譬如，1990 年，州最高法院基于州对权利的保护作出了一百四十个支持公民自由的判决。[115]1950 年至 1969 年，只有十个此类判决。1970 年到 1986 年，这类判决大约有

110 Gideon v. Wainwright, 372 U.S. 335 (1963) ; Webb v. Baird, 6 Ind. 13 (1854) ; Carpenter v. Dane, 9 Wis. 249 (1859) ; 27 Stat. 252 (1892).

111 PruneYard Shopping Center v. Robins, 447 U.S. 74, 81 (1980).

112 William J. Brennan Jr., *Special Section*, Natl. L. J. Sept. 29, 1986 at S-1 ; William J. Brennan Jr., *The Bill of Rights and the States: The Revival of State Constitutions as Guardians of Individual Liberties*, 61 N. Y. U. L. Rev. 535, 548 (1986).

113 Wisconsin v. Constantineau, 400 U.S. 433, 440 (1971)（伯格的反对意见）。

114 State v. Chrisman, 619 P.2d 971 (Wash. 1980); Washington v. Chrisman, 455 U.S. 1 (1982); State v. Chrisman, 676 P.2d 419 (Wash. 1984). 对这些判决的分析，见 Louis Fisher, *How the States Shape Constitutional Law*, 14 State Legislatures 37 (1989)。

115 *Developments in State Constitutional Law: 1992*, 24 Rutgers L. J. 1101 (1993).

三百个。[116]因此,州政府和州法院在堕胎及其他问题上的这种不断挑衅,不仅是一种预兆,而且表明各州在塑造宪法价值方面发挥着重要作用。

结　语

最高法院只是众多宪法解释者之一。国会、白宫、行政部门、各州、普通大众以及利益集团,在塑造宪法价值方面都相互发挥着重要作用。相互影响的范围极其广泛,无所不至。事实上,在宪法决策中,法院的作用仅限于解决"案件或争议",而民选部门和利益集团的影响力则出现在诉讼之前、诉讼之中以及诉讼之后。纵览那些没有诉诸司法的宪法冲突,其最终解决表明,凡是重要的宪法问题都专属于政府民选部门。

首席大法官沃伦认为,最高法院的工作方式截然不同于国会和行政部门。他说,政治上的进步"通常大多数都是经由妥协达成的,在不能获得整块面包时就拿半块面包"。他继而指出,"就司法过程而言,则恰恰相反"。法院在工作中,"特别是最高法院,判决的核心要素是原则问题,不能妥协,不能在这个案件中少分一点,另一个案件中多分一点,而是最终让有些人得到全部好处"。[117]然而,在诸如校园隔离、性别歧视、刑事程序、政教关系、公正补偿以及其他宪法问题上,最高法院的判决绝对是零敲碎打。这样说绝不是旨在批评最高法院,因为最高法院需要与国会和行政部门一道以谨慎的步伐面对这个世界。

妥协、慎重、权宜、半推半就以及具体案件具体分析,都是司法过程的一部分,媒体必须尽可能在这种环境下履行职责。大法官波特·斯图尔特在决定哪些证据能够进入法庭时反思了法院的行为,并指出,对排除规
则的判决是"有点偷工减料,但就像只有建好过山车轨道,过山车才可以 51

116　Ronald K. L. Collins & Peter J. Galie, *Models of Post-Incorporation Judicial Review: 1985 Survery of State Constitutional Individual Rights Decisions*, 55 U. Cin. L. Rev. 317 (1986).

117　Earl Warren, The Memoirs of Earl Warren 6 (1977).

在上面加速前进”。大法官没有理由以完全厌恶或不可妥协的原则去考虑问题。“每一片新的轨道抓住前面的轨道，不求完美，但求相连，只为及时地防止过山车坠毁，但没有机会权衡曲线是向前倾斜，还是考虑前方不可避免的曲折或转弯。”[118]

司法权的有限性并不否认法院在宪法决策中拥有重要权力。法院仍然享有权力，但这种权力总是受到合法部门的制衡。诚如大法官罗伯特·杰克逊所言：“在重要领域，制宪者将最高法院视作一个独立部门。”[119] 如果最高法院的判决能够说服民选部门和公众，法院就能占据优势。如果法院判决没能达到这个标准，其他部门仍然可以进一步解释，直
52 到达成合意为止。

118 Potter Stewart, *The Road to Mapp v. Ohio and Beyond: The Origins, Development and Future of the Exclusionary Rule in Search and Seizure Cases*, 83 Colum. L. Rev. 1365, 1366（1983）.

119 Robert H. Jackson, The Supreme Court in the American System of Government 10（1955）.

第三章　联邦主义

联邦主义的含义更多是由国会、总统和政治过程确定，而非由司法裁决进行界定。两个政治部门决定了州和联邦政府之间的权力平衡，确定了他们何时行使开支权、征税权以及指导各州活动的贸易条款。这些宪法决定通常由法院确认，并且在很多情况下都不会受到质疑。如果联邦法院提出了自己的联邦主义观，推翻了国会制定的立法，只要能够得到国会和美国人民的支持，这项司法理论就能盛行；否则，日常的政治过程就会予以纠正。

由于总统享有大法官的提名权，参议院行使批准权，最高法院必然受到选举结果的影响。这也就是富兰克林·罗斯福如何能够获得法院对新政措施的认可。更近的例子是，随着里根和老布什任命的四位大法官入职，最高法院开始对国会依据贸易条款和其他联邦权力的行动施加新的限制。虽然界定联邦主义的主要力量仍然是国会和总统，但社会和政治力量持续影响着联邦权力的边界。

联邦与州的平衡

联邦主义是分配权力和分散权力的一种方式。通过将政治权力和主权分给联邦政府和州政府，联邦主义对国家权力设置了结构上的制衡，不仅保护各州权利，而且保护了个人权利。制宪者因为对权力的不信任，试图在中央政府和各州政府之间达成平衡。随着时间的流逝，这种平衡不断发生改变，但推动力主要是政治和经济力量，而非司法判决。

1776 年，美国宣布从英国独立之后，十三个州相互独立，并没有中央
53 政府。1777 年起草、1781 年通过的《邦联条例》允许各州保留“主权、自由和独立”，只把明确列举的少许权力委托给邦联政府。由于顶层权力不足，各州派代表于 1787 年集聚费城，“进一步商讨举措，必要时制定联邦政府宪法，以应对联盟危机”。

当宪法草案传开时，有批评者反对，认为它设置了一个中央政府，而非联邦政府（主权州的联盟）。詹姆斯·麦迪逊在《联邦党人文集》第三十九篇中承认，宪法的某些特征具有国家性，但其他条款直接授权给各州。制宪者创设了一些新制度，有些处于二者之间。所以麦迪逊认为：“从严格意义上来说，这既不是一部国家宪法，也不是一部联邦宪法，而是两者的结合。”

各州代表需要在不损害各州独立身份与职权的前提下，加强国家政府。什么模式能够有效？法国的理论家孟德斯鸠认为，共和政府只有在小国才能繁荣昌盛。他推论说，随着国家规模的增大，人民就要交出自治权，中等规模国家需要贵族制，大国则需要君主制。在《联邦党人文集》第十篇中，麦迪逊则完全改变了这种理论，认为小国不可能存在共和政府，因为主流派系肯定会压制少数派系。然而，“地域范围越大，纳入的党派和利益种类越多，一个占据多数的党派形成共同动机并侵犯其他公民权利的可能性越小”。

将幅员辽阔的土地区分成不同的州，将会增加一重保障。在《联邦党人文集》第二十八篇中，亚历山大·汉密尔顿认为，联邦政府和各州政府可以相互制衡篡权：“人民投入天平的哪一边，天平就会向哪一边倾斜。不论人民权利被哪一级政府篡夺，他们都会利用另一级政府，作为

校正的工具。”这种制度依赖于日常的政治过程作为救济，而不是通过诉讼，依赖法院判决。

在明确授予国会的诸多权力中，有“规制与外国、州之间以及和印第安部落之间的贸易”。当1824年有关贸易条款的范围问题上诉到最高法院时，首席大法官约翰·马歇尔对其作了宽泛解释，赋予国会管理全国经济生活的权力，以促进州际贸易的自由流动，这包括影响到贸易流动的州 54
内行为。[1] 马歇尔的联邦权力观典型体现在围绕联邦银行产生的争论上。

创设联邦银行

1819年，麦卡洛克诉马里兰州案支持了联邦银行的合宪性，生动阐释了国会、总统、行政官员和法院如何参与三个部门的解释。政治部门承担了费力的准备工作，并提起合宪性审查，他们的调查以及对各种价值的平衡，最后得到法院的认可。

麦卡洛克案中的一个重要宪法问题是，在宪法没有明确授权的情况下，国会能否设立一个联邦银行。是否存在“隐含性权力”能证明联邦银行的正当性？这些问题中有一些早在1781年就已得到解决，当时的大陆会议讨论过联邦银行的价值问题。当时的财政总监——相当于后来的财政部部长——罗伯特·莫里斯提议设立邦联银行，并主张成立一个委员会，进一步研究这个问题。大陆会议表示邦联银行既合适又有利。[2] 九个州支持这项计划，一个州（马萨诸塞州）反对，还有一个州（宾夕法尼亚州）有意见分歧。弗吉尼亚州的四位代表中，麦迪逊是唯一一位反对设立邦联银行的人。他反对的理由是，《邦联条例》没有明确授权设立邦联银行。[3] 十年后，他用同样的理由反对依据联邦宪法设立联邦银行。

1 Gibbons v. Ogden, 22 U.S.（9 Wheat.）1（1824）.

2 20 Journals of the Continental Congress, 1774—1789, at 519, 530—531, 542, 545—548.

3 9 The Writings of James Madison 419—421（Gaillard Hunt ed., 1910）; 4 The Papers of James Madison 18—19, 21 n.7（William T. Hutchison & William M. E. Rachal eds., 1965）.

1787 年，制宪会议期间，几乎没有讨论设立联邦银行的问题。宪法第一条部分内容授权国会设立邮局和邮路，代表们最初考虑授权国会批准设立一些对联邦而言必要的部门。马萨诸塞州的鲁弗斯·金担心国会利用这项权力设立联邦银行，重新唤起曾出现在费城和纽约银行界的政治战争，他们担心国会批准设立一个与之相竞争的银行机构。于是，代表们决定删去有关部门的规定。[4]

1790 年，众议院要求财政部长亚历山大·汉密尔顿准备一份关于设立联邦银行的报告，这个问题再次浮现。[5] 接下来一年，讨论主要集中于
55 国会在该领域的宪法权力。麦迪逊提醒说，设立银行部门的权力不在宪法授予国会的权力范围之内。一些代表质疑他的分析，有人指出，麦迪逊曾在 1789 年强烈提出，即使宪法没有明确规定，总统也有权撤销行政官员。[6] 另外一些人则提出，麦迪逊在其《联邦党人文集》的一篇文章中已经否认了列举式权力。[7] 经过大量辩论之后，众议院以 39 比 20 支持设立联邦银行。麦迪逊是最著名的反对者。

法案送交总统后，乔治·华盛顿咨询其内阁有关联邦银行的合宪性。司法部长埃蒙德·伦道夫和国务卿托马斯·杰弗逊认为，国会无权设立联邦银行。伦道夫认为，在成文宪法中，政府仅限于明确授予它们的权力。[8] 杰弗逊说，第十修正案意味着所有没有**明确**授予联邦政府的权力，都保留给各州或人民。[9] 然而，第十修正案的立法史确实表明，修饰语“明确”旨在要求“如果宪法没有详细列举每一个细节，就必须是以隐含的方

4 2 Farrand 615—616.

5 2 Annals of Cong. 2082—2112 (report of Dec. 13, 1790).

6 出处同上，1945—1946, 1955, 1960。

7 出处同上，1977。

8 Walter Dellinger & H. Jefferson Powell, *The Constitutionality of the Bank Bill: The Attorney General's First Constitutional Law Opinions*, 44 Duke L. J. 110 (1994).

9 19 The Papers of Thomas Jefferson 276 (Julian P. Boyd ed., 1974).

式承认了这些权力”。[10] 这种观点的作者就是詹姆斯·麦迪逊。

汉密尔顿的分析是目前为止三个内阁成员中最具有洞察力的一个观点。由于他起草了银行法案，因此他不可能声称超然和客观，而其他主要参与者——麦迪逊、杰弗逊和伦道夫——开始也强烈持保留意见。汉密尔顿激烈地辩称，杰弗逊和伦道夫提出的理论，“对于联邦合法而又不可或缺的权力来说是致命的”。[11] 汉密尔顿的分析说服了华盛顿，最终签署了法案。[12]

当质疑联邦银行合宪性的案件上诉到联邦最高法院时，汉密尔顿的观点获胜。随着1812年战争点燃的国家主义情感，首席大法官马歇尔依照他的联邦主义观点，在麦卡洛克案的判决意见中接受了国会获得广泛授权的观点。马歇尔大量借用了汉密尔顿对隐含权力、主权和必要且适当条款的解释。因此，创造性并建设性地解释宪法的权力属于国会和行政部门。

有关联邦银行的争论延续到19世纪30年代，安德鲁·杰克逊总统个人发起反对联邦银行的战争。国会在1832年试图延续联邦银行，而杰克逊则已准备行使否决权。虽然此前的国会和总统都认为联邦银行合宪，
并且还有最高法院在麦卡洛克案中的理由，但杰克逊依据自己的独立判 56
断，认为设立银行的法案违宪。他坚持每个部门都必须遵从自己的宪法观。这种对否决权的解释自此得到理解和追随。

如果国会保持沉默

法院和民选部门针对联邦主义进行的对话在其他方面也有反映。如果国会不行使贸易权力，这项权力就保持沉默或是处于休眠状态，最高法

10　1 Annals of Cong. 761 (Aug. 18, 1789).

11　8 The Papers of Alexander Hamilton 97—103, 107 (Harold C. Syrett ed. 1965).

12　1 Stat. 191 (1791).

院则可以决定某项政府行为遭到贸易条款的禁止。在这一点上，如果国会通过立法授权该项政府行为，法院将默认立法机关的决定。

这种模式确立于 1852 年。当时最高法院认为宾夕法尼亚州依据州法建造的一座桥成了“公害”，因为这座桥太矮，妨碍航行。国会很快通过立法宣布这座桥是“合法建造”。第二轮时，最高法院判决这座桥不再是非法障碍。[13]

在反对意见中，大法官麦克莱恩、格里尔和韦恩表示惊愕，国会竟能对最高法院判决置之不理。国会怎么能对法院已经判决的问题重新进行讨论呢？难道法院判决不具有终局性和约束力吗？麦克莱恩说：“国会和法院构成政府中相互协调的部门，承担着不同的责任，具有不同的特点。司法权不能制定法律，立法机关也不能作出司法判决。”[14]

麦克莱恩及其同事的观点仍然属于少数意见。最高法院在 1946 年提出：“只要国会明确作出与最高法院此前表达的观点相反的判断……本部门应改变此前判决，以适应国会支持的观点。”[15] 更近的情况是，肯尼迪大法官与奥康纳大法官在一份协同意见中表示：“如果我们判决某部州法无效，国会事实上可以推翻我们的判决。”[16]

州掌管酒类输入

19 世纪，最高法院提出一种专有管辖权理论：只要属于联邦控制的事务，各州不得掌管，反之亦然。正如法院在 1876 年所言：“一方拥有的
57 权力，另一方不得染指。”[17] 但以早期针对休眠的贸易条款产生的争议为

13 Pennsylvania v. Wheeling & c. Bridge Co., 13 How. (54 U.S.) 518 (1852) ; 10 Stat. 112, § 6 (1852) ; Pennsylvania v. Wheeling and Belmont Bridge Co., 18 How. (59 U.S.) 421 (1856).

14 Pennsylvania v. Wheeling and Belmont Bridge Co., 18 How. (59 U.S.) at 440.

15 Prudential Ins. Co. v. Benjamin, 326 U.S. 408, 425 (1946).

16 United States v. Lopez, 514 U.S. 549, 580 (1995). 另见 Northeast Bancorp v. Board of Governors, FRS, 472 U.S. 159, 174 (1985)。

17 United States v. Cruikshank, 92 U.S. 542, 550 (1876).

例,这个理论从来都不是泾渭分明。国会总是不断介入,还会赋予各州最高法院已经否决的权力。

共享权力理论在1890年导致最高法院和国会发生正面冲突。最高法院判决,州禁止从州外输入酒精饮料的禁令不适用于原始包装和原装桶。只有原装拆分为小包装后,州才能行使管辖权。法院认为,国会的州际贸易管辖权高于州的警察权和地方自治权。最高法院的解释是:"未经国会批准",各州不能排除输入条款。[18]

最高法院判决后,富有想象力的企业家们开发了"原装酒",让各州无法行使任何管辖权。来自州外的啤酒制造者和蒸馏酒从业者,"甚至以一小瓶的形式"包装他们的产品。[19]短短几个月后,国会开始考虑制定立法,推翻最高法院判决。佛蒙特州参议员乔治·埃蒙德的评论反映了国会中的傲慢态度。他说,最高法院关于国会的判决意见"就像我们的意见遭到它的漠视一样,它的意见对我们来说也毫无意义。就像最高法院独立于我们一样,我们也独立于最高法院。每个法官都会承认这一点"。如果最高法院依据自己的宪法分析作出了错误的判决,"我们就因此无动于衷,并且说这就是最终的法律,就是美利坚联邦的制度使命?我不这样认为"。最高法院的话不是最终的。大法官们接下来的考虑可能会得出不同的结论:"就像他们常做的那样,第二年,他们的任务可能就是改变他们的意见,并且说规则应当是相反的。"[20]

国会通过立法推翻了法院判决。"与对本州或本地生产的饮料和酒类的管辖范围与方式一样",酒精饮料属于到达州或到达地的警察权范畴。[21]在联邦和各州之间的权力分配上,国会拥有最终发言权。一年后,

18 Leisy v. Hardin, 135 U.SC. 100, 125(1890).

19 21 Cong. Rec. 4954(1890).

20 出处同上,4964。

21 26 Stat. 313(1890).

最高法院支持了这项立法。[22]

规制童工

在童工立法领域，国会和最高法院之间出现了同样的对峙，仍然是立法机关拥有最终话语权。58 国会为了禁止运输童工生产的货物——货物本身完全无害——提出了一项重要的新联邦权力。就像威廉·霍华德·塔夫脱总统（1909 年至 1913 年任职）一样，即将就任总统的伍罗德·威尔逊在 1908 年时也反对童工立法。[23]

然而，到了 1916 年，民主党和共和党的竞选纲领都支持童工立法。[24] 那一年，国会依据联邦规制贸易的权力，通过立法禁止跨州运输童工生产的产品。生产商、制造商和销售商都不能跨州或在对外贸易中运输特定年龄范围内的童工生产的任何物品。众议院劳动委员会认为："整个问题属于州际问题，而非任何一个州各自的问题，因此只能由高于所有州的权力来面对和解决。"[25] 威尔逊放弃此前与支持州权的民主党联盟，签署了这部法案。他的顾问提醒说，11 月份的大选，选票会非常接近，"许多州的妇女都将会参加投票"。[26]

两年后，最高法院以 5 比 4 的微弱多数判决该法违宪。最高法院认为，货物的生产和制造不属于贸易的一部分，不应由国会管辖。[27] 几天后，

---

22 *In re* Rahrer, 140 U.S. 545（1891）.

23 Woodrow Wilson, Constitutional Government in the United States 178—179（1908）（paper ed. 1964）. William Howard Taft, Popular Government 142—143（1913）. 塔夫脱作为首席大法官，为什么愿意实施他关于当前"民意"的看法，有关这一点的分析，见 Robert Post, *Federalism in the Taft-Court Era: Can It Be "Revisited"?*, 51 Duke L. J. 1512（2002）。

24 1 National Party Platforms 194, 199, 204, 207（1978）.

25 H. Rept. No. 46（Part 1）, 64th Cong., 1st Sess. 7（1916）.

26 37 The Papers of Woodrow Wilson 429（1981）. 虽然全国性的妇女选举权问题，要在 1920 年第十九修正案通过后，才能参与联邦选举，但在此之前，许多州已经允许妇女参与州和联邦的选举。M. Margaret Conway 等, Women and Political Participation 8—9（1997）。

27 Hammer v. Dgenhart, 247 U.S. 251（1918）.

国会议员采取新的措施来规制童工问题，这次依据的是税收权。针对雇用限制年龄以下童工者的净利润征收特种税。[28]参议员罗伯特·欧文特别好斗。他提出的童工法案完全依据贸易条款，言辞直截了当："任何行政官员或司法人员，依其职权否认本法合宪性的行为本身就不称职。"[29]他拒不承认最高法院在解释宪法方面拥有最高权威或绝对权力：

> 有人认为，在解释宪法方面，法官更为博学和明智。我不承认这种奇谈怪论。他们既不博学，也不明智，他们也不是更爱国，并且还有一个致命缺陷，如果法官犯了错，没有合适的方式来纠正司法错误。而如果国会犯了错，人民很快就可以补救。他们几乎很快就可以改变众议院的组成，四年内就可以改变三分之二的参议院成员，而法官一旦被任命，则终身任职，只有通过弹劾才能撤职。[30]

参议院以 50 比 12 的绝对优势通过了税法上的童工修正案，众议院也予以接受，正式成为法律。[31]但北卡罗来纳州的一个联邦地区法院判决特种税违宪。当案件上诉到联邦最高法院时，司法部长詹姆斯·贝克准 59
备了诉讼文件，为特种税辩护。他提醒最高法院，国会和总统是与最高法院同等的部门，当审查并可能推翻他们深思熟虑的产物时，要保持政治上的审慎。认为法官有权判定其他部门动机和目的的想法"是有害的，因为它贬低了人民的宪法道德意识，以至于立法部门和人民都不再像此前那么强大，能够维持宪政政府"。如果法院判决在童工立法方面不存在司法审查，任何救济都需要依靠人民，"人民自己将会保护他们的宪法"。法院是宪法的"唯一守护者和保护人"，这种理念必然导致贝克所谓的"宪

---

28 56 Cong. Rec. 8341, 11560 (1918).

29 出处同上，7432。

30 出处同上，7433。

31 57 Cong. Rec. 621, 3035 (1918—1919) ; 40 Stat. 1138 (1919).

法意识”受到损害。根据他的判断,“只要人民相信,并愿意为之斗争,宪法实质上就一直存在”。[32]

这次最高法院以 8 比 1 推翻了童工税。塔夫脱此时已成为首席大法官,他代表法院撰写了多数意见,认为国会制定的不是一个法律条款,而是“一种惩罚”。虽然法院通常不愿去揣测立法动机,但法院认为,“所谓的税收旨在防止雇用一定年龄之内的孩子。如果看不到这一点,那肯定是自欺欺人”。[33]

国会在 1924 年通过宪法修正案来作出回应,专门赋予国会规制童工的权力。但是,该项修正案并未得到足够支持。截至 1937 年时,只有二十八个州批准了这项修正案,而实际上需要得到三十六个州的支持。一年后,国会转向贸易条款,在 1938 年的《平等就业标准法》中加入了规制童工的条款。[34] 因此,国会再度复兴了最高法院曾在 1918 年否决过的宪法权力:规制贸易权。这有可能再度遭到否决。然而,1938 年的最高法院已不同于 1922 年的最高法院。由于 1937 年重组最高法院的斗争之后,新任命了一些大法官,最高法院更倾向于接受国会规制童工的权力。1938 年立法受到质疑,被起诉到最高法院,但最高法院全体一致予以支持。[35]

首席大法官马歇尔曾对国会的规制贸易权给予积极支持。在过去的二十年中,最高法院又回到马歇尔的理论上来。国会拒不接受最高法院在童工系列案中采取的狭义司法解释。立法者坚持不懈,最终取得了胜
60 利。最高法院后来承认,“司法对国会积极运用贸易权的做法进行限制,

32 Brief on Behalf of Appellants and Plaintiff in Error, Bailey v. Drexel Furniture Co., Nos. 590, 657, U.S. Supreme Court, October Term, 1921, at 47, 544—555 ; 21 Landmark Briefs 52, 59—60.

33 Child Labor Tax Case, 259 U.S. 20, 37 (1922).

34 禁止童工并不适用于农业、电影和戏剧制作行业。H. Rept. No. 2738, 75th Cong., 3d Sess. 8—9 (1938)。

35 United States v. Darby, 312 U.S. 100 (1941).

与最终的胜利相比，是十足的倒退”。[36]

重组最高法院

围绕童工问题的争执，是大法官与民选部门之间诸多联邦主义分歧之一。最高法院在 20 世纪 30 年代的一系列莽撞判决中，推翻了许多旨在应对“大萧条”的新政立法。譬如，最高法院在 1935 年判决《全国工业复兴法》无效。该法依据贸易条款，设立了工业法规，规制经济活动。[37] 最高法院判决该法违宪，某种程度上是因为国会没有为行政部门提供明确的标准，但罗斯福总统知道，相对于最高法院对贸易条款的狭隘解释而言，立法授权问题并不严重。他猛烈抨击最高法院把国家拉回到“单匹马车”的古老年代。[38]

1936 年，罗斯福再次以绝对优势当选总统。他在第二年年初终于逮着机会，公布了“重组”联邦法院的计划。他声称最高法院已不能有效履行职责，建议授权他为所有超过七十岁的大法官再补充任命一位大法官，直到最高法院大法官达到十五名为止。同时，针对上诉法院和地区法院，他也要求同样任命法官的权力。从表面上来看，其目的是渴望通过解决“年老体弱法官”的问题来改善法院的工作效率。

罗斯福 1937 年 3 月 9 日的演讲更加坦白。他称联邦政府是国会、总统和法院组成的“三驾马车”。三匹马中两匹马“步调一致，另一匹却跟不上”。罗斯福指责最高法院通过判决联邦和州法无效而变成了“政策制定部门”。问题不仅仅是低效：“我们必须采取行动，从最高法院手中抢救宪法，并且从最高法院手中抢救最高法院。”罗斯福承诺，补充任命的大法官“将不会推翻国会在立法政策上的决定”。

---

36 Prudential Ins. Co. v. Benjamin, 328 U.S. 408, 415 (1946).

37 Schechter Corp. v. United States, 295 U.S. 495 (1935).

38 4 Public Papers and Addresses of Franklin D. Roosevelt (1935 Volume), at 221. 另见 200—222。

重组计划的反对者很快积聚力量。3月21日，首席大法官休斯公布了写给参议员伯顿·惠勒的信，他在信中解释说，法院“完全能够胜任工
61 作”。休斯否认最高法院超负荷，表示不需要补充大法官，并将罗斯福的政治计划公布于众，披露了重组最高法院的法案。[39]而且，盖洛普民意调查显示，大多数选民反对限制最高法院。[40]选民们担心出现希特勒和墨索里尼极权政府那样的中央集权和行政至上，反对政府三个部门之间的权力平衡出现根本性变革。

尽管如此，重组最高法院的法案还是得到一些人的支持。国会中的民主党人不可能喜欢这种方案，“但是，如果法院继续扼杀立法，他们也不能找到阻止总统的正当理由”。[41]3月29日，“白色星期一”，最高法院为这些民主党人提供了出路。最高法院支持了州和联邦的改革措施，包括推翻了十个月前的判决，即纽约最低工资法违宪的判决。这意味着最高法院愿意支持罗斯福的新政措施。[42]接下来的几周，最高法院认可了《社会保障法》与《全国劳动关系法》。[43]用罗斯福一位亲密伙伴的话说，“最高法院的大法官没有改变……但令民众相信，法院改革计划提出的重组方案完全可以终止，至少是可以暂缓执行”。[44]

6月7日，参议院司法委员会发布了一份报告，反对重组计划。在历史上，国会报告可能还从未如此粗暴地对待总统的提议。司法委员会披露，罗斯福的真实目的是动用强力干涉司法。委员会用果断有力的语言，毫不留情地消灭了这种提议，使得再没有总统重提罗斯福的计划。委员

---

39 S. Rept. No. 711, 75th Cong., 1st Sess. 38—40 (1937).

40 Barry Cushman, Rethinking the New Deal Court, 13—14 (1998); Barry Friedman, *The History of the Countermajorian Difficulty, Part Four: Law's Politics*, 148 U. Pa. L. Rev. 971 (2000).

41 William E. Leuchtenburg, The Supreme Court Reborn: The Constitutional Revolution in the Age of Roosevelt 142 (1995).

42 Robert H. Jackson, The Struggle for Judicial Supremecy 207—213 (paper ed. 1941).

43 Steward Machine Co. v. Davis, 301 U.S. 548 (1937); NLRB v. Jones & Laughlin Steel Corp., 301 U.S. 1 (1937).

44 Jackson, The Struggle for Judicial Supremacy, at 235.

会的报告指责法院改革计划“徒劳无用，完全不顾宪法原则。它以一种最隐晦的形式提交给国会，其理由就是要掩盖真实目的”。[45] 这份报告以一种劝告的口吻声称：“我们不是法官的法官，我们不能凌驾于宪法。我们耐心等待终将会出现的人事更替，要比匆匆忙忙用新成员压倒他们好得多。”[46]

虽然参议院废除了重组法院法，但国会通过了一个法案，为退休的最高法院大法官提供全薪。退休法在参、众两院获得通过，3 月 1 日正式颁布。[47] 经过一段时间之后，大法官范德文特宣布退休，以便享受这种待遇。罗斯福提名参议员胡果·布莱克填补这个职位。1938 年 1 月 5 日，大法官萨瑟兰宣布有意退休。为取代萨瑟兰，罗斯福挑选了司法部长斯坦利·里德。1938 年 7 月 9 日，大法官卡多佐去世，罗斯福得到第三次任命大法官的机会。这次他选择了一位好友，菲利克斯·法兰克福特。
1939 年 2 月 13 日，大法官布兰代斯退休，由威廉·道格拉斯代替。道格 62
拉斯曾在罗斯福政府中担任证券交易委员会主席。1939 年 11 月 16 日，大法官巴特勒去世，曾在罗斯福政府中担任包括司法部长在内多个职位的弗兰克·墨菲取代了他的位置。

曾有四年半的时间，没有一次提名最高法院大法官的机会，但在短短两年时间内，罗斯福已任命了五位大法官。后来在评价重组法院计划时，罗斯福说，他失去了一次战斗，但赢得了整个战争。最高法院开始宽泛地解释贸易条款，支持总统的行政措施和国会立法。[48] 欧文·罗伯茨是一名保守派大法官，反思了他在贸易条款上的立场。退休之后，他解释了击败最高法院的民意力量：“回头来看，如果民意要求在全国保持统一标

45 S. Rept. No. 711, 75th Cong., 1st Sess., at 23.

46 出处同上，14。

47 50 Stat. 24（1937）.

48 6 Public Papers and Addresses of Franklin D. Roosevelt（1937 vol.）, at 1xvi, 1xx [signed by Roosevelt on June 3, 1941].

准——实际上是统一经济，最高法院很难抵挡。”[49]

平等利用公共设施

1875 年，当国会通过立法保障黑人平等利用公共设施时，联邦主义遭遇危机。在这部法律中，国会试图向各州强加一种全国性的价值标准。虽然内战修正案将黑人提升为公民，但许多州都拒绝黑人进入剧院、饭店、酒馆以及其他公共设施。国会试图纠正这种偏见，但最高法院在 1883 年推翻了这项法律。立法者和法官之间的对话，在差不多一个世纪之后再度复燃。1964 年，国会通过了类似的法律。这一次，最高法院全体一致支持了国会的联邦主义观。

1875 年立法试图弥补《独立宣言》与宪法之间的断裂。《独立宣言》序言宣称：“我们承认法律面前人人平等，对于公正的政府相当重要。”[50]现在，联邦所有人都有资格“充分、平等地享受旅馆、水陆公共交通、剧院以及其他公共娱乐设施提供的便利、优惠、设施和权益”。1875 年立法并没有专门提到宪法授权国会采取行动。1865 年通过的第十三修正案已经废除了奴隶制。这已经意味着，拒不提供平等对待的任何做法都是“奴隶制的标志”。1868 年通过的第十四修正案禁止各州剥夺公民的特权或
63 豁免权，禁止未经正当法律程序剥夺个人的生命、自由或财产，禁止否认为所有人提供法律上的平等保护。这也为禁止各州拒不履行平等对待提供了潜在理由。

1875 年的立法辩论，生动地阐释了对宪法基本权利的支持，而这些权利在某些州却得不到保护。国会议员本杰明·巴特勒作为支持者之一，拒不承认该法所宣称的，是要在黑人和白人之间强加一种“社会平等”的全国性标准：

49 Owen Roberts Jr., The Court and the Constitution 61 (1951).

50 18 Stat. 335 (1875).

> 社会平等不是源自法律，也不受法律影响，而是源自每个人的自愿。尽管有法律的存在，但每个人都可以并且事实上也确实是自己选择合作伙伴。
>
> ……有许多白种男人和女人，他们有权搭乘同一辆汽车或火车，但我可以不喜欢与他们做伙伴。这根本不是一个社会问题，而是公共交通中的普通权利问题。
>
> 至于娱乐场所和剧院，也是如此。我不认为剧院是一个社会聚集地。我不认为男人们聚在那里是为了社交，除此之外，他们也可以选择去消遣。至于旅馆也是一样。旅馆是向所有人开放的。[51]

巴特勒公开指责这项法案“无逻辑、不公正、野蛮且充满愚蠢的偏见”。他说，这些异议与黑人和白人之间的联系无关。南方白人很享受与黑人的联系，但这是在一种不平等的层面上：“如果黑人是他的奴仆，那么南方所有白人都与黑人有联系——这也是该法案的要求。他们与黑人同吃，喝女黑人的母乳，孩提时与他们一起玩耍，在方方面面都与他们在一起，然而他们是奴隶，从来没有人反对过这种联系。但当你把黑人从奴隶提升为公民后，他立马就变得无礼了。”[52]

最高法院在1883年的民权系列案中判决该法违宪。[53]最高法院认为，第十三修正案和第十四修正案并没有为该法提供充分支持。第十四修正案第五款授权国会“以适当立法落实本条规定”，但最高法院认为，国会只能通过“政府行为”来规制这些问题，而不能规制经营旅馆和酒店、铁路以及其他公共交通、剧院以及其他公共娱乐设施的个人。最高法院还 64
拒不承认，不为黑人提供平等对待是奴隶制的标志，理应纳入第十三修正

51　3 Cong. Rec. 940 (1875).

52　出处同上。

53　109 U.S. 3, 10 (1883).

案的规制范围。

最高法院不承认内战修正案可以作为该法的基础,但暗示国会可以通过贸易条款,特别是关于从一州到另一州的交通运输来找到支持:“国会在行使不同州之间的贸易规制权力时,关于能否通过制定法律规制跨州运输的公共交通,还不是本案涉及的问题,因为争议的问题从任何角度来看都不能归入这一类。”[54]

这个问题搁置了八十年。1963年,约翰·肯尼迪总统支持黑人享有平等权。在提出立法建议案时,他引用了贸易条款和第十四修正案作为宪法依据。他说,美国社会已经变得更具流动性,经济之间的相互依赖愈加增强:“服务于公众的商业——诸如旅馆、饭店、剧院、商店以及其他服务业等——不仅为本社区的人提供服务,也为来自他州的旅行者,甚至国外的游客提供服务。”这种州际贸易的趋势强调了平等对待和服务于所有公民的责任。[55]

一个月后,他的弟弟、时任司法部长罗伯特·肯尼迪,在参议院贸易委员会提出关于公共设施的法案。这项法案的依据既有贸易条款,也有第十四修正案。虽然1883年的民权系列案已经否认了后者,并且仍然是“有效的法律”,但肯尼迪认为,“那个判决的大多数理由都已过时。政府对私人事务的规制愈加增多……因此,有关政府行为的观点已经发生改变”。[56]不过,为避免不必要的风险,行政部门主要依赖贸易条款。[57]

行政部门向最高法院提供了两个宪法性理由,希望民选部门与司法部门之间能够避免不必要的对峙。国会也采取了同样的策略。参议院贸易委员会在报告该法案时,强烈指出贸易条款为该法提供了充分的宪法

---

54 109 U.S. 19(1883).

55 Public Papers of the Presidents, 1963, at 485—487.

56 *Civil Rights—Public Accommodations*(*Part I*): *Hearing before the Senate Committee on Commerce, 88th Cong.*, 1st Sess., 23(1963).

57 出处同上, 23, 26, 28, 90。

依据。[58]虽然有些参议员支持第十四修正案，“因为个人尊严不能放置在诸如贸易条款这种较为次要的宪法依据上”。[59]但参议院委员会从确保合宪性的角度考虑，依据的是贸易条款。众议院司法委员会从“政府行 65
为”(第十四修正案)和贸易权两个角度论证了公共设施立法的正当性。[60]最高法院在两份全体一致的判决意见中，依据贸易权条款支持了公共设施立法。[61]

一百年内，国会两度考虑赋予黑人平等利用公共设施的权利。最终，政治部门——而非法院——担任了少数人权利和宪法自由的守护者。国会和总统的坚持不懈与足智多谋，最终战胜了司法的障碍。公众压力驱使立法者和行政官员赋予联邦主义新的意义。

易变的或千疮百孔的司法理论

1976年，最高法院公布了一个新奇的联邦主义理论。国会立法将联邦的工资和工时标准几乎适用于所有州，但最高法院以5比4判决这种法律无效。最高法院区分了“传统”与“非传统”政府职能，以此作出判决，但下级法院法官几乎没有人适用这个理论。九年后，最高法院再次以5比4的判决，放弃了这种联邦主义理论。它说，对各州的保护，很大程度上取决于国会的政治过程。

1976年判决涉及的是联邦最低工资标准对各州的影响。1938年的《平等就业标准法》明确规定，各州及其政治部门不适用联邦最低工资和额外加班条款。1966年，国会将联邦最低工资和加班补贴标准扩展适用

58 S. Rept. No. 872, 88th Cong., 2d Sess. 12—14(1964).

59 *Civil Rights—Public Accommodations*(*Part I*)*: Hearing before the Senate Committee on Commerce, 88th Cong.*, 1st Sess., at 193.

60 H. Rept. No. 914, 88th Cong., 1st Sess. 2—3, 20—22, 98—101(1963); H. Rept. No. 914(Part 2), 88th Cong., 1st Sess. 1—2, 7—9(1963).

61 Heart of Atlanta Motel v. United States, 379 U.S. 241, 250(1964); Katzenbach v. McClung, 379 U.S. 294(1964).

于公立医院和学校。两年后，最高法院认为国会立法具有合理基础，有利于促进州际竞争，减少劳动纠纷和罢工。[62]

最高法院作出判决的同一年，尼克松当选总统，又将联邦主义问题推到最突出位置。1969 年 8 月 8 日的全国演讲中，尼克松宣称了新联邦主义的基本原则，“权力、资金和责任将会从华盛顿流向各州和人民”。[63]1973 年，国会通过立法将最低工资和最长工时条款扩大适用于各州及其所属部门的所有雇员，但尼克松否决了这项法案，认为该法“毫无依据地干涉了州的权力”。[64] 第二年，国会通过新的法案，增加了最低工资的弹性，
66 与尼克松达成妥协，但仍然适用于州和地方政府。尼克松签署了该项法案。[65] 同时，他希望他任命的大法官——沃伦·伯格、哈里·布莱克门、刘易斯·鲍威尔以及威廉·伦奎斯特——能更加支持州权。

全国城市联盟提起诉讼，控告 1974 年有关最低工资的修正案违宪。案件在最高法院辩论了两次。第二次辩论期间，司法部副部长罗伯特·博克与大法官鲍威尔之间，针对 1974 年修正案的合宪性问题做了交流。鲍威尔想知道，如果最高法院支持了这项立法，贸易权还有什么限制：

> 我所关心的是，如果我们在本案判决中支持了联邦政府，那么，联邦政府在规制州和地方事务方面实际上还会有何限制。赋予我掌管钱袋的权力，赋予我决定你怎么花钱的权力——我就控制了你。我想这是不可避免的。……我在想，如果联邦政府有权从方方面面控制联邦和州雇员的工资，那么在我看来，长期形成的联邦制好像濒于破坏。[66]

---

62 Maryland v. Wirtz, 392 U.S. 183 (1968).

63 Public Papers of the Presidents, 1969, at 638.

64 Public Papers of the Presidents, 1973, at 749.

65 88 Stat. 58 (1974).

66 Oral argument in National League of Cities v. Usery, March 2, 1976, at 23—24; 86 Landmark Briefs 899—900.

鲍威尔的担心支持了最高法院的判决，废除了 1974 年修正案，因为“在传统政府职能领域，各州享有完全的管辖权，而 1974 年修正案直接取代了州的权力”。[67] 最高法院试图对传统与非传统的政府职能进行划分，事实证明只是一种幻想，因为法官们既没有信心，也不能连贯适用最高法院的这种理论。地区法院和上诉法院可能认为某种职能属于政府的“传统”职能，因此属于各州主权，但最高法院则认为这种职能是非传统职能，不适用 1976 年判决，因此予以推翻。[68] 到 1983 年时，一些最高法院的观察者认为，1976 年判决中所提出的理论仍然有效的所剩无几。《纽约时报》的琳达·格林豪丝在写到宪法法律的变化过程时指出：“有人将宪法幻想为反映真理的过程，但如果说这里存在教训的话，就是不要去安慰这些人。因为这显示出，宪法裁决是一个不规则的、脆弱的人类过程。”[69]

1976 年判决一个有趣的特点是，当最高法院将案件发回由三个法官组成的地区初审法院时，初审法院不是对政府的传统职能和非传统职能予以区分，而是对劳动部说：你来搞定它。1979 年 12 月，劳动部区分出非传统政府职能，适用联邦最低工资和加班条款。同时，劳动部还列举了 67
一些传统职能，除最高法院在 1976 年判决中提到的内容外，只考虑了两项：图书馆和博物馆。[70]

劳动部列举的非传统职能包括地方公共交通。威廉·科尔曼代表美国公共交通协会向交通部长尼尔·戈德施密特写信，抗议劳动部对公共

67 National League of Cities v. Usery, 426 U.S. 833, 852 (1976).

68 E.g., Hodel v. Virginia Surface Mining & Recl. Assn., 452 U.S. 264 (1981); FERC v. Mississippi, 456 U.S. 742 (1982); United Transportation Union v. Long Island R. Co., 455 U.S. 678 (1982); EEOC v. Wyoming, 460 U.S. 226 (1983).

69 Linda Greenhouse, *Court Takes the Glow off the 10th Amendment,* N.Y. Times, Mar. 13, 1983, at E9.

70 44 Fed. Reg. 75628—75630 (1979).

交通的解释。[71] 戈德施密特召集司法部、劳动部、交通部和白宫的高层代表，开会讨论政府在这个案件中的立场。[72] 就像法院在传统职能与非传统职能的划分上存在分歧一样，行政部门也是如此。

白宫律师希望反思劳动部的解释。司法部法律顾问办公室也审查了这个问题，同意劳动部的观点，公共交通不属于传统的政府职能。[73] 交通部由于内部不存在分歧，就和劳动部组成"工作组"，以降低地方公共交通的经济成本。

目前，这场争论正在向最高法院上诉。圣安东尼奥大都会运输局在地区法院提起诉讼，反对劳动部将地方公共交通定位于非传统政府职能。同一天，圣安东尼奥大都会运输局的一些雇员提起诉讼，依据《平等就业标准法》抗议运输局的加班补贴。1983 年，地区法院判决，地方政府拥有并运营公共交通，这属于传统政府职能，因此不适用《平等就业标准法》。三个联邦上诉法院和一个州上诉法院作出相反判决：公共交通过去属于私营，只有接受联邦政府资助时，州才介入公共交通。[74]

由于下级法院陷于混乱，最高法院在 1984 年举行了两次口头辩论，并专门问当事人，是否应重新反思 1976 年判决，以及是否有可能推翻 1976 年判决。里根政府的法律顾问左右为难。一方面，行政部门坚决致力于联邦主义，以及最高法院 1976 年判决的基本哲学理念。譬如，里根总统指示他的内阁，"对联邦政府权力的正当性不确定时，以不利于联邦的方式来解决"，并且，最终还用一个关于联邦主义的行政命令来加强这

71 Letter from Coleman to Goldschmidt, Apr. 15, 1980.

72 Letter from Goldschmidt to Attorney General Benjamin R. Civilitti, May 15, 1980.

73 Memorandum from John M. Harmon, Assistant Attorney General, Office of Legal Counsel, to Associate Attorney General John H. Shenefield, June 16, 1980.

74 Dove v. Chattanooga Area Reg. Transp. Auth., 701 F.2d 50 (6th Cir. 1983) ; Alewine v. City Council of Augusta, Ga., 699 F.2d 1060 (11th Cir. 1983) ; Kramer v. New Castle Area Transit Auth., 677 F.2d 308 (3d Cir. 1982) ; Francis v. City of Tallahassee, 424 So. 2d 61 (Fla. App. 1982).

种指示。[75] 同时,行政官员对劳动部的结论毫无异议。 68

在第二次口头辩论期间,最高法院表明,准备推翻1976年的判决,将监督和捍卫联邦主义的责任转移给国会。[76]1985年,布莱克门大法官转变立场,1976年判决被推翻。虽然最初在开会投票时,重新肯定了1976年判决,但他又改变了立场,因为他"发现没有什么原则性的方式需要重新肯定"。[77] 布莱克门代表法院撰写了5比4的多数意见,他说,联邦主义的重要守护者不是法院,而是国会内部涌动的政治活力。

布莱克门的判决以极大的代价威胁到各州。大多数州的雇员至少已经接受了最低工资,但依照《平等就业标准法》对加班津贴的规定,财政负担将会激增几十亿美元。为保护各州利益,国会通过立法延迟了布莱克门判决的生效日期。该判决作出于1985年2月19日,但延迟到1986年4月15日生效。并且,还允许以补偿休息时间的方式来代替加班津贴。[78] 立法机关的做法强调了国会在有关联邦制和贸易条款的宪法解释方面发挥着重要作用。参议员霍华德·梅岑鲍姆声称,该法案"维护了最高法院的信用……对各州主权权力和其政治隶属关系最合适的保护不是联邦法院发布的指令,而是我们联邦制中的相互妥协——特别是各州和市在政治过程中的作用"。[79]

从1976年至1985年,全国性——在法院、国会和行政部门之间——的辩论表明,各种力量的相互影响塑造了联邦制的含义。最高法院1976年试图确立一种新的司法理论,强化各州的权利,事实证明是无效的,最终导致在1985年被废弃。最高法院在推翻此前判决时,将界定联邦制的主要责任交还给了国会。

---

75 Douglas W. Kmiec, The Attorney General's Lawyer 136—137(1992).

76 159 Landmark Briefs 912—913.

77 Mark Tushnet, *Why the Supreme Court Overruled National League of Cities*, 47 Vand. L. Rev. 1623, 1628(1994).

78 99 Stat. 787(1985).

79 131 Cong. Rec. 28984(1985).

法院还击

最高法院1985年的判决并不否认法院是联邦与州之间的裁判者。在特定领域，虽然国会和行政部门强调它们自己对联邦制的解释，但最高法院仍然掌管联邦和州的权力边界。

密苏里州宪法规定，大多数州法官在七十岁退休。1991年，最高法院审查了密苏里州宪法中的这一规定，认为这种规定并没有违反联邦的
69 《年龄歧视和就业法》。理由是，密苏里州作为一个独立州，拥有一系列权力，受宪法第十修正案和第四条第四款所保障。[80]尽管判决提到了第十修正案、保证条款和州的独立性，但仍然承认国会可以再度介入这种纠纷，并拥有最终发言权。

一年后，最高法院变得更加武断。国会要求各州在1996年之前想办法处理掉低水平放射性废弃物，否则归自己所有。最高法院以6比3予以否决。最高法院认为，这种政策"'征用'州政府为联邦政策服务"，遂依据第十修正案判决该立法无效。[81]1992年，最高法院的组成发生了根本性改变。六名多数意见成员中，有四名都是1985年判决后由里根和老布什两位总统任命：安东尼·斯卡利亚、安东尼·肯尼迪、戴维·苏特、克拉伦斯·托马斯。加上桑德拉·戴·奥康纳（里根早期任命的大法官）和威廉·伦奎斯特（里根将其提拔为首席大法官），新的大法官都不愿意依附国会和政治过程。

从许多方面来说，有关放射性废弃物的法律可看作是联邦与州合作的典范。国会并不是把联邦政策强行灌输给各州，而是鼓励各州自己找办法。这个法案实际上由全国的州长协会起草，旨在为低水平放射性废弃物的储存问题找到一种全国性的解决办法。司法部副部长肯尼斯·斯塔尔在为该法的合宪性辩护时说道："鉴于该问题源于各州间的分歧，各

---

80 Gregory v. Ashcroft, 501 U.S. 452 (1991).

81 New York v. United States, 505 U.S. 144, 175 (1992).

州要求寻找一种以州为主的解决办法，并且要求勤勉的国会分担一些州的事情和忧虑。这种合作型联邦主义旨在维护各州权力，而非剥夺各州权力，是合宪的。”[82] 最高法院在驳斥这些观点时，又把问题推给国会。这份判决对公共政策几乎没什么影响。国会不是重新起草一部法律来纠正最高法院确定的问题，而是只依据现存的规定，让各州着手处理放射性废弃物。

1995 年，在一个受到密切关注的判决中，国会立法在学校周围一百英尺以内禁枪，最高法院在联邦诉洛佩兹案中推翻了国会立法。最高法院以 5 比 4 判决国会超越了贸易条款的授权，特别驳斥了克林顿政府的主张，即国会有“充分理由……认为，教育过程的中断对全国经济有实质性损害”。[83] 最高法院认为，这部法律与贸易或其他任何经济事务没有丝 70
毫关系。[84] 在最高法院看来，国会已经侵犯了传统上属于州和地方控制的两个领域：学校和犯罪。

有评论者将该判决视为近几十年来最重要的判决之一，因为它依据贸易条款限制了国会权力。然而，这可能只是国会没有提出充分证据来表明州际贸易和校园枪支之间的关系。判决作出两个月后，参议院的一个委员会举行了听证，专门讨论联邦在校园枪支管制中的角色。听证会提出法律草案，并作了必要证明。法案的支持者、参议员赫伯特·科尔作证说：“几乎所有枪支都是原材料产自某个州，在另一个州组装，然后再运输到另一州的校园……威斯康星州麦迪逊的一位十四岁黑帮团伙告诉《威斯康星日报》，他们团伙中较大的领头人从芝加哥为年轻的团伙成员带枪。”法律顾问办公室主任沃尔特·戴林格也证明了这一点。[85]

---

82 Brief for the United States, State of New York v. United States, Nos. 91—543, 91—558, and 91—563, at 20—21；213 Landmark Briefs 314—315.

83 Brief for the United States, United States v. Lopez, No. 93—1260, at 9.

84 United States v. Lopez, 514 U.S. 549（1995）.

85 *Guns in School: A federal Role?: Hearing before the Subcommittee on Youth Violence of the Senate Committee on the Judiciary*, 104th Cong., 1st Sess. 4, 10（1995）.

国会基于这次听证，在 1996 年制定了新的法律。地方犯罪“因毒品、枪支和犯罪团伙的跨州流动而恶化”，校园暴力犯罪的出现导致教育质量下降，依据州际贸易条款，国会有权进行立法。而且，为确保法案的合宪性，国会援引了规制跨州流动的贸易权。该法规定：“任何拥有武器的人，进入或以其他方式影响到某地的州际贸易或对外贸易，并且本人知道或有理由相信这个地方属于学校，均属于违法行为。”[86] 目前还没有人提起诉讼，质疑该法的合宪性。如果不出现诉讼，这项政策的最终话语权就属于国会。

1997 年，最高法院在另一个 5 比 4 判决中，依据它对联邦主义的理解，推翻了 1993 年《贝迪枪支管制法》中的核心内容。该法要求州和地方的执法者对手枪预期购买者的背景信息进行审查。最高法院完全依据 1992 年对放射性废弃物的判决，认为州立法机关“不受联邦指引”。[87] 最高法院引用第十修正案作为判决该法无效的理由，判决国会不能“要求”州政府官员执行联邦项目。[88] 法院判决对政府政策并没有实质性影响。大多数州已经要求审核背景信息。从 1998 年 11 月 30 日开始，要求售枪
71 者审核想要购枪者的姓名是否上过联邦调查局提供的罪犯名录。

对国会权力的另一次打击出现在 2000 年。最高法院认为，依据贸易条款或第十四修正案第五款，1994 年《暴力伤害妇女法》的条款不成立。[89] 该条款规定允许强奸、家庭暴力和其他犯罪的受害者“基于性别”在联邦法院向施害者提起诉讼。与校园的枪支管制法不同，国会已经搜集了大量证据，并且编制成册，充分证明了家庭暴力和性侵害每年花费五十到一百亿美元。最高法院大法官们基于各自的政治立场形成分歧，保守派和中间派（伦奎斯特、奥康纳、肯尼迪、斯卡利亚和托马斯）构成多数，反

86　110 Stat. 3009—3369, § 657 (1996).

87　Printz v. United States, 521 U.S. 898, 912 (1997)（强调为原文所加）。

88　出处同上，935。

89　United States v. Morrison, 529 U.S. 598 (2000).

对者是中间派和自由派(斯蒂文森、苏特、金斯伯格和布雷耶)。

《暴力伤害妇女法》的判决影响极为有限。所有州都有禁止伤害妇女的法律。尽管这个判决确实限制了国会,但并不妨碍国会利用其他的联邦权力来规制针对妇女的暴力行为。2000 年另一份涉及联邦主义的判决中,最高法院罕见地出现了全体一致判决,支持了国会立法——1994 年的《驾驶员隐私保护法》——禁止各州公开驾驶员申请驾照时的个人信息。[90] 基于该法规定,各州不得售卖申请驾照时提交的地址、电话号码和其他信息。

然而,事实上,国会不再期望法院来支持扩张联邦权力的努力。除了对贸易条款和第十修正案的狭隘解释外,伦奎斯特法院还为第十一修正案的州主权保护注入了新的生命,限制了国会依据第十四修正案第五款规制各州的权力。譬如,通过 1999 年一个 5 比 4 判决中的一部分内容,最高法院认为,依据第十四修正案制定的法律不能无视第十一修正案规定的州主权豁免。[91] 而且,通过限制国会依据第十四修正案第五款对各州普遍存在的歧视行为实施救济的权力,最高法院废除了《宗教自由复兴法》(1997 年)、《反就业年龄歧视法》(2000 年)和《残疾救助法》(2000 年)中的部分内容。[92]

2000 年时,联邦主义危在旦夕,当时,联邦最高法院推翻了佛罗里达州最高法院要求重新手工计票的命令,决定了大选结果。虽然批评者指责多数票在许多问题上(除了这一个)捍卫州权时前后不一,但法院需要解释宪法第二条第一款第二项以及《联邦法典》第三章第五部分规定的联邦法律。首席大法官伦奎斯特和大法官斯卡利亚、托马斯,在他们的协 72

90 Reno v. Condon, 528 U.S. 141 (2000).

91 Alden v. Maine, 527 U.S. 706 (1999); College Savings Bank v. Florida Prepaid Postsecondary, 527 U.S. 666 (1999); Florida Prepaid Postsecondary v. College Sav., 527 U.S. 627 (1999).

92 City of Boerne v. Flores, 521 U.S. 507 (1997); Kimel v. Fla. Bd. Of Regents, 528 U.S. 62 (2000); Bd. Of Trustees of the Univ. of Alabama v. Garrett, 531 U.S. 356 (2001). 第九章更详细地讨论了伯尔恩诉弗洛伦斯案,该案废除了《宗教自由复兴法》。

同意见中指出，最高法院的“审查并不是对州法院的不尊重，而是尊重宪法规定的州立法机关的角色”。[93]

琳达·格林豪丝在为《纽约时报》写稿时评论道：“联邦主义，而非种族、宗教、堕胎或正当程序这类声名显赫的问题，成为贯穿目前最高法院的裂痕，也是唯一不可逾越的鸿沟。”[94] 随着乔治·W. 布什的当选，这个裂痕变得更宽。布什任命了支持州权的大法官，很可能会强化伦奎斯特法院的解决方案。换句话说，在未来几年内，伦奎斯特法院废除联邦立法的步伐和范围（从 1995 年到 2003 年，废除了三十一项联邦法律）都很有可能会加快。

与美国有约

随着 1994 年大选，共和党承诺推行小联邦政府，以及鼓励各州发挥更大作用的“与美国有约”，伦奎斯特法院愈加愿意限制国会权力。共和党在选举中获胜，控制了国会两院，将“与美国有约”转变成立法机关的立法大纲。1995 年，共和党提出了影响深远的立法建议，将权力和义务转移给各州，包括针对社会福利、医疗保险以及经济管制等方面的建议。处在这种新联邦制的浪潮之下，里根和老布什任命的大法官们发现，州权诉求合法化轻而易举。

民众对国会的普遍不满激发了“与美国有约”。民意测验显示，美国人认为，联邦政府不值得信赖，国会议员更关心自己的声誉，而不是让国家变得更好，当选议员后很快就失去了与人民的联系。[95] 作为对这种民意的回应，“‘与美国有约’史无前例地支持一项宪法修正案”，为议员确定

---

93 Bush v. Gore, 531 U.S. 98, 115（2000）（强调为原文所加）。

94 Linda Greenhouse, *The Supreme Court: Federalism, States Are Given New Legal Shield by Supreme Court*, N.Y. Times, June 24, 1999, at A22.

95 通常见 Christopher H. Schroeder, *Cause of the Recent Turn in Constitutional Interpretation,* 51 Duke L. J. 307（2001）。

任期限制。共和党希望减少“终身职”议员,将国会转变成“公民立法机关”。其目的显然是对联邦立法机关“脱离”中间阶层的惩罚,将政治权力归还给各州和地方。然而,1995年,联邦众议院否决了一些限定众议员和参议员任期的宪法修正建议案。[96]

“与美国有约”还承诺,废除联邦政府在不提供联邦资助的情况下向 73
各州施加花钱的命令。1995年3月22日,立法生效,但并未能终止无资助的联邦命令。许多命令是关涉公民权利、残疾人或明确排除在外的其他类型。对于这类命令,立法只是要求国会预算办公室减少对各州设置5000万美元以上的无资助命令。在这种情况下,国会预算办公室推测,任何议员都可能提出程序问题,但简单多数就可以推翻程序问题。虽然立法可能让国会对无资助命令更敏感、更负责,但此前命令仍然有效,并且新的命令还在不断增加。

到1996年时,“与美国有约”的大多数内容都因面临参议院的质疑和克林顿的否决威胁而失败。同时,民主党和共和党都愈加认同缩小政府规模。1998年,国会迫使克林顿政府在一份有关联邦主义的行政命令中强化州权。[97]1999年,又提出了新的法案(H.R. 2245),要求联邦政府想要占据州权时必须遵守新的程序。但联邦主义的影响需要进行评估。这个法案毫无结果,就是因为一些有影响力的利益集团,诸如美国商会就认为,对于商业来说,一刀切的全国性立法有助于削减成本。同样,许多工人和环保组织也宁愿与国会打交道,也不想和五十个州打交道。[98]

最高法院愿意将自己的联邦主义观凌驾在国会之上,与一些大法官认为国会立法是宪法问题有关。2000年4月18日的一次演讲中,斯卡利亚大法官说,国会“正日益放弃其忠实于宪法的独立职责”。斯卡利亚

96 141 Cong. Rec. 9748(1995).

97 第二章详细叙述了这个插曲。

98 Michael Grunwald, *In Legislative Tide, State Power Ebbs*, Washington Post, Oct. 24, 1999, at A1; Ron Eckstein, *Federalism Bills Unify Usual Foes*, Legal Times, Oct. 18, 1999, at 1.

提醒说，鉴于法院过去通常假定国会立法的合宪性，“如果国会抱持的态度是，不管做任何事，都能逃避宪法的制裁，就会让最高法院为宪法感到担心……合宪性推定可能就毫无根据”。[99] 斯卡利亚的说法显然没有充分解释，针对国会的联邦主义问题，还有一系列司法障碍，因为通常有四位大法官希望支持受到质疑的立法。但是，如果国会逐步破坏自己的声誉，对宪法限制漠不关心，起草立法时马虎大意，那就正好为法院提供了大展拳脚的额外动机。

国会在其他方面也纵容了法院。面对最近一系列限制国会权力的判
74 决，国会也没有提起剥夺法院管辖权、修改宪法或是制定与这些判决不一致的法律。《国会档案》中根本就没提到最高法院限制联邦权力的判决所造成的影响。除了废除《暴力伤害妇女法》和《宗教自由复兴法》的判决之外，对最高法院的联邦主义判决不置可否。[100] 而且，国会好像也没什么兴趣重新制定这些法律。但国会回头再看自己的杰作时，立法者会密切关注最高法院的判决，因为最高法院有可能会限制他们修改。[101] 国会本是宪法解释者中平等的一员，当今国会对维护自己的这种权力好像不感兴趣，这更鼓励最高法院把自己视作宪法真理的最终裁判者。

结　语

在过去的两个世纪里，由于美国经济结构发生了深刻变革，联邦制也随之发生了改变。原本由州和地方政府占主导地位的领域——包括农业、采矿业、制造业和劳工——当交通系统和经济市场呈现全国化时，都让渡给联邦管理了。随着时间的流逝，许多州内贸易变成了州际贸易。第十六修正案扩大了联邦征税权，所得税支撑了成百上千的联邦拨款项目。

99　Stuart Taylor Jr., *The Tipping Point, National Journal*, June 10, 2000, at 1811.

100　见 Neal Devins, *Congress as Culprit: How Lawmakers Spurred on the Court's Anti-Congress Crusade*, 51 Duke L. J. 435 (2001)。

101　出处同上，447。

州和地方政府20%以上的预算来自联邦资金。

长期以来属于地方政府的事务(教育、医疗、社会福利以及法律实施),现在很大程度上都成了联邦和各州合作承担的事务。而且,国会仍然坚守的民权和社会公平问题,也开始面临州和最高法院的抵抗。譬如,最高法院否决了有关童工和平等利用公共设施的立法后,国会最终胜出。最近,除了其他事情之外,联邦努力扩大对宗教自由的保护,制裁针对妇女的暴力事件,而伦奎斯特法院试图限制联邦的这些努力,国会已经开始进行反击。

虽然诉讼有助于界定联邦和各州的关系,但诉讼很大程度上只是游走在边缘。随着时间的推移,那些旨在限制国会控制各州的司法理论都失效了,因为这些理论模糊、不具有适用性,或是随着经济政治的发展而消失。最高法院仍然是一个重要的参与者,但并没有主导联邦和各州的
关系。 75

第四章 权力分立

制宪者采取了一种分权体制，避免集权危及个人自由。他们通过三个部门之间的分权，希望通过权力制衡能够控制政治滥权，维护共和政体。权力分立问题上的绝大部分争议都是由民选部门处理，而非由法院裁决。

然而，各种法律评论上发表了成百上千篇论文，详细分析了有关权力分立的司法裁决。权衡这些研究成果，其结论充满了不一致，而且支离破碎，法院判决适用的理论原则，从实用主义到纯粹的形式主义反复无常。面对这种理论上的杂乱，联邦政府如何运转呢？简单说，政府运作相当不错，因为大多数涉及权力分立的主要争议都是在法院外得到解决。这类冲突绝大多数从没到达法院，或者说，如果他们诉至法院，也会很快被退回到行政部门和立法部门，进行非司法救济。法庭之外通常都设计了复杂精妙的制度，迫使立法者和行政官员去寻找一种符合双方需要的中间路线。

反复无常的司法判决

即使在最理想的条件下，最高法院为解决权力分立纠纷提供的帮助也很有限。在这个问题上，有太多纠纷都不宜由法院解决。此外，在最近几十年,最高法院反复寻找合适的原则,有时采用功能主义和实用主义的方法,后来又改为严格的形式主义原则。面对这种混乱,行政部门和立法部门在为自己辩护时承受着不同寻常的压力。

功能主义出现在最高法院 1974 年的一个判决中。尼克松总统主张拥有拒不交出水门录音带的绝对权力,遭到最高法院的否决,并判定行政 77
特权的界限。最高法院强调的是检查和制衡,以及"有效政府"的需要。[1] 总统对行政特权的一般需求不能优于联邦法院对证据的特殊需求。只是在维护"各部门的实质功能"意义上,权力分立才进入最高法院的考虑因素。[2] 而且,最高法院并没有试图确立严格的界限,不允许丝毫的冒犯。[3]

三年后,当案件涉及到尼克松在国家档案馆的文件时,最高法院再次从实用主义的角度审查了权力分立。判决否认了政府三个部门必须"完全不受其他部门直接或间接的控制或强制性影响",[4] 而是采用了詹姆斯·麦迪逊和斯托里大法官的"更加实用且富有弹性的方法"。[5] 这种方法允许权力共享和交叉。

然而,短短几年内,最高法院开始推出一种严格的权力分立原则。1982 年,最高法院支持总统在民事案件中享有绝对豁免权,对"侵犯行政部门的权力和职能"表示担心。[6]1983 年的美国移民归化局诉崔德案继续采取一种严格形式化的权力分立原则,判决立法否决权无效。最高法院在解决行政部门与立法部门的分歧时,将效能作为不相关因素:"便利和有效不是民主政府的主要目的——或者说特点。"[7] 最高法院坚称宪

1　United States v. Nixon, 418 U.S. 683, 707 (1974).

2　出处同上。

3　出处同上, 707—713。

4　Nixon v. Administration of Gen. Serv., 433 U.S. 425, 441—442 (1977) [引用了 Humphrey's Executor v. United States, 295 U.S. 602, 629 (1935)]。

5　433 U.S. at 442.

6　Nixon v. Fitzgerald, 457 U.S. 731, 754 (1982).

7　462 U.S. 919, 944 (1983).

法将政府“分为三种类型:立法、行政和司法”,最高法院的义务就是防止“各部门的内在压力超出其权力的外延”。[8] 诚如本章下文所述,崔德案并没有解决立法否决权的争议。

最高法院在格拉姆—拉德曼案,即鲍舍尔诉西纳案中,坚持了教条化的构想。该案涉及的问题是,国会试图解决日益上涨的财政赤字。法院否决了法律分配给总审计长的行政义务,因为只有国会联合决议才能撤换总审计长。法院在作出这种判决时,提出制宪者规定了“一个分立且完全独立的行政部门”。[9] 法院认为,“除了弹劾程序外”,总统不向国会负责,只向人民负责,并且“一旦立法完成,国会的参与即告终结。因此,国会只能间接控制法律的执行——通过新的法律”。[10] 只要读一周报纸(不
78 管是 1986 年,还是现在),就没人会相信这一点。最高法院自己也承认,国会有权调查行政部门、发布传票、对行政官员不屑一顾。[11]

几年后,最高法院抛弃了崔德案和鲍舍尔案中的严格理论。1988 年,国会授权联邦法官任命一个独立委员会,对行政部门中的高级官员提起公诉,最高法院支持了国会的这项权力。虽然司法部长只要有“合适理由”,就可以撤销这个独立委员会,但最高法院认为,合适理由标准并没有“过度限制”行政权。[12] 总统控制独立委员会的需求,“对于行政部门的职能来说,并不是很重要”,不至于让独立委员会讨好总统。[13] 最高法院现在已经表示:“我们从来不认为宪法要求政府三个部门‘完全独立’。”[14]

一年后,最高法院支持了联邦量刑委员会,再次接受了实用主义和功

8 462 U.S. 951 (1983).

9 Bowsher v. Synar, 478 U.S. 714, 722 (1986).

10 出处同上,733—734。

11 明智立法的权力蕴含了调查权。McGrain v. Daugherty, 273 U.S. 135 (1927)。国会有权发布传票。Eastland v. United States Servicemen's Fund, 421 U.S. 491, 505 (1975)。国会还有权惩罚藐视国会的行为。Anderson v. Dunn, 19 U.S. (6 Wheat.) 204, 228 (1821)。

12 Morrison v. Olson, 487 U.S. 654, 691 (1988).

13 出处同上。

14 出处同上,693—694 [引用了 United States v. Nixon, 418 U.S. 693, 707 (1974)]。

能主义路径。基于一系列权力分立的理由，联邦量刑委员会这种部门受到质疑：委员会的法官行使着非司法职能，委员会可以“立法”，除非它们的建议遭到国会否决。最高法院在否决这些指控时，指出“制宪者并没要求——事实上是反对——三个部门必须完全分立和有区别”。[15] 最高法院对权力分立明确采取了一种“弹性理解”。[16]

在面对这些彼此冲突的裁决时，行政部门和立法部门被告知要自己解决权力分立的争议，这就毫不奇怪了。并且，它们也确实是这样做的。

司法的障碍：隐秘开支

联邦法院用了一系列理论来回避与权力分立有关的纷争。通过诸如诉讼资格这种门槛测试，在诸如结算与账目条款、弹劾条款、不兼容和无资格条款等涉及国会和总统权力分配的问题上，最高法院实际上没有发挥任何作用。

结算和账目条款规定，“日常所有公共财政收支的账目和结算都应不时公开”。[17] “不时”一词意味着，制宪者允许保留一些秘密——不是完全对公众永远保密，而是有限的保密。然而，从 1949 年的《重要情报法》开始，国会依据秘密开支，不为公众提供账目。到 2003 年时，国会用隐蔽 79
的方式为中央情报局、国家安全局和其他情报部门每年提供了大约四百亿美元支持。这笔经费都隐藏在拨款账户，没有制作公共账户。

这种做法与制宪者的意图相冲突。1788 年，罗伯特·利文斯顿在纽约批准宪法大会上告诉他的同事，结算和账目条款可用来制止民众腐败：“国会需要不时公布收支账目。这些汇总在一起，如果前者年复一年地超过后者，有可能查出腐败，人民就可以使用宪法救济途径。”[18] 制宪会议代

15 Mistretta v. United States, 488 U.S. 361, 380 (1989).

16 出处同上，381。

17 U.S. Const., art. Ⅰ, § 9, cl. 7.

18 2 Elliot 345.

表詹姆斯·麦克亨利 1787 年答复马里兰州议会代表时指出,“交钱的人民应当知道这钱是怎么花的”。[19] 约瑟夫·斯托里在他的《美国宪法评注》中强调:“国会是国库的守护者,要想十分完美地履行职责,日常收支的账目就应该公布,让人民知道哪个机构、为了什么、花了多少钱。”[20]

然而,联邦法官基于这些观点,明确指出结算和账目条款交给了民选官员,而非法院。1974 年,一位联邦纳税人试图在最高法院要求公开中央情报局的预算,未能成功。下级法院认为,“在制宪者眼中,如果选民想要监督其代表,履行共和国公民的新责任,财政信息是必不可少的”,[21] 但最高法院根本就没有讨论下级法院的观点,而是直接判决纳税人缺乏诉讼资格。[22] 道格拉斯大法官在反对意见中表示惊讶,最高法院竟然拒绝裁判一个案件,将之扔给政治部门:“国会当然拥有自由裁量权,但一旦涉及到一个、两个或三个部门时,却说有权将该条款剔出宪法,这是令人震惊的。”[23]

此外还有一位公民,试图依据《信息公开法》获取中央情报局起草的法律案以及雇用私人律师的花费,但联邦上诉法院在 1980 年作出判决,中央情报局的文件不适用《信息公开法》的公开要求,因此未能成功。当原告试图提出,《信息公开法》的例外规定违反结算和账目条款时,法院裁决原告不具备提起宪法诉讼的资格,无权质疑中央情报局的秘密拨款
80 和开支。[24]

因此,结算和账目条款虽是宪法中的一部分,但其具体含义只有依赖国会和行政官员来充实。在 1974 年的一个案件中,最高法院说,这类问

---

19 3 Farrand 150.

20 3 Joseph Story, Commentaries on the Constitution of the United States 214(1833).

21 Richardson v. United States, 465 F.2d 844, 853(3d Cir. 1972).

22 United States v. Richardson, 418 U.S. 166(1974).

23 出处同上,200—201。

24 Halperin v. CIA, 629 F.2d 144(D.C. Cir. 1980). 另一个以原告不具备诉讼资格为由驳回起诉中央情报局的案子,见 Harrington v. Bush, 553 F.2d 190(D.C. Cir. 1977)。

题“应由国会来监督，最终归于政治过程”。[25] 在国会议员提起的一个诉讼中，一联邦上诉法院指出，结算和账目条款“并不是一目了然，国会完全有权解释这个条款”。[26]

1997 年，迫于诉讼压力，中央情报局公布了情报界预算是 266 亿美元。在这个数字中，中央情报局占了 30 亿美元。1998 年，中央情报局主动公布了情报预算是 267 亿美元，但 1999 年，又拒绝公开总预算，并且从那时至今，一直保密。1999 年，有人依据《信息公开法》提起诉讼，要求获得预算总数，法院拒绝受理。[27] 诉讼还不断出现，国会仍出于政治压力公布情报界的预算。

弹　劾

宪法规定，总统、副总统以及所有联邦公职官员，“被判犯有叛国、贿赂或其他重罪与不法行为，可依据弹劾”条款予以撤职。众议院多数票通过可提出弹劾，参议院三分之二票数通过才能定罪。除了弹劾总统时，由首席大法官主持参议院弹劾程序外，制宪者并没有安排法院扮演任何角色。1993 年，最高法院驳回一个弹劾联邦法官沃尔特·尼克松的诉讼，认为这个案件是非司法的政治问题。[28]

立法者决定了许多重要问题，诸如证明的标准。这是明确且令人信服的证据吗？这属于优势证据吗？排除合理怀疑了吗？立法者有权选择他们认为满意的标准。并且，国会两院决定重要的程序问题，包括被告的对质权和交叉询问证人的权利，以及传唤证人的机会。立法者判断接受或排除证据，决定相关问题和重要问题，而参议员决定审判最后的协商是应当公开还是要关起门来。

25　United States v. Richardson, 418 U.S. at 179.

26　Harrington v. Bush, 553 F.2d at 194.

27　Aftergood v. CIA, Civ. No. 98—2107 (TFH) (D.D.C. 1999).

28　Nixon v. United States, 506 U.S. 224 (1993).

什么是弹劾的理由？宪法第三条第三款界定了叛国，而贿赂通常理81 解为给予、提供或拿取好处，作为支持的报酬。然而，何谓“其他重罪和轻罪”，则一直存在分歧。“犯罪”只是指法院可追诉的行为吗（违反成文法规定），还是说制宪者心目中包含了更广泛的内容，涵盖了滥用职权以及反政府、反社会的“政治犯”？“其他”意味着重罪和轻罪是和叛国、贿赂同位阶，但这一款具体是何含义，则留待立法者而非法院具体解释。

在弹劾理查德·尼克松总统期间，众议院司法委员会成员，包括未来的第一夫人希拉里·罗德姆，认为弹劾“是针对严重冒犯政治制度的行为进行宪法补救”，因此犯罪行为并不是弹劾和撤销联邦官员的必要条件。[29] 同样，国会议员也可能认为，一名联邦官员虽然有犯罪行为，但并不必然要撤销职务。譬如，在投票弹劾比尔·克林顿总统期间，有些参议员认为，他被控有罪（作伪证和妨碍司法），但这种性质并不是弹劾的理由。[30]

从其他方面来说，克林顿弹劾案是有启发意义的。纵观整个过程，有些议员投票弹劾克林顿，与指控总统的具体问题毫不相关。譬如，民主党人批评独立检察官肯尼斯·斯塔尔“寻找事实……惩罚总统……是滥用职权”。[31] 民主党人谈到“撤销大选结果”是错误的，需要“听取美国人民的意见”。他们不认为弹劾是对克林顿总统错误行为的补救措施。[32]

那么，国会通过谴责性决议来替代弹劾和撤职如何呢？虽然宪法授权国会谴责其议员“无法无天的行为”，但批评立法部门之外的官员就会产生严重的权力分立问题。

---

29 Constitutional Grounds for Presidential Impeachment: Report by the Staff of the Impeachment Inquiry, House Committee on the Judiciary, 93d Cong., 2d Sess. 26 (Feb. 1974).

30 Louis Fisher & Neal Devins, Political Dynamics of Constitutional Law 151—152 (3d ed. 2001).

31 144 Cong. Rec. H11822 (daily ed. Dec. 18, 1998) [remarks of Rep. Edward Markey (D-Mass.)].

32 145 Cong. Rec. S1470 (daily ed. Feb. 12, 1999) [remarks of Sen. Kent Conrad (D-N.D.)]; 144 Cong. Rec. H11792 (daily ed. Dec. 18, 1998) [remarks of Rep. John Dingell (D-Mich.)].

1834年,参议院谴责安德鲁·杰克逊总统的决议为此提供了一些借鉴,该决议指责杰克逊总统篡夺了“宪法没有授予的权力,而且滥用了权力”。原因是财政部长拒绝将政府在联邦中央银行的存款转移到州银行,杰克逊作出了撤销财政部长职务的决定。参议院决议就是对这一决定的回应。该谴责决议激怒了杰克逊,他抱怨说:“未经告知,没有听审,我竟遭到参议院指控。这种形式在我们的历史上迄今未见,严重违反了我国 82
的宪法和法律。”[33] 杰克逊认为,如果国会想要指责他违反宪法,必须通过弹劾程序。三年后,参议院从其记录中删去了针对杰克逊总统的谴责决议。

1998年12月,针对克林顿的弹劾辩论期间,民主党提出了通过谴责决议的提议,遭到众议院否决。新当选的议长鲍伯·利文斯顿仿效杰克逊的话说,谴责“不属众议院的职责范围。我们承担着指控与否、弹劾与否的宪法责任”。[34] 试图通过谴责决议的努力,在参议院也失败了。

随着这些决议遭到否决,用谴责替代弹劾不再切实可行。虽然针对什么构成“重罪和轻罪”并没有一致认识,但立法者认为,他们不能求助于司法。相反,关于弹劾和撤销联邦官员职务的程序与标准,立法者必须自己决定党派和政治因素发挥多大作用。

不得兼职和无备选资格条款

虽然制宪者并没有打算设计一个绝对的权力分立,但他们在宪法中增加了两款规定,旨在让行政部门和立法部门保持一定的距离。宪法禁止国会两院的任何议员兼任其他行政职位(不得兼职条款),禁止任命国会议员担任在其任期内薪水上涨的联邦职位(无备选资格条款)。[35] 因管

33　3 Richardson 1298, 1291.

34　Eric Pianin, *Speaker-Elect's Vow Imperols His Hope to Pacify House*, Washington Post, Dec. 14, 1998, at A14.

35　U.S. Const., art. Ⅰ, § 6, cl. 2.

辖权问题，司法部门袖手旁观，这两款的含义几乎完全都是由行政部门和立法机关提出来的。

制宪者采纳不得兼职和无备选资格条款，防止行政部门利用任命权腐化立法者。[36]英王曾利用任命权削弱议会的独立性。[37]二百年来，联邦法院没有界定或适用过不得兼职条款。1971 年，当地区法院在一个涉及国会议员是否有权担任某军事委员会委员的案件中触及不得兼职条款时，法官评论说："本宪法条款的含义和效果从来不由法院决定。"[38]

83 三年后，最高法院判决原告不具有诉讼资格。[39]对此有人质疑，如果法院不解决不得兼职条款问题，实际上就没人能解决。最高法院回应说："我们的政府制度将许多重要决定留给了政治过程。"[40]1977 年，当司法部审查国会议员是否能够担任军事委员会委员时总结说："解释和实施不得兼职条款的责任专属于国会。"[41]

至于无备选资格条款，国会和行政部门的解释远远超出了法院的贡献。从 1882 年至 1895 年，司法部长一直认为，依据宪法，国会议员没有资格接受任命去担任行政职位。[42]然而，行政部门与国会后来针对提名国会议员达成协议，提名了一位国会议员。依据宪法的字面解释，他是没有资格接受提名的。1909 年，威廉·霍华德·塔夫脱总统想要提名参议员菲兰德·诺克斯担任国务卿，尽管诺克斯担任议员期间，国务卿的薪水早已上涨，但为避免产生宪法问题，参议院通过立法，将国务卿的薪水降低到此前的水平。[43]这并不符合无备选资格条款的明确规定，但显然避免了

36 1 Farrand 379—382, 386—390；2 Farrand 283—284, 489—492.

37 Reservists Comm. To Stop the War v. Laird, 323 F. Supp. 833, 835—837（D.D.C. 1971）, aff'd men., 495 F.2d 1075（D.C. Cir. 1972）, rev'd, 418 U.S. 208（1974）.

38 出处同上，834。

39 Schlesinger v. Reservists to Stop the War, 418 U.S. 208（1974）.

40 出处同上，227。

41 1 Op. O.L.C. 242（1977）.

42 17 Op. Att'y Gen. 365（1882）; 17 Op. Att'y Gen. 522（1883）; 21 Op. Att'y Gen. 211（1895）.

43 43 Cong. Rec. 2205（1909）.

增益和腐化现象。

虽然参议院未经辩论，也没有投票记录，就通过了这项法案，但众议院还是提出大量反对意见。从 1911 年至 1919 年一直担任众议院议长的詹姆斯·克拉克强烈反对这项提名："我们都知道，这项法案是要让一个依据宪法没有资格担任国务卿的人变得有资格（掌声）。这项法案就是想通过立法推翻宪法……这是一个宪法解释问题，这是对完全明确的英语语句进行理解的问题。"[44]

国会议员奥斯卡·吉莱斯皮和埃德温·耶茨表示赞同，坚称争议的宪法条款"清晰明确，它们是特别强调且毫不含糊"，"即便对于一个门外汉来说，这个宪法条款的规定和含义也是很清楚的"。尽管如此，众议院还是以 173 比 116 通过了这项法案，很大程度上是因为总统有权选择他想要的人进入内阁，这个法案符合无备选资格条款的基本精神。[45] 这部法案获得通过，前提是废除了国务卿薪水的上涨。[46]

无备选资格条款，还被用来质疑对某些法官的任命。尽管布莱克供
职参议院期间，法官的退休制已获得通过，但在 1937 年，参议员胡果·布
莱克还是被提名进入最高法院。有人提起宪法诉讼，最高法院以原告缺 84
乏诉讼资格为由作出回应。[47] 更近的是，众议员阿布纳·米克瓦获提名担任华盛顿特区巡回法院法官遭到质疑，理由是在他任职国会期间，联邦法官的薪水有所上涨。这场诉讼再次因缺乏诉讼资格而被驳回。[48] 一个地区法院说，米克瓦的对手曾有机会扳倒这项提名，但失败一方的参议员不能要求法院来推翻参议院的行动。[49] 司法部总结说，无备选资格条款并不

44 Cong. Rec. 392 (1909).

45 出处同上，2415。

46 35 Stat. 626 (1909).

47 *Ex Parte* Levitt, 302 U.S. 633 (1937).

48 McClure v. Carter, 513 F.Supp. 265 (D. Idaho 1981), aff'd sub nom. McClure v. Reagan, 454 U.S. 1025 (1981).

49 出处同上，270。

妨碍提名米克瓦进入华盛顿特区巡回法院,因为预定增长的薪水在提名米克瓦时并没生效,并且,如果已经生效的话,也可制定一个法案,废除薪水上涨。[50]

类似情况还出现在1973年。尼克松想要提名参议员威廉・萨克斯比担任司法部长。因为在萨克斯比担任参议员期间,司法部长的薪水已经上涨,但司法部认为,如果国会通过立法将司法部长的薪水设定在上涨之前的水准,萨克斯比可以担任司法部长。[51]经过长时间的争论之后,参议院以75比16通过了这项法案。[52]众议院几乎未经讨论就以261比129通过了这项法案,正式成为法律。[53]

国会遵循萨克斯比和其他人形成的先例,在1980年通过立法允许埃德蒙・马斯基在卡特政府中担任国务卿。国务卿的薪水降到此前水平。[54]1993年,国会为允许克林顿总统提名参议员劳埃德・本特森担任财政部长,通过了类似的立法。[55]虽然遭受学术批评,包括一篇题为"为何劳埃德・本特森违宪"的文章,[56]但诉讼资格问题成功阻止了一个质疑任命本特森的诉讼。

鉴于国会和总统之间的很多争议都没能进入诉讼,法院也没有提出一套前后连贯、条理分明且又真实可信的权力分立理论,所以,权力分立理论的大部分内容都是在法院外形成的,这一点不足为奇。宪法中许多条款的实质内容,很大程度上都是立法者和行政官员之间不断协商、妥协的结果。

---

50 3 Op. O.L.C. 298(1979).

51 119 Cong. Rec. 37689(1973)(statement of Robert G. Dixon, Assistant Attorney General, Office of Legal Counsel).

52 出处同上,38315—38348。

53 出处同上,39234—39245;87 Stat. 697(1975)。

54 94 Stat. 343(1980).

55 107 Stat. 4(1993).

56 Michael Stokes Paulsen, *Is Lioyd Bentsen Unconstitutional?*, 46 Stan. L. Rev. 907(1994).

否决权

国会通过的法案，如果总统拒绝签署，他可以依据宪法第一条第七款“连同反对理由退还给提出该案的议院，该院应将总统反对理由全文记
录在案，并开会再议”。“如果三分之二议员”同意通过该项法案，交另一 85
院再议。如果另一院也以三分之二议员同意，“该案即成为法律”。这种规定比较模糊，最早是由国会的先例予以澄清；并且这些立法判断，随后得到法院支持。

针对总统的否决，国会必须要马上再议吗？最初确实如此，因为早期总统否决立法的情况很少见。1792 年 4 月 5 日，华盛顿总统首次行使了他的否决权。第二天，众议院对该法案再次进行审议，接受了总统的否决。[57]华盛顿总统的第二次否决是 1797 年 2 月 28 日，一天后，即 3 月 1 日，否决得到维持。[58]

约翰·亚当斯和托马斯·杰弗逊两位总统没有行使过否决权。1811 年 2 月 21 日，麦迪逊总统否决了一项法案，众议院议员详细讨论了将否决案提交给遴选委员会进行初步审议是否合适。有人认为，宪法要求立即进行审议。有人坚称，每院都有权将否决案交遴选委员会进行仔细研究。两天后，众议院投票表决，试图推翻总统的否决，但结果是维持了这项否决。[59]

杰克逊总统的第四次常规否决为国会保持沉默设定了先例：否决案不受争议。参议院认为，搁置总统的否决案，不进行讨论，也不作出表决，就符合宪法要求的“开会再议”。[60]杰克逊最后一次常规否决是 1836 年 6 月 10 日，星期五，送交参议院。十四天（不含星期天）后才举行了投票表

57　3 Annals of Cong. 539, 541 (1792).

58　6 Annals of Cong. 2326—2332 (1797).

59　22 Annals of Cong. 984, 997—998 (1811).

60　Cong. Globe, 23d Cong., 1st-2d Sess. 326 (1835).

决,但未能推翻总统的否决。[61]

后来,总统否决案经历了更长时间的搁置。[62] 目前确定的做法是,如果总统否决了某项法案,国会可能会在两年内的任何时间安排再次审议。这种宪法性问题没有经过诉讼,而属于国会两院的规则和程序。

"三分之二议员"支持推翻否决案是什么意思?每个议院议员总数的三分之二,还是仅仅指出席议员的三分之二?众议院早期决定是出席议员的三分之二,只要出席者达到法定人数。[63]1912 年,这种规则又得到放宽,当时议长钱普·克拉克提出,推翻总统否决的要求是出席**并参加投票**议员的三分之二。[64]在这种情况下,有 174 票赞成,80 票反对,10 票弃权。
86 虽然 174 票不够 264 名出席者的三分之二,但达到了 254 名投票者的三分之二,因此应属推翻了总统否决。[65] 基于这种先例,最高法院在 1919 年判决,达到法定人数的三分之二即能推翻否决案。[66]

国会休会后,总统能签署法案吗?在美国历史的大多数时期,总统都认为,在立法程序上,他们是国会的一部分,因此只有国会在开会期间,他们才能签署法案。基于这种认识,总统每年都是在国会开会的最后一天来到国会山的特殊房间里,签署成百上千件法案。格罗弗·克利夫兰总统挑战了这种做法,拒绝去国会山,但一年后,在司法部长的建议下,他又动了怜悯之心。[67]1920 年和 1931 年,两位司法部长都认为,从宪法上来说,国会休会后,总统仍然有权签署法案。[68]1932 年,最高法院认可了这种看

---

61 Cong. Globe, 24th Cong., 1st Sess. 435, 469 (1836).

62 Louis Fisher, *Separation of Powers: Interpretation outside the Courts*, 18 Pepperdine L. Rev. 57, 66-67 (1990).

63 4 Hinds' Precedents § 3537—3538 n.2 (1907).

64 7 Cannon's Precedents § 1111 (1935).

65 出处同上。

66 Missouri Pac. Ry. Co. v. Kansas, 248 U.S. 276 (1919).

67 E. I. Renick, *The Power of the President to Sign Bills after the Adjournment of Congress*, 32 Am. U.L.Rev. 208 (1898).

68 32 Op. Att'y Gen. 225 (1920); 36 Op. Att'y Gen. 403, 406 (1931).

法。[69]政治部门又一次为宪法解释打下了基础。

总统通常行使两类否决权:常规(发回)否决和搁置否决。对于常规否决来说,国会通过某项法案后,总统可以连同自己的反对意见发回国会,每院三分之二多数通过可推翻总统否决。因此,这种类型的否决权是有限的,或者说是附条件的。然而,对于搁置否决来说,这项否决权是绝对的,即使国会休会"阻碍"了法案被发回。[70]虽然有法院判决为搁置否决设定了一些重要的限定性条件,但并没有一个确定性判决来界定总统的权力。因此,搁置否决的范围很大程度上留给了具体实践,以及行政部门和立法部门提出的政治解释。

1929年之前,最高法院并没有判决过与搁置否决有关的纠纷。1929年时,最高法院判决,国会在1926年的五个月休会期间"阻碍"了总统将法案发回国会。[71]1938年,最高法院认为,参议院暂时休会三天并不妨碍总统将法案发回国会,尤其是国会还专门授权立法机关的代理人在休会期间接收总统的否决信息。[72]直到20世纪70年代,参议员泰德·肯尼迪成功挑战了尼克松总统在暂时休会期间行使的搁置否决。[73]在此之前,联邦法院再没有出现过更多有关否决权的判决。当时,参议院休会四天,众议院休会五天。与1929年的情况不同,尼克松的行为涉及的是会议期间暂时休会,而不是会期结束后较长时间的休会。

由于这场诉讼,福特总统和卡特总统与国会达成和解,承诺除国会会期结束,不动用搁置否决。在一个会期期间,或是第一次会期与第二次会
期之间,他们都不使用搁置否决。里根总统在两次会期之间行使了搁置 87
否决,这种行为重新引发了搁置否决权争议。众议员麦克·巴恩斯对这

69 Edwards v. United States, 286 U.S. 482 (1932).

70 U.S. Const., art Ⅰ, § 7.

71 The Pocket Case, 279 U.S. 655 (1929).

72 Wright v. United States, 302 U.S. 583 (1938).

73 Kennedy v. Sampson, 511 F.2d 430 (D.C. Cir. 1974); Kennedy v. Sampson, 364 F.Supp. 1075 (D.D.C. 1973).

类搁置否决中的一项提出质疑，在地区法院，他败诉了，但在华盛顿特区巡回法院，他获得了成功。[74]正当搁置否决权问题似乎要通过司法途径得到解决时，最高法院在1987年提出，这场诉讼没有实际意义，因为受到争议的法案按其规定已经失效。[75]

搁置否决权的范围现在又退回到民选部门手中。从1989年到2001年，老布什总统和克林顿总统都曾在两个会期之间或是一个会期中间行使过搁置否决权，但他们不是将搁置否决作为一项绝对权力，而是将法案退回到国会，有可能被国会推翻。因此，他们又创立了第三种变体，或者说是一种混合体：**退回的搁置否决**！譬如，2000年8月5日，克林顿总统否决了《婚姻税收减免调整法》，并且声称国会夏季休会（从7月27日至9月5日）"阻碍我"依据搁置否决案解释的宪法"退回"法案。然而，他又补充了一个条件："除了拒绝签署，并在国会休会期间援用我'搁置否决'的宪法权力外，为避免分歧，我还将H.R.4810号法案，连同我的反对意见，送交众议院。我已否决了这项法案，这一点毫无疑问。"[76]8月31日，他又搁置否决了《遗产税减免法》，并且附上了同样的解释。[77]

9月6日，众议院将这两个否决案作为发回否决，而非搁置否决。[78]9月7日，众议院以274比157推翻遗产税减免法的否决案，但没有达到要求的三分之二。[79]在讨论期间，没有一个人提到克林顿的行为属于搁置否决。9月13日，众议院开始讨论婚姻税收减免法的否决案，还没有人将克林顿的否决作为搁置否决。投票结果是270比158，不足要求的三分

74 Barnes v. Kline, 759 F.2d 21 (D.C. Cir. 1985); Barnes v. Carmen, 582 F.Supp. 163 (D.D.C. 1984).

75 Burke v. Barnes, 479 U.S. 361 (1987).

76 Public Papers of the Presidents, 2000—2001, Ⅱ, 1564.

77 出处同上，1742—1743。

78 146 Cong. Rec. H7240 (daily ed. Sept. 6, 2000).

79 出处同上，H7335 (daily ed. Sept. 7, 2000)。

之二。[80]

这种奇怪的发回搁置否决，反映了联邦法院判决的混乱，以及行政部门与立法部门之间的和解。这表明，宪法含义在某种程度上由联邦法院决定，某种程度上又根据民选部门富有想象力的设计来决定。显然不可能通过一个司法判决或是制定一部立法，就能厘清这种混乱和未决的实践。国会和总统对目前的情况好像都比较满意，也没有人提起诉讼，要求全部或部分解决这类宪法争议。 88

休会期间的任命

国会休会期间导致另一个权力分立上的分歧：总统在休会期间的任命权。制宪者意识到，参议院不可能一直开会，不停地为总统任命提供建议并表示同意。为解决这种闭会期的问题，总统"有权填补参议院休会期间出现的空缺职务，任期到联邦议会下次会议结束为止"。[81] 如果总统充分利用这项权力，宪法赋予参议院的批准权将会受到严重削弱。

休会期的任命权主要是由立法部门和行政部门予以界定，而不是由法院来解释。早期一个问题涉及到对"出现"一词的解释。这仅指休会期间"碰巧出现"的空缺，还是可以广泛解释为休会时"碰巧存在"的空缺？司法部长列举了一系列理由来支持后者。[82] 这些意见为总统滥权——以休会期任命代替日常要求参议院同意的过程——提供了可能性。面对行政部门的解释，国会以立法限制的方式予以回应。

80　146 Cong. Rec. H7509—H7520 (daily ed. Sept. 13, 2000)。

81　U.S. Const., art. Ⅱ , § 2, cl. 3.

82　1 Op. Att'y Gen. 631 (1823) ; 2 Op. Att'y Gen. 525 (1832) ; 4 Op. Att'y Gen. 523 (1846) ; 10 Op. Att'y Gen. 356 (1862) ; 12 Op. Att'y Gen. 32, 38 (1866) ; 12 Op. Att'y Gen. 455, 457 (1868) ; 16 Op. Att'y Gen. 522, 524 (1880) ; 18 Op. Att'y Gen. 29 (1884) ; 19 Op. Att'y Gen. 261, 262 (1889) ; 30 Op. Att'y Gen. 314, 315 (1914) ; 33 Op. Att'y Gen. 20, 23 (1921) ; 41 Op. Att'y Gen. 463, 465-66 (1960) . See also In re Farrow, 3 F. 112, 113—115 (C.C.N.D. Ga. 1880) (从 1823 年至 1880 年，司法部长的观点保持一致)。

参议院司法委员会在1863年发布了一份报告，否认了司法部长的观点。在司法委员会看来，将宪法规定“参议院休会期间出现的”解释为包括休会前出现的，简直是“歪曲文本”。[83]行政部门的这种推理将权力的天平倾向于总统，赋予填补空缺太多的权重，代价就是排除参议院。国会若不对休会期的任命权施加一些限制，“贪婪、腐败或是专横的行政部门”将会令参议院的宪法地位归于无效。[84]

为保护参议院的权力，国会决定动用自己的财政权。1863年立法规定，“参议院休会期间，如果出现职务空缺，依据法律要求，应当根据参议院建议，并经参议院同意，任命新的人员填补空缺。在参议院批准这项任命之前”，禁止使用财政经费支付新任命人员的薪水。[85]事实证明，这种立法过于严格。有些情况下，参议院同意之前，这些官员不得不无偿服务（依靠存款和贷款）。这又促使国会通过特殊立法来补偿这些人，他们在休会
89 期间得到任命，无资格领取薪水，却已经供职很长时间。[86]为部分缓解现存法律的严厉性，1940年立法又允许对下列情况支付薪水：（1）职位空缺是在参议院休会前三十天内出现的；（2）休会时，参议院还未对提名人进行表决（不同于参议院前次休会期间任命的候选人）；（3）如果参议院在休会前三十天否决了某位候选人，另一个人（不是被否决的那一个）接受了休会期间的任命。[87]

除了任命的行政部门人员外，利用休会期任命的联邦法院法官尤其敏感，这些人在审判席上工作了一年，或者更长时间，但在休会期任命结束后，还必须面临参议院的批准。1959年，艾森豪威尔总统在参议院休会期间，任命厄尔·沃伦、威廉·布伦南、波特·斯图尔特担任最高法院

---

83 S. Rept. No. 80, 37th Cong., 3d Sess. 5（1863）.

84 出处同上，6。

85 12 Stat. 642, 646（1863）.

86 39 Stat. 801（1916）.

87 54 Stat. 751（1940）.

大法官，众议院司法委员会提出了一份报告，对这种做法给予了严厉批评，指责其破坏了法院的独立性。[88]

1960年，参议院的一份决议也质疑这种做法。[89]参议院不想批准休会期间任命的这些人，但他们已经担任大法官，作出了一些判决。当参议员们进行批准程序投票时，他们要考虑这些判决吗？法官在判案时，还要考虑总统的提名随后必须依照听证程序和参议院投票才能担任终身职法官吗？诉讼当事人将案件交给未获确认的法官，会受到不公平审理吗？

虽然参议院的决议不具有法律上的拘束力，但艾森豪威尔之后，再没有总统于参议院休会期间任命最高法院大法官。从技术上来说，这项权力是存在的，但如果总统公然违反参议院决议，提名的候选人担任联邦法官一年左右之后，参议院为捍卫制度上赋予自己的权力，有可能断然否决这项提名。而且，在行政部门和立法部门看来，休会期间任命司法人员严重危及司法的独立和正直，有损当事人的宪法权利。虽然第二巡回法院在1962年认可了总统在休会期间任命联邦法官的权力，[90]但第九巡回法院在1985年又作出了迄今为止最后的决定，[91]认为是否这样做完全取决于总统和参议院。事实上，联邦法院已经承认，如果动用休会期间的司法任命，其合宪性并不要求政治部门接受。

卡特总统在参议院休会期间任命了一名联邦地区法院法官，导致第九巡回法院在1985年作出裁决，之后，没有总统动用休会期间的任命权任命宪法第三条规定的法官，直到克林顿在任职的最后一个月，于参议院休会期间任命罗杰·格雷戈里担任第四巡回法院法官。这项任命极富争 90
议，因为格雷戈里将会是第四巡回法院的第一任黑人法官。当乔治·W.

88　Staff of House Committee on the Judiciary, Recess Appointments of Federal Judges, 86th Cong., 1st Sess. (Committee Print 1959). See also Note, *Recess Appointments to the Supreme Court—Constitutional But Unwise?*, 10 Stan. L. Rev. 124 (1957).

89　106 Cong. Rec. 12760—12762, 18130—18145 (1960).

90　United States v. Allocco, 305 F.2d 704 (2d Cir. 1962), cert. denied, 371 U.S. 964 (1963).

91　United States v. Woodley, 751 F.2d 1008 (9th Cir. 1985), cert. denied, 475 U.S. 1048 (1986).

布什总统就职后，他可以选择让格雷戈里在休会期任命结束后，提名他人来取代这个职位，或者重新提名格雷戈里担任终身职法官。后因为与参议院民主党人的妥协，他选择任命格雷戈里终身任职第四巡回法院，而格雷戈里也得到了参议院的批准。

调查权

宪法中并没有明确授权国会调查行政部门，但在法院判决给予支持之前，国会的做法就已表明这项权力好像久已存在。1792 年，印第安人的袭击导致圣克莱尔少将的部队遭受惨重损失，众议院得知后，首先考虑的就是通过决议，要求总统启动调查。[92] 议员休·威廉姆森表示反对，他认为，在这种情况下，不需要遵从总统。他声称："调查公共资金的支出是本院义不容辞的责任。"他提议国会设立一个特别委员会进行调查。[93] 最初提议以 35 比 21 在众议院惨败后，众议院通过决议，授权一个委员会来调查军事失败的原因，并且"要求相关人员、文件和档案协助调查"。[94] 根据时任国务卿托马斯·杰弗逊的记载，华盛顿总统召集内阁成员，讨论宪法是否授权众议院调查这些文件。经过讨论之后，内阁达成共识：

> 第一，众议院是一个人民仲裁所，可以启动调查。第二，可以要求提供一般性文件。第三，公共福祉允许，行政部门就应交出这些文件，但如果公开这些文件将会损及公共利益，则应当拒绝：因此，行政部门可行使裁量权。第四，不管是特别委员会，还是众议院，都无权要求部长，因为部长及其文件都受总统领导，特别委员会应由主席建议众议院向总统提出要求。[95]

92 Annals of Cong., 2d Cong., 1—2 Sess. 490 (1792).

93 出处同上，491。

94 出处同上，493。

95 1 The Writings of Thomas Jefferson 303—305 (Mem. Ed. 1903).

内阁认为，没有什么文件“不适合提交”。国会收到了这些文件以及财政部和国防部的记录，听取了这些部门首脑及其他证人的解释。圣克莱尔将军向国会特别委员会提交了有关这次行军的书面报告。内阁认为， 91
国会只能通过总统召集这些部门首脑，但这种想法属于虚拟的手续，很快就遭到抛弃。

1792 年后，虽然国会在许多情况下都行使了调查权，但直到 1927 年麦格莱恩诉多尔蒂案之时，最高法院才设法承认了国会对行政部门行为的调查权。[96] 最高法院别无选择。在当时，或者更早，最高法院无法否认这种权力的存在。国会和总统长期以来认为正当的权力，法院只能承认。

最高法院判决的一些案件是对国会超越调查权进行的制衡，特别是立法机关特别委员会采取的程序问题。[97] 其他判决则对国会调查权给予了广泛支持。[98] 然而，这类权力分立方面的分歧，很多都是通过政治部门的妥协解决的。特别是“宪法明确要求通过谈判寻找最佳解决途径”的问题，联邦法院几乎总是回避卷入行政部门和立法部门之间的纠纷。[99]

如果行政官员拒绝提供国会要求的信息，立法机关的强制措施之一是藐视权力。拒绝作证或提交文件的个人会被国会视为藐视国会，结果就是罚款或监禁。国会的这种权力行使过很多次。1980 年，卡特总统威胁说要扣留与石油进口费有关的文件，但部长查尔斯·邓肯担心被判藐视国会罪，便将这些文件交给了众议院的委员会。一年后，能源部长詹姆斯·爱德华兹同意将合成染料项目的信息提供给众议院委员会，才勉强

96　273 U.S. 135（1927）.

97　E.g., Watkins v. United States, 354 U.S. 178（1957）; Christoffel v. United States, 338 U.S. 84（1949）.

98　Eastland v. United States Servicemen’s Fund, 421 U.S. 491, 509（1975）; Barenblatt v. United States, 360 U.S. 109（1959）.

99　United States v. AT&T, 567 F.2d 121, 127（D.C. Cir. 1977）.

躲过了被判藐视国会罪。[100]

1981年，内政部长詹姆斯·瓦特拒绝向众议院下属委员会提交文件，委员会专门为此下发传票，并建议对他处以藐视国会罪。几周后，瓦特将这些文件送交给了下属委员会。[101] 环保部负责人安妮·戈萨奇·伯福德拒绝提交"公开执法文件中的敏感信息"，这是有关环保部实施"超级基金"项目——旨在清除有毒废弃物场所——的文件，众议院以259比105判其藐视国会。[102] 先是在法院进行了一番争论后，[103] 里根政府同意将这些文件向国会公布。1991年，老布什政府为防止对司法部提起藐视国会
92 的指控，遂允许立法者审查给联邦调查局的一份法律意见。这份意见赋予联邦调查局工作人员有权绑架逃到外国的流亡者。[104]

国会还有其他的招数。1986年，里根总统依据行政特权，拒绝向参议院提交首席大法官的某些内部备忘录——这是指威廉·伦奎斯特从1969年至1971年供职司法部时写的备忘录。参议院司法委员会的民主党人开始集合票数，准备针对这些文件发传票。后来，他们选择了一个更严厉的制裁措施。参议员泰德·肯尼迪在一篇报纸专栏中简明扼要地指出："伦奎斯特：不交文件，参议院就不批准。"[105] 里根同意委员会提出的有限请求，可以读二十五至三十份伦奎斯特在司法部任职时写的文件。[106]

---

100 Louis Fisher, The Politics of Executive Privilege 112—114, 121—123 (2004).

101 *Contempt of Congress: Hearings before the House Committee on Energy and Commerce*, 97th Cong., 2d Sess. 385—394 (1982).

102 128 Cong. Rec. 31746—31776 (1982).

103 United States v. House of Representatives, 556 F.Supp. 150 (D.D.C. 1983).

104 *Justice Dept. Avoids Collision with House over FBI Opinion*, Washington Post, Aug. 1, 1991, at A13. 有关国会发传票和判藐视国会权力的更多讨论，见 Louis Fisher, The Politics of Executive Privilege (2003)。

105 Edward M. Kennedy, *Rehnquist: No Documents, No Senate Confirmation*, L.A. Times, Aug. 5, 1986, Part II, at 5.

106 Al Kamen, Howard Kurtz, *Rehnquiat Told in 1974 of Restriction in Deed*, Washington Post, Aug. 6, 1986, at A1.

几天后,委员会要求并收到了伦奎斯特提交的在司法部时的文件。[107] 随着僵局被打破,提名伦奎斯特也进入日程。

立法机关还有许多其他方法撬开行政部门手中的文件。任何参议员都可以利用非正式的"保留"做法,一开始就对立法或提名事项进行阻击。然后,由多数党领袖决定是否接受这种保留。1993 年,参议员约翰·沃纳从中央情报局得知,将要调查有关国防部候选人莫顿·霍尔珀林的信息时,宣布对信息授权法行使他的保留权。中央情报局局长詹姆斯·伍尔西准备向参议院军事委员会中的共和党成员说明情况,但白宫法律顾问伯纳德·纳斯鲍姆要求他不要这样做。[108]1999 年,参议员查尔斯·格拉斯利对提名理查德·霍尔布鲁克担任美国驻联合国大使表示保留,因为他反对国务院对琳达·申威克——曾作为美国派往联合国的代表团成员——的处理。申威克将联合国代表团中管理不善的信息交给国会后,就被暂停职务,转换岗位。格拉斯利解释说,如果国会不保护行政部门中的泄密者,"国会就不可能获得有价值的信息"。[109] 在确保国务院不对申威克进行处罚后,格拉斯利收回了他对霍尔布鲁克的保留。

联邦法院也能帮助解决行政部门和立法部门之间的纠纷,但更多是将之引向一个双方都可接受的中间立场,而非作出一个决议。福特执政期间,众议院一个分委员会签发传票,要求美国通信公司提交行政部门窃听的涉及"国家安全"的信息。华盛顿特区巡回法院帮助这个分委员会和行政部门达成能够满足双方利益的协议。华盛顿特区巡回法院写道,每个部门都通过与其他部门达成协议,"才最有可能满足自己的根本需要 93
以及国家的宪政平衡"。[110]

---

107 *Senators Are Given More Rehnquist Data*, Washington Post, Aug. 8, 1986, at A3.

108 Bill Gertz, *CIA Offer of Help on Nominee Frees Up Authorization Bill*, Washington Times, Nov. 5, 1993, at A5.

109 Sen. Chuck Grassley, *Holds Practice Needs Big Changes*(写给编者的信), Roll Call, Aug. 2, 1999, at 4。

110 United States v. AT&T, 551 F.2d 384, 394(D.C. Cir. 1976). 另见 United States v. AT&T,

由于联邦法院通常拒绝参与知情权的纠纷，行政部门和立法部门之间的利益纠葛还仍然存在。国会拥有判处藐视国会的权力，掌握着财政权和总统提名候选人的批准权，所以，在与行政部门协商时拥有很好的位势。事实上，行政部门极少反对国会获取信息的要求。虽然一些司法部官员抱怨行政部门领导太愿意将特权信息交国会审查，但相对于行政部门与国会争执不下而拖延时间损害总统计划相比，白宫更喜欢目前这种协商的制度。[111]

立法机关的否决权

最高法院在1983年的美国移民归化局诉崔德案中宣布，立法机关的否决权是一种无效的国会控制方式。早自20世纪30年代开始，国会就已经动用立法机关否决权——一院否决、两院否决，甚至委员会否决——来对行政行为表示支持或反对。最高法院认为，立法机关想要控制行政部门，必须遵守两院制规则，并把通过的法案交总统签署。

最高法院的这种判决，表达了一种严格的权力分立原则，旨在表示国会的唯一职能就是立法，一旦法案获得通过，国会无权影响法案的实施。然而，从最高法院公布判决那一刻开始，国会就仍在依靠立法机关否决权控制行政行为。从1983年至2004年，国会启动了四百多项新的立法否决案，分别被里根、老布什、克林顿和小布什总统签署为法律。这些法律规定要求行政部门获得国会委员会或下属分委员会的同意。

如何解释法院判决与两个政治部门实际做法之间的差异呢？在权力分立领域，为何都不遵守这种“史诗般”的判决呢？这是国会在藐视法院吗？较好的解释是，最高法院不切实际，没有把握国会和行政部门最初采

---

567 F.2d 121 (D.C. Cir. 1977)。

111 通常见 Neal Devins, *Congressional-Executive Information Access Disputes: A Modest Proposal-Do Nothing*, 48 Admin. L. Rev. 109 (1996); Louis Fisher, *Congressional Access to Information: Using Legislative Will and Leverage*, 52 Duke L.J. 323 (2002)。

取立法机关否决的实际需要。这些需要在崔德案之前存在，法院判决之后仍然存在。

立法机关的否决权出现在20世纪30年代，不是因为国会想要干涉具体的行政行为，而是因为总统赫伯特·胡佛想绕过国会进行“立法”。94
1929年，他要求国会授予他重组行政部门的广泛权力，但要得到国会以某种形式表示的认可。他认为，总统可以在“国会联合委员会同意的情况下”行事。[112]胡佛愿意接受立法机关的否决，因为日常重组政府部门的立法过程包含太多不确定性，包括国会有可能忽视总统的要求，或是在总统建议中附加他不想要的修改意见。胡佛最终在1932年获得了重组权，但立法机关中任何一院都可行使否决权。[113]

富兰克林·罗斯福总统起初认为，重组法令中的立法机关否决权是违宪的。如果没有形成法案，或是没有获得两院联合决议，国会的任何行为都只是“表达了国会的感情”，不具有法律上的约束力。[114]众议院议员回避了他的解释，认为反对法案或联合决议，意味着国会需要每院三分之二多数才能推翻总统的否决。罗斯福承认，国会从来没有授予他没有法律规定即不受国会控制的重组权，于是在几天内又改变了他的宪法立场，支持以修正案的形式，允许国会两院同时以决议方式否决他的重组计划。[115]1939年通过了重组法案，规定了两院否决权，罗斯福签署，成为法律。[116]1949年，国会试图扩大总统的重组权时，又收紧了立法机关的控制，改为一院即可行使否决权。[117]

立法机关否决权继续向其他领域蔓延。1940年立法授权司法部长暂停将某个外国人驱逐出境时，国会两院可行使否决权（随后改为一院

112　Public Papers of the Presidents, 1929, at 432.

113　47 Stat. 382, 413—415, § §401—408（1932）.

114　83 Cong. Rec. 4487（1938）.

115　出处同上，5003—5004。

116　53 Stat. 561, 562—563, §5（1939）.

117　63 Stat. 203, 207, §202（1949）.

即可否决)。[118] 这种程序诉诸国会和总统,否则在疑难案件中,他们只有通过数以千计的私人法案来为外国人提供救济。[119]

20 世纪 70 年代,国会决定将立法否决权扩展到诸如战争权、全国紧急状态、行政扣押、总统文件、联邦薪水以及特定部门规章等领域,行政与立法之间的关系再度出现紧张。20 世纪 70 年代后期,国会甚至想要将立法否决权用于控制所有政府部门的规章。现在,立法否决权显然已成为国会对广泛授权进行精细化监控的武器,而非仅对广泛授权进行防御型制衡。

卡特政府时期的司法部申请最高法院进行司法审查,以图彻底封杀
95 立法机关的否决权。然而,当最高法院接受这个问题时,里根当选为总统。
里根政府将立法机关的否决权作为制衡越权规章的一种手段,所以在崔德案中倾向于支持立法机关的否决权,但司法部长威廉·史密斯反对。史密斯写道:"我指出,自 1952 年以来,共和党控制总统席位达半数时间,但这期间对国会两院的控制仅有两年。所以,为何要牺牲行政权来照顾立法权呢?"[120] 由于这种观点直接诉诸总统,所以最终占了上风。

行政部门"赢得"这个案件之后不久,就承认刻板地坚持国会只能通过制定公法的方式来监督行政行为的话,将会剥夺行政部门所需要的弹性和自由裁量,对行政部门来说恰恰适得其反。譬如,里根总统在 1984 年签署针对住房和城市发展部以及其他独立部门的拨款法案时专门指出,依据崔德案,要求行政部门事先获得拨款委员会许可的条款是无效的。[121] 他的签署意见意味着,委员会否决条款在行政部门看来不具有法律上的约束力。根据这种解释,行政部门可以通知它们的审查委员会,然

118 54 Stat. 670, 672, § 20(c)(1940); 66 Stat. 162, 216, § 244(b)(1952).

119 Harvey C. Mansfield, *The Legislative Veto and the Deportation of Aliens*, 1 Pub. Admin. Rev. 281(1941).

120 William French Smith, Law and Justice in the Reagan Administration: Memoirs of an Attorney General 221(1991).

121 Public Papers of the Presidents, 1984, II, at 1056—1057.

后根据自己的意愿去实施,无需获得委员会的批准。

住房拨款委员会知道如何回应。有法律规定,美国航空航天局经委员会同意,可以超出开支限额。国会威胁说要废除这种法律。因为里根的签署意见,委员会告诉美国航空航天局,若想超过开支限额,只有追加制定立法,需要获国会两院同意后交总统签署。不出所料,在超额开支方面,相对于获得正式立法认可这种繁琐的程序来说,美国航空航天局局长詹姆斯·贝格斯更喜欢立法机关否决所给予的有限制衡。贝格斯成功游说了国会,获取了"一种非正式的友好协议",承诺"未经拨款委员会批准,不会超出委员会指定的项目数额"。[122]

除了非正式的立法机关否决权,国会还继续在公共法律上设定委员会否决,行政部门出于自利,也会去遵守。它们知道,任何试图抵制委员会控制的做法,都有可能导致在美国航空航天局纠纷中所看到的那种反击。行政部门不得不年复一年地学会接受委员会的审查,而且更有动力去达成妥协,或接受它们的监督。在这些问题上,总统及其法律顾问可以沉溺于和国会进行引人注目的对峙,但行政部门却不希望与批准它们项 96
目并给予资助的委员会进行血腥的搏斗。

为减少自我伤害,最高法院通常遵守审慎原则,提出的"宪法规则仅限于适用的具体事实"。[123]崔德案中,最高法院忽视了这条基本原则,公布的判决不仅涉及案件争议的移民法,而且超越了最高法院对行政与立法关系的理解。国会各委员会通过许许多多正式与非正式协议,继续对行政部门的决定行使监督权。最高法院由于误读了立法机关否决权的历史,未能准确把握立法过程的微妙,要求行政部门和立法部门遵守不切实际

122　NASA Administrator James M. Beggs to House and Senate Appropriations Committee, Aug. 9, 1984, reprinted in Fisher and Devins, Political Dynamics of Constitutional Law 126 (3rd ed. 2001).

123　Ashwander v. TVA, 297 U.S. 288, 347 (1936) (布兰代斯大法官的协同意见),引自 Liverpool, N.Y. & P.S.S. Co. v. Emigration Commissioners, 113 U.S. 333 (1885)。

亦不可行的程序。不管是国会还是行政部门，都不想要最高法院提供的静态政府模式。可以预见崔德案不可避免的结果是，现在的立法过程与之前相比，更加复杂、繁琐和隐蔽。许多情况下，最高法院判决只是让过去正常运作的一些立法机关和委员会否决，现在转入地下悄然运行。[124]

独立检察官

里根政府在崔德案上的胜利，激起了司法部、白宫以及管理和预算办公室政治候选人的胃口。他们开始呼吁"一元行政"模式，即总统对所有行政部门拥有全部的控制权。完全不受这种模式影响的是国会设立的独立委员会（国际贸易委员会、联邦贸易委员会、证券交易委员会等），某种程度上，这是不受总统控制的自治组织。独立的程度表现在，禁止总统撤换委员会委员，给予他们较长的任期（长于总统的四年任期），以及其他法律保障。里根政府未能让独立委员会隶属于总统，但它的策略和目的改变了争夺独立检察官（早期称之为特别检察官）合宪性的诉讼。

特别检察官法源自水门政治。最初是 1972 年 6 月 17 日窃听民主
97 党全国总部未能成功，很快发展成一场吞没尼克松政府的危机。由于国会调查、弹劾质询以及法院判决，尼克松总统被迫辞职，包括司法部长约翰·米切尔在内的许多高层官员受到监禁。当这场丑闻的严重性暴露无遗时，司法部长艾略特·理查森在尼克松的支持下任命阿奇巴尔德·考克斯调查这个事情。尼克松后来又解雇了考克斯，导致理查森和副部长威廉·拉克尔肖斯辞职，这都是"星期六之夜大屠杀"的一部分。

从福特政府到里根政府，司法部对独立检察官的立场各不相同。水门事件发生后，国会考虑通过一个法案，设立一种永久性的特别检察官职位。司法部长爱德华·利维 1976 年作证说，这个职位的"合宪性是可疑

---

124 Louis Fisher, *The Legislative Veto: Invalidated, It Survives*, 56 Law & Contemp. Prob. 273 (Autumn 1993).

的”。他特别不喜欢将任命权交给联邦法官的提议。[125] 司法部副部长迈克尔·乌尔曼也作证说，执行刑法是“行政职能的核心”，所以这个提议是违宪的。[126]

然而，卡特总统支持特别检察官由联邦法官任命，司法部长可将其撤职。特别检察官有五年的法定任期。当 1983 年 1 月再次授权另一个五年任期时，里根总统签署了授权法案，表示这个职位不存在宪法问题。当时，特别检察官除了调查诸如汉密尔顿·乔丹、蒂莫西·克拉夫特和雷蒙德·多诺万这些官员之外，还没有什么法律上的经验。1983 年的延期授权，将这个职位从特别检察官改为独立检察官，司法部长撤职的理由也从“特别不合适”改为“合适的理由”。[127]

1983 年 6 月 23 日，最高法院判决了崔德案。三年后，在鲍舍尔诉西纳案中，最高法院采用形式主义修辞，禁止立法机关的工作人员（总审计长）承担行政职能（落实葛兰姆—拉德曼削减赤字的目标）。这两个判决让司法部相信，针对独立检察官也可以打赢法律诉讼。经过两届政府的支持后，里根政府在 1987 年开始积极反对独立检察官。当时，独立检察官已成了里根政府中的一根刺，参与调查伊朗门事件和白宫中的主要成员，包括迈克尔·迪弗和埃德温·米斯。 98

然而，当时总统如果行使否决权，很容易被认为是极力掩盖政府的罪恶，所以里根签署了再次授权法案，但对其合宪性表示“强烈质疑”。里根政府时期的司法部副部长查尔斯·弗里德解释了政府为什么不愿挑战独立检察官法：“许多保守派认为，独立检察官法令人义愤，但目前的政治情势下，我们不敢挑战它。这时候质疑独立检察官法很容易联系到伊

125　*Provision for Special Prosecutor: Hearings before the House Comm. on the Judiciary*, 94th Cong., 2d Sess. 33—34（1976）.

126　*Watergate Reorganization and Reforem Act of 1975: Hearings before the Senate Comm. On Government Operations*, 94th Cong., 1st Sess. 3（1975）.

127　96 Stat. 2039, 2042（1983）；见 Katy J. Harriger, The Special Prosecutor in American Politics 74—77（2d ed. 2000）。

朗门和司法部长米斯自己牵涉其中的维德技术公司丑闻。公众认为独立检察官法是公正的保障，这种情况下质疑独立检察官法确实很可怕。”[128]

当独立检察官的合宪性被提起诉讼时，里根政府提交了一份“法庭之友”辩护意见，列出了许多理由，指出该法在宪法上的缺陷。但与立法机关否决权和葛兰姆—拉德曼法案不同，并没有国会参与独立检察官法。国会通过严格限制自己的角色，扩大司法部长的撤职权，认真履行了立法职责，既符合了宪法要求，又能经受法院审查。葛维宝指出，独立检察官法得到支持，“因为国会做了一些立法机关经常不做的事情。国会在制定这部法律时，不是把问题踢给法院，而是仔细考虑了宪法上可能存在的各种反对理由”。[129]

按计划，1992 年需要为独立检察官法重新授权，但当时的独立检察官劳伦斯·沃尔什调查伊朗门事件，严重惹恼了共和党人，他们反对重新授权这项法案。然而，那年随着比尔·克林顿的当选，共和党人又改变立场，支持重新授权，以此方式审查克林顿在阿肯色州土地开发公司（白水开发公司）中的投资。由于独立检察官法此前已经失效，司法部长珍妮·雷诺依据自己的权力指派了一名特别检察官罗伯特·菲斯克调查白水事件。1994 年，独立检察官法又续了五年后，联邦法院决定，让前共和党司法部副部长肯尼斯·斯塔尔替换菲斯克。

正如共和党指责沃尔什调查里根和布什一样，现在民主党也抨击斯塔尔调查克林顿。当斯塔尔向国会报告克林顿可能犯有可弹劾的罪状时，问题达到高潮。到 1999 年时，政治气氛高度紧张，国会反对重新授权
99 独立检察官法。那年，当参议院司法委员会举行听证时，不仅雷诺反对重新授权，斯塔尔也反对。雷诺作证说，虽然她在 1993 年时曾经支持这部法律，但她现在认为，独立检察官法“在结构上存在缺陷，并且这些缺陷

128 Charles Fried, Order and Law 137 (1991).

129 Paul Gewirtz, *Congress, As Well as Courts, Must Make Constitutional Law*, Hartford Courant, July 24, 1988, at C3.

在我们的宪法框架内无法得到校正”。[130] 这部法律为确保独立性，“设立了一种新型检察官，任期和预算在实际上都不受限制”。[131] 斯塔尔也认为这部法律不值得顺延，尤其是司法部“利用新近获得的权力，拒绝为独立检察官提供帮助，或拖其后腿”。[132] 他指出，司法部有动力“去帮助联邦检察官，或是依据规章设立的独立检察官，但没有动力去帮助一个法定的独立检察官。没有制度上的保护者，独立检察官很容易沦为党派攻击的靶子”。[133] 斯塔尔所谓的“依据规章设立的独立检察官”，是指司法部长任命的特别检察官。

虽然政治氛围是反对再次授权独立检察官法，但制度上的问题仍然存在：鉴于利益冲突，司法部对总统和其他高层行政官员的调查怎能可信？雷诺在 1999 年作证时指出，她仍然相信，“许多情况下，司法部长会存在利益冲突”，并且在这种情况下，“为确保人民对公正的信任”，由司法部长之外的其他人主持调查是必要的。[134] 总统和国会如果对独立检察官的继任者不能达成合意，两个部门就必须寻求其他救济措施。因此在司法部内，对利益冲突问题寻找一种宪法上的解决之道，这种创造性工作又落到了民选部门肩上，而不是法院。

结　语

本章强调了行政机关和立法机关的非司法解释对宪法含义的影响。权力分立领域的许多主要争议，都是经过总统和国会之间的谈判、妥协等非司法途径解决的。政治争论的特点是较为混乱，不具有司法过程的礼

130 *The Future of the Independent Counsel Statute: Hearings before the Senate Committee on the Judiciary*, 106th Cong., 1st Sess. 243 (1999).

131 出处同上，245。

132 出处同上，423。

133 出处同上，424。

134 出处同上，243。

仪和尊严，但行政官员和立法者都了解实情，并且通常能认真对待自己的
100 职责。他们对权力分立的界定要比法院判决的影响更为重大。法院在该
领域的判决凤毛麟角，而且有些还相互矛盾。

因此，国会和行政部门在权力分立问题上不时地相互影响，使得联邦
法院不适合在该领域发挥积极主动的作用。部门之间的政治妥协能够重
新界定，甚至废除司法判决的影响。在法律实施过程中，各部门除了与其
他部门相互呼应并达成妥协之外——可能还要明确新的宪法定位——别
无选择。僵化的司法判决不能也不应限制这种动态的过程；否则，宪法上
101 对权力做的静态划分将损害立法者和白宫之间的谈判过程。

第五章　战争权

战争权的宪法界限只在最低限度内由法院决定。界定军事行为的主要因素是非司法力量:总统决定出动军队,国会默认或抵制,公众支持或反对军事行动。让国民抛头颅洒热血、耗尽国家财富的重要决定,几乎都是在法院外作出的。纵观整个美利坚联邦史,这一点显而易见。

法院没有能力决定发起战争的问题,只能在战争进行中对军事活动的范围进行适度监督。如果国会议员没有主张对战争与和平的决定权,联邦法官一直不愿意填补立法者留下的这个空缺。因此,行政部门和立法机关的解释很大程度上界定了宪法中的战争权条款。前一百五十年,国会主导了作战权,但自 1950 年开始,总统权迅速扩张。没有宪法修正案,也没有司法判决的界定,但宪法理论发生了根本性改变。

驯服战争之犬

联邦宪法的缔造者研究过欧洲政府模式,它们确实将战争权交给国王。但缔造者们经过深思熟虑,果断地打破这种传统,将发起战争的权力从行政部门转移给立法机关。当制宪者完成制宪任务后,托马斯·杰弗逊写信给他的朋友詹姆斯·麦迪逊说:“我们已经把总统的交战权从行政部门转移到立法部门,从花钱者转移到付钱者,这便是有效制衡战争之
103 犬的实例。”[1]

制宪者采纳的主要原则是集体决议,共享外交权,“共和国的核心信条是多人智慧优于一人智慧”。[2]但是,这些理念已被改变,特别是第二次世界大战之后,一些学者希望授予总统独立的发起战争权。[3]

在决定战争权的分配时,制宪者分析——然后拒绝——了约翰·洛克和威廉·布莱克斯通提出的模式。洛克在《政府论下篇》(1690年)中谈到了政府的三个部门:立法、行政和对外交往。最后一种权力包括“战争与和平、联合与结盟,以及与除英联邦以外的所有个人和组织交往的一切事务”。在洛克看来,对外交往权(我们今天称之为外交)“几乎总是与行政权合为一体”。他提醒说,行政权与外交权分离,将会导致“混乱并埋下祸根”。[4]

布莱克斯通在《普通法注释》(1771年)中也提出了类似模式。他认为国王的特权就是“国王独自享有的权力和能力”。一些特权“源于国王的政治身份”,包括发起战争和缔结和平的权力。国王还可以“与外国签订条约,这种条约对国家有约束力,不可更改”,以及颁发逮捕许可和报复许可(授权个人采取军事行动),这项权力“与作战权密切相关,且直接源自作战权”。国王是“最高统帅或最高军事首领”,享有“募集和管理军队的绝对权力”。[5]

---

1 15 The Papers of Thomas Jefferson 397 (Julian P. Boyd ed., 1958).

2 David Gray Adler, *Foreign Policy and the Separation of Powers: The Influence of the Judiciary*, in Judging the Constitution: Critical Essays on Judicial Lawmaking 158 (Michael W. McCann & Gerald L. Houseman eds., 1989).

3 E.g., John C. Yoo, *The Continuation of Politics by Other Means: The Original Understanding of War Powers*, 84 Cal. L. Rev. 167 (1996).

4 John Locke, Second Treatise of Government, § § 146—148 (1690).

5 2 William Blackstone, Commentaries on the Laws of England 238, 239, 251, 258, 262.

1776 年，当美国宣布从英国独立时，缔造者将所有行政权授予大陆会议，并没有设置独立的行政机关。第一部宪法——《邦联条例》——第九条规定：“各州联合参加的大陆会议享有决定战争与和平的绝对权力”。唯一的例外是第六条规定，各州若受到外敌入侵或是印第安部落的威胁，可进行战争。

费城制宪会议上的争论突显了制宪者的意图，即美国不存在国王的战争权。1787 年 6 月 1 日，查尔斯·平克尼说他支持设置一个“强有力的行政权，但担心现有的国会将行政权扩展到发起战争与缔结和平的权力，这可能会让行政部门成为一个国王，不过是从最差的君主制变成了选举制”。约翰·拉特利奇希望行政权属于单一的个人，“但他不支持授予这个人发起战争与缔结和平的权力”。詹姆斯·威尔逊也赞同设立单独 104
的行政部门，但“不考虑用英国国王的权力来界定行政权。这些权力中有些属于立法权，战争与和平等权力即是如此”。[6]

埃蒙德·伦道夫对行政权表示怀疑，他称之为“君主制的胚胎”。他说，费城制宪会议的代表“没必要用英国政制作为我们的蓝本”。威尔逊同意英国模式“不适用于我国的情况，我们幅员辽阔，习惯又是共和政体，只有更大的邦联式共和国才适合这个国家”。詹姆斯·麦迪逊随后评论说：“所有政府史表明，宪法推定行政部门是最关心战争的部门，也是最倾向于战争的部门。因此，经过仔细研究，还是应该把战争权交给立法部门。”[7]

制宪者最担心是，总统“为了实现个人荣誉”，将国家带入战争。[8] 约翰·杰伊在《联邦党人文集》第四篇中提醒说：“专制君主往往在自己国

---

6 The statements in this paragraph and the next appear in 1 Farrand 64—66.

7 6 The Writings of James Madison 312（Gaillard Hunt 编，1900—1910）（1798 年 4 月 2 日写给托马斯·杰弗逊的信）。

8 William Michael Treanor, *Fame, the Founding, and the Power to Declare War*, 82 Corn. L. Rev. 695, 740（1997）.

家无利可图时制造战争，为的是私人打算和目的，诸如渴望军事上的荣誉，报复私仇，野心或是私人盟约，以加强或帮助自己的家族或同党。”

虽然总统是军队最高统帅，但征募和管理军队的权力属于国会。《联邦党人文集》明确阐述了与洛克和布莱克斯通截然不同的观点。汉密尔顿在《联邦党人文集》第六十九篇中解释说，总统“与立法机关共享缔结条约的权力”，而英国国王“是缔结条约权的**唯一拥有者**”。他指出，总统与国会共享外交权。汉密尔顿对比了英美两国战争权的分配。国王有权“**宣战**、**征募和管理**军队”。

宪法明确授予国会一系列控制战争和军队事务的权力：宣战；颁发拘捕许可和报复许可；征募和支持陆军，建设并维持海军；管理陆军和海军；征集民兵组织；组织、武装和训练民兵。此外，由于国家之间的商业冲突经常引发战争，宪法授权国会管理对外贸易，这是直接与战争权有关的领域。

制宪者承认，在紧急情况下，总统也可不经国会授权，使用军事力量
105 抵制突发的外敌入侵。最初宪法草案授予国会“作战权”。平克尼反对说，立法程序“太慢”，不利于紧急情况下的国家安全。他希望国会每年就开一次会。麦迪逊和埃尔布里奇·格里提议在“作战权”上加入“宣战权”，总统“有权抵制突发的外敌入侵”。他们的建议以7比2得到认可。鲁弗斯·金解释说，“作战”一词允许总统指挥战争，因为指挥属于“行政职能”。于是，康涅狄格州又改变了立场，最终以8比1通过麦迪逊和埃尔布里奇·格里的提议。[9]

这里讨论总统的战争权是防御型，而非进攻型。对麦迪逊—格里修正意见的反应强化了授予总统的权力是有限的。皮尔斯·巴特勒希望授予总统作战权。他认为，总统“将会具备所有必备条件，并且只有在举国支持的情况下才会进行战争”。罗杰·谢尔曼反对说，“行政部门应该能

9 本段及下文出现的引文均出自 2 Farrand 318—319。

够抵御战争，而不是发起战争”。格里说他“绝不希望在共和国听到单独授予行政部门战争权的提议”。乔治·梅森“反对授予行政部门战争权，因为委托给行政部门不安全……他是阻止战争，而非帮助战争”。

各州批准宪法的大会上也有类似观点。在宾夕法尼亚州，詹姆斯·威尔逊表达了普遍流行的观点，制衡制度“不会让我们很快卷入战争；估计会防止战争。将我们卷入这种灾难的权力不应交给一个人，也不是单独交给一群人。因为宣战权的重要性，一般情况下应尽可能授予立法机关”。[10] 在北卡罗来纳州，詹姆斯·艾尔德尔指出，大英帝国国王有权征募军队，发动战争，而美国宪法将这些权力授予“其他部门”。[11] 在南卡罗来纳州，查尔斯·平克尼向他的同事保证，总统“无权宣战”。[12]

军队统帅的头衔意味着有义务抵御突然袭击，但除此之外，总统必须等待国会的授权。这个头衔也意味着维持文职高于军职的重要模式。领导军队的人应当是文职总统，而不是军队官员。1961 年，司法部长爱德华·贝茨解释说，总统是军队最高统帅，不是因为他“精通战术”，而是确保军队“服从政权（平民权）”。[13]

在这个基本原则上，制宪者确立的宪法框架是明确的。发动战争的权力属于国会，总统单方面可以采取行动的只有一个领域：抵御突然袭击。但是，在接下来的二百多年里，总统及其支持者借助一系列事件，扩 106
张了总统在**作战**权上的能力，超越了国会正式享有的**宣战**权。

从 1789 年至林肯时期的先例

费城制宪会议后的最初几十年，总统对军事力量的使用都严格遵照制宪者的预期：发动战争或准备进攻的决定由国会作出，总统完全接受这

10 2 Elliot 528.

11 4 Elliot 107.

12 出处同上，287。

13 10 Op. Att’y Gen. 74, 79（1861）.

些战争原则,宣战或不宣战。

第一次运用最高统帅条款是华盛顿总统抗击印第安部落,该行为得到国会的明确授权。1789 年 9 月 29 日,“为保护联邦边境居民免受印第安部落的袭击”,国会通过了立法。国会为提供这种保护,授权总统“可以为上述的目的作出必要的判断,分别从各州民兵中征募军队”。[14]1790 年以及 1791 年,国会通过新的授权立法保护边境居民。[15]

行政部门认为,抗击印第安部落的军事措施只限于防御行动。战争部长亨利·诺克斯 1792 年 10 月 9 日写给威廉·布朗特州长的信中说:“拥有宣战权的国会下月 5 号将要开会——在它们作出决定之前,你采取的所有行动都限于防御性措施,这是很重要的。”[16]华盛顿总统在 1793 年写道,所有打击克里克人的进攻性行动都必须等待国会的决定。[17]

1794 年的威士忌叛乱,标志着总统第一次号召民兵组织镇压国内暴动。华盛顿总统明确依据国会对他的授权采取行动。1792 年的立法规定,任何时候联邦面临入侵,处在外部或内部威胁的紧急时刻,总统可以召集民兵抵制入侵或镇压叛乱。[18]这项法律对总统权设置了新的制衡。如果联邦法律在任何州受到妨碍,联邦最高法院大法官或联邦初审法官会及时将这一事实告诉总统。[19]1794 年,大法官詹姆斯·威尔逊向华盛顿总统证明,宾夕法尼亚西部的叛乱导致通常的法律手段不足以执行联邦法
107 律。[20]华盛顿召集了四个州的民兵,镇压了叛乱。

有人提出,国会有权宣战,但总统可以不宣而战。1966 年,国防部在为越南战争提供的法律辩护中提出:“自宪法通过以来,从 1798 年至

14 1 Stat. 96, § 5 (1789).

15 1 Stat. 121, § 16 (1790); 1 Stat. 222 (1791).

16 4 The Territorial Papers of the United States 195 (Clarence Edwin Carter ed., 1936).

17 33 The Writings of George Washington 73.

18 1 Stat. 264, § 1 (1792).

19 出处同上, § 2。

20 1 Richardson 150—152.

1800 年与法国的‘不宣而战’开始，总统在事先未获国会授权的情况下命令军队采取行动或维持海外驻军的情况至少有 125 例。”[21] 与法国的战争就是个错误。国会公开讨论了战争前景，制定了一系列法案将国家置于战时状态。约翰·亚当斯总统从来不会认为他自己有权发动与法国的战争。他恳请国会通过“有效的防御措施”，准备迎战。[22] 国会制定了大量措施准备应战。1798 年讨论期间，议员爱德华·利文斯顿认为，国家“现在处于战争状态，谁也不会认为他投的票不是宣战”。[23]

与法国之间的准战争强调了国会在战争和调度军队方面的权力。1800 年和 1801 年，最高法院承认国会授权进入战争状态的方式可以是正式的宣战，也可以是以立法形式决定不宣而战，就像对法国的战争那样。在第一个案件中，大法官塞缪尔·蔡斯指出：“国会有权发动一场全面战争，国会也可以发动一场局部战争，在有限的时间、地点、针对特定目标进行的战争。”在第二个案件中，首席大法官约翰·马歇尔代表法院撰写的判决意见指出：“依据联邦宪法，所有战争权属于国会，我们的审查只能依据国会行为。”[24]

司法部近来的研究，以及 1994 年国会辩论期间作的声明，表示杰弗逊总统针对巴巴里（北非伊斯兰地区）采取的军事行动未得到国会的同意。[25] 事实上，至少有十一项法律中，国会明确授权杰弗逊总统和麦迪逊总统采取军事行动。[26] 杰弗逊曾告知国会，他已派遣一小队护卫舰开赴地中海，防御的黎波里帕夏发动的袭击，但接着要求国会作出进一步指示，

21　54 Dep't of State Bull. 474, 484 (1966).

22　1 Richardson 226.

23　8 Annals of Congress 1519 (1798). 授权准战争的立法，见 1 Stat. 547—611 (1798)。

24　Bas v. Tingy, 4 U.S. 37, 43 (1800); Talbot v. Seeman, 5 U.S. 1, 28 (1801).

25　4A O.L.C. 187 (1980); 140 Cong. Rec. 19808 (1994) (Senator McCain 的声明)。法律顾问办公室的意见存放于 1993 年的《国会档案》: 139 Cong. Rec. 25702 (1993)。

26　2 Stat. 129 (1802); 2 Stat. 206 (1803); 2 Stat. 291 (1804); 2 Stat. 391 (1806); 2 Stat. 436 (1807); 2 Stat. 456 (1808); 2 Stat. 511 (1809); 2 Stat. 614 (1811); 2 Stat. 675 (1812); 2 Stat. 809 (1813); 3 Stat. 230 (1815).

并解释说，他“没有得到宪法授权，没有国会的批准，他不能超越防御的界限”。“进攻措施还”需要国会授权。[27]

毫无疑问，杰弗逊给国会的信息忽略了许多在地中海发生的细节。[28]
108 重要的法律问题是，他要求获得国会的法律授权，他并没有主张独立享有战争权。1805 年，美国和西班牙之间的冲突升级，杰弗逊明确表达了宪法原则：“从宪法上来说，只有国会有权把我们的状况从和平转为战争。”[29]

授权对印第安部落、内部叛乱、法国和巴巴里海盗采取军事行动二十年后，直到 1812 年，国会才第一次宣战。很像约翰·亚当斯总统在与法国的准战争中所做的那样，麦迪逊总统于 1811 年 11 月 5 日向国会提交了一份申请，报告英国采取的一系列敌对和歧视行为，要求国会准备战争。[30] 通过立法，而非总统批准，才开始决定投身于战争。国会再度征募陆军，组织志愿军，扩大海军，以作出回应。[31]

1812 年 6 月 1 日，麦迪逊向国会报告了英国采取的其他“伤害和无礼举动”。虽然麦迪逊称这些做法等于是“向美国开战”，但他听从国会是否宣战，因为“宪法明智地将这种严肃问题委托给政府的立法部门”。[32] 国会于 1812 年 6 月 18 日宣布开战。

没有常备军时，总司令的职权就是虚设，因为除国会征募军队外，总统无权配置部队。但如果有了常备军，应根据总统的指令行动，权力平衡就发生了明确的转移。1846 年，詹姆斯·波尔克总统命令扎卡里·泰勒将军占领得克萨斯与墨西哥边界的争议地区，这个决定表明总统有能力将国家投入战争。这项命令引发了美国与墨西哥士兵之间的冲突，使得

---

27 1 Richardson 315.

28 见 Abraham D. Sofaer, War, Foreign Affairs and Constitutional Power: The Origins 209—214（1976）。

29 15 Annals of Cong. 19（1805）.

30 2 Richardson 479.

31 2 Stat. 671, 676, 683, 685, 695, 699, 704（1812）.

32 2 Richardson 490.

波尔克于4月11日告诉国会“战争已经发生”。[33] 虽然波尔克采取了决定性措施，但他从不认为他能独自将国家拉入战争，他知道，他必须获得国会授权。国会在5月13日作出宣战。

1848年，众议院谴责了波尔克的行为，因为“联邦总统发起的这场战争不必要、不合宪”。[34] 亚伯拉罕·林肯是投票支持谴责的成员之一，他后来对一位朋友写信说：

> 允许总统侵入邻国，每当**他**认为有必要反抗侵略，不管什么时候，**只要他认为**有必要追求这个目的，就允许他这么做——允许他随便发动战争……我们的制宪会议认为，这是所有王权压迫手段中最
> 难以忍受的，因此，他们的解决办法就是制定宪法，规定**任何个人**都 109
> 无权压迫我们。[35]

林肯谴责波尔克的决定显然是虚伪的，因为在他自己担任总统期间，内战时他采取的军事行动事先也未获得国会授权。1861年4月，国会休会期间，他发布通告，召集民兵，暂停人身保护状，封锁叛乱的各州。但是，他们的行动有一个重要区别。波尔克的措施是与外国进行战争，林肯面临的是真正内部的战争危机。波尔克对其行为有一些裁量余地，而林肯则必须使用武力镇压内部叛乱。即便如此，林肯对其行为的合法性也有过真正的怀疑，特别是暂停人身保护状。当国会重启会议时，他解释说：“他的行为不管在严格意义上是否合法，之所以冒险尝试，因根据民众需求和当时公共安全的迫切需要。就像现在这样，相信国会也准备批准这

33 5 Richardson 2292.

34 Cong. Globe, 30th Cong., 1st Sess. 95（1848）.

35 1 The Collected Works of Abraham Lincoln 451—452（Roy Basler ed., 1953）（强调为原文所加）。

些行动。”他承认，他可能行使了“国会的宪法权力”。[36] 国会详细讨论了林肯的行为，在假定他的行为违法前提下，追溯承认了他的行为。[37]

首席大法官罗杰·坦尼当时正担任巡回法官，反对林肯暂停人身保护状。坦尼认为，依据宪法，总统无权暂定令状，犯人约翰·梅里曼应获得自由。当坦尼准备签发文件释放梅里曼时，监狱官员拒绝让坦尼的执行人员执行这项命令。法院无力招架，为避免与林肯发生直接对抗，坦尼只是表示：“我已穷尽宪法和法律授予我的一切权力，但对抗的力量太强大，我无能为力。”[38]

1863 年的捕获案中，最高法院明确提出，总统职权只限防御行为，而不包括进攻行为。大法官格里尔说，林肯总统在内战中有权“不等国会赋予其名分”就采取军事行动，但提醒说：“不管是对外国还是国内州，总统都无权发起战争或宣战。”[39] 在这个案件中，行政部门也持完全一样的立场。口头辩论期间，代表联邦的理查德·亨利·达纳说，林肯在内战中的
110 反应无关“**发起战争的权力，这是主权者的自愿行为，只属于国会**”。[40]

总统权扩张

除波尔克主动对墨西哥采取的行动，以及林肯在内战中的紧急反应之外，19 世纪的战争权基本上仍然掌握在国会手中。总统承认，在战争问题上，立法机关至上。1898 年对西班牙，以及第一次世界大战、第二次世界大战，都是由国会宣布开战。

1936 年，最高法院在合众国诉柯蒂斯—莱特公司案中，将总统提升为外交事务中的独立力量。法院需要决定，国会对国际事务的立法，对总

36 7 Richardson 3225.

37 Cong. Globe, 37th Cong., 1st Sess. 393 (1861) (Senator Howel); 12 Stat. 326 (1861).

38 Ex parte Merryman, 17 Fed. Case 9,487 (1861), at 153.

39 The Prize Cases, 67 U.S. (2 Black) 635, 668, 669 (1863).

40 出处同上，660（强调为原文所加）。

统是否能做出更广泛的授权。问题是从来不存在独立的总统权，但柯蒂斯—莱特公司案的主笔人乔治·萨瑟兰大法官，决定从授权案件中发现总统的固有权力。他认为，总统权的行使并不只是依赖于国会立法，因为“在国际关系领域，总统作为联邦政府中的一个独立部门，独自享有非常充分且宝贵的权力”。[41]“独立部门”这个神奇的词汇，意味着涉及到对外政策时，总统是独立的政策制定者。这个词具有特殊的意义，因为约翰·马歇尔在 1800 年供职于众议院时，在一个演讲中曾使用过。

事实上，萨瑟兰通过曲解马歇尔用这个词的背景，来暗示一种马歇尔向来不提倡的观点。1800 年讨论的完整背景清楚表明，马歇尔认为，外交政策的形成和公布应通过行政部门和立法部门（以条约或立法的形式）的共同努力，理解这一点后，在**实施**国家政策时，才会出现总统作为“独立部门”。马歇尔在这里说的是，“在对外关系上，总统是国家的独立部门，是和外国交往时的唯一代表”。[42] 总统只是**宣布**政策，而不**制定**政策。

尽管萨瑟兰的观点充满历史和概念上的错误，但柯蒂斯—莱特公司案还是成为常被用来支持总统外交权的法院判决。这个案子常被引用，不仅是支持立法机关对总统的广泛授权，而且甚至还用来支持总统享有一种独立的、内含的固有权力。[43]

柯蒂斯—莱特公司案之后不久，富兰克林·罗斯福总统采取措施，将国家从中立国带入交战国。1940 年 6 月，法国要求美国提供额外帮助，他保证继续帮助，但提醒说：“我知道，你们能够理解，这种声明并不蕴含

41　299 U.S. 304, 320（1936）.

42　Annals of Congress, 6th Cong., 613（1800）.

43　有关广泛授权的观点，见 Ex parte Endo, 323 U.S. 283, 298 n.21（1944）; Zemel v. Rusk, 381 U.S. 1, 17（1965）;以及 Goldwater v. Carter, 444 U.S. 996, 1000 n.1（1979）。下述案例则讨论了固有权力：United States v. Pink, 315 U.S. 203, 229（1942）; Knauff v. Shaughnessy, 338 U.S. 537, 542（1950）; United States v. Mazurie, 419 U.S. 544, 566—567（1975）; and Dames & Moore v. Regan, 453 U.S. 654, 661（1981）。

111 军事承诺。只有国会才能作出这种承诺。”[44] 但是，当英国首相温斯顿·丘吉尔敦促罗斯福使用驱逐舰时，罗斯福在 1940 年 9 月 3 日同意与英国交换五十艘“超龄”驱逐舰，回报是有权使用英国在大西洋和加勒比海的岛屿基地。[45] 单独由行政部门做出的驱逐舰和岛屿基地交易，规避了国会控制。司法部长罗伯特·杰克逊对协议合宪性进行辩护时，某种程度上依据的就是萨瑟兰在柯蒂斯—莱特公司案中的判决意见。[46]

朝鲜战争

1950 年 6 月，总统哈里·杜鲁门采取行动，将国家卷入朝鲜战争，战争权的宪法含义突然发生了改变。他依据自己对总统权的理解，单独采取行动，没有获得国会授权。从那时开始，他这种行为的合法性就一直受到争议。无可置疑的是，总统首次命令联邦军队开赴海外，参加一场主要的战争，并且他认为，这完全属于行政权的范围。他没有宣布开战，也没有获得国会的专门授权，就采取行动。与林肯不同，他对自己行为的合法性没有丝毫疑惑，事后也没有获得国会的追认授权。

从法理依据来说，杜鲁门引用了联合国安理会通过的决议。但联合国怎么能替代国会的法律授权？联合国的历史清楚表明——立法部门和行政部门中各方都是这样认为——通过联合国使用军事力量的决定要求事先获得国会两院的批准。[47]1945 年，参议院针对《联合国宪章》的大部分讨论，都是集中于总统是否有权单独将联邦军队派往联合国，是否要获得国会同意。在这场辩论期间，杜鲁门给参议员肯尼斯·麦凯勒写信保证说：“不管最终达成什么协议，我的想法是，应由国会制定合适的法律

44 9 Public Papers and Addresses of Franklin D. Roosevelt 267 (1940 volume).

45 出处同上，391。

46 39 Op. Att’y Gen. 484, 486—487 (1940).

47 Louis Fisher, *The Korean War: On What Legal Basis Did Truman Act?*, 89 Am. J. Int’l L. 21 (1995).

来授权。”[48] 参议院根据这种理解，以 89 比 2 通过了《联合国宪章》。

国会通过《联合国宪章》后，还需要再制定法律来实施宪章的规定，并决定使用武力的具体宪法制度。《联合国宪章》要求各国“根据本国的宪法程序”批准协议，提供军事支持。美国的具体程序规定在 1945 年《加入联合国法》第六章。该法毫不含糊地要求协议“应得到国会的同意，形 112
式可以是适当立法或联合协议”。[49] 法律语言清楚得不能再清楚了。

这些措施理应是保护国会权力的适当方式，但杜鲁门怎么就能单方命令联邦的海军和空军帮助韩国呢？简单回答就是，他忽视了这项具体规定。该规定旨在确保总统采取任何军事行动前，都要得到国会批准。国会对杜鲁门篡夺战争权的反应很大程度上是被动的，不是表达愤怒，而是还有议员提了一些历史上有误且无力的辩护理由，“历史将会证明，在共和国历史上，有一百多次”总统未经国会授权而动用美国军队的例子。[50] 但这些总统单边行动的例子，都没有朝鲜战争重大。正如爱德华 · 柯尔文所说，这些例子很多都是“打击海盗，一小批海军舰队登陆野蛮或半野蛮的海岸，派遣一小撮部队追捕跨越墨西哥边境的强盗或偷牛贼等等”。[51]

杜鲁门最终受到了制止，但是最高法院给予的制衡，而不是国会。1952 年，全国大罢工期间，杜鲁门总统命令征收钢铁厂，支持朝鲜战争。他决定放弃法律给他的选择：八十天的冷静斟酌期。1947 年的《塔夫脱—哈特利法案》规定了这项程序，但遭到杜鲁门的否决。

杜鲁门总统的行为很快遭到一些议员的质疑，他们指出，1951 年，国会曾专门讨论过授予总统征收权，但最终否决了这项权力。[52] 全国各地的报纸纷纷发表社论，谴责杜鲁门的固有权力和紧急权力理论，指责他的行

48　91 Cong. Rec. 8185 (1945).

49　59 Stat. 621, § 6 (1945).

50　96 Cong. Rec. 9229 (1950) (Scott Lucas 参议员的声明)。

51　Edward S. Corwin, *The President's Power*, New Republic, Jan. 29, 1951, at 16.

52　98 Cong. Rec. 3956 (1952).

事方式专断、独裁、危险、有害、专横，没有法律依据。[53]

在一次新闻发布会上，有记者问杜鲁门，他是否还会征收报纸和电台。他回答说："在类似情况下，美国总统必须以最有利于国家的方式行事。这就是对你的回答。"[54] 这种行政权定义触怒了公众，他很快就改变了主意，承认总统也受到法律和宪法的各种限制。他指出，国会可以合法地制衡他的行为。[55] 国会拒绝上当。杜鲁门已经置自己于孤立境地，国会感
113 到既没有义务营救他，也没有义务看他倒下。他继续摇摆挣扎。

钢铁公司将问题提交给法院，司法部提出了一个引人注目的理由，法院无权限制总统。在司法部看来，对总统的制衡只有两种方式：弹劾和选举。[56] 初审法官戴维·派因写了一份严厉的判决意见，驳斥了固有总统权理论。派因在判决杜鲁门征收钢铁公司违宪时，承认全国大罢工可能对国家造成广泛破坏，但认为罢工"对共和国造成的危害，要小于胆怯的法院承认存在无限的、不受制约的行政权——意味着法院不得发布禁令——所带来的危害"。[57]

派因的意见引发了全国共鸣。盖洛普后来做的民意调查表明，对征收的支持减少。"民众的反应……在实际上，成为法律判决过程中的一个重要因素。"[58] 最高法院以 6 比 3 的票决判决征收违宪。因为国会和全国民众对征收措施的反对，法院否认杜鲁门主张的绝对作战权并不困难。[59]

威廉·伦奎斯特是当时最高法院的一位法务助理。他认为，依据先例，行政部门应该获胜。几十年后，伦奎斯特已成为最高法院大法官，反思那个判决，逐步认识到，政治气候影响了法院的选择。杜鲁门对总统权

---

53 98 Cong. Rec. 4029—4030, 4033—4034 (1952).

54 Public Papers of the Presidents, 1952, at 273.

55 出处同上，284。

56 H. Doc. No. 534, 82d Cong., 2d Sess. 255—258, 362—363, 371—372 (1952).

57 Youngstown Sheet & Tube Co. v. Sawyer, 103 F. Supp. 569, 577 (D.D.C. 1952).

58 Maeva Marcus, Truman and the Steel Seizure Case 130 (1994)。

59 Youngstown Co. v. Sawyer, 343 U.S. 579 (1952).

的界定,令全国感到不安,公众强大的负面情绪让法院感到压力。伦奎斯特评论说:“我认为,这是一个值得称赞的宪法案例,由于一系列原因,民意突然开始对抗政府,并且这种民意给法院带来很大的影响。”[60]

艾森豪威尔和越南战争

朝鲜战争终结了民主党对白宫长达二十年的主政。斯蒂芬·安布罗斯写道:“选民们主要关心的问题是朝鲜,而不是恶棍或共产主义。”[61]1952 年大选的高潮出现在 10 月 24 日,离投票日还不到两周,德怀特·戴维·艾森豪威尔宣布他要“去朝鲜”结束战争。对战争的不满,破
坏了杜鲁门的名气,也在很大程度上帮助艾森豪威尔获胜。 114

虽然艾森豪威尔起初认为杜鲁门介入朝鲜的决定是“明智而又必要”[62],但他逐步认识到,不管从宪法上来说,还是从政治上考虑,未经国会批准将国家卷入朝鲜战争是一个严重错误。艾森豪威尔认为,如果两个部门联合达成协议,强调国会和总统**合作**行为的重要性,国家投身于战争的力量就会更强大。

1954 年,艾森豪威尔迫于压力介入中南半岛,挽救受到围攻的法国军队时,他拒绝单方做出行动。在一次新闻发布会上,他告诉记者:“除非国会依据宪法规定程序宣布战争,否则美国不会参战。现在,我们必须明确这一点。这就是答案。”[63] 艾森豪威尔告诉国务卿约翰·福斯特·杜勒斯:“如果国会没有给予任何制度上的支持”,对法国提供任何帮助“都完全是违宪且无可辩驳的。”[64](艾森豪威尔针对秘密行动的态度截然不同。许多次,他都在未获国会支持或授权的情况下,同意在伊朗、危地马

60 William H. Rehnquist, The Supreme Court 95(1987).

61 1 Stephen E. Ambrose, Eisenhower: Soldier, General of the Army, President-Elect 569(1983).

62 Dwight D. Eisenhower, Mandate for Change 82(1963).

63 Public Papers of the Presidents, 1954, at 306.

64 Foreign Relations of the United States [FRUS], 1952—1954, vol. XIII, part 1, at 1242.

拉以及古巴采取秘密行动。)

对于秘密行动而言,艾森豪威尔的政府理论是,邀请国会制定区域性决议,授权总统采取行动。在中国台湾和中东,他都是这样做的。1954年,台湾海峡局势恶化,导致中美进入军事对峙。国务卿杜勒斯在一份备忘录中记载说:“没有美国国会的同意,问题很难得到解决。”[65]一个问题是,艾森豪威尔是否能下令对中国的机场进行袭击。他说那“需要国会的授权,因为这将是一场战争。如果没有国会的授权,逻辑上会成为弹劾的理由。我们不管做什么事,都必须遵守宪法的规定”。[66]

第二年,艾森豪威尔请求国会进行合作。他认为目前形势需要“联合国采取适当行动”,但与杜鲁门不同,他没有拒绝国会而奔赴联合国,恰恰相反,他没有等待联合国采取行动,而是敦促国会“现在就通过专门决议进行参与,采取能够改善和平前景的措施”。决议将考虑“为确保台湾和澎湖列岛的安全,必要时”可动用联邦军事力量。[67]国会迅速作出回应,众议院以410比3通过了决议,参议院以85比3给予支持。[68]1957年,艾森豪威尔依照同样程序获得中东地区的决议,预先防止苏联的扩张。他
115 强调行政部门与立法部门合作的重要性:“我认为有必要寻求国会的合作。只有这种合作,我们才能再次提供防止侵略所需要的保障。”[69]决议再次获得通过。[70]

艾森豪威尔在回忆录中解释了,援引行政特权与寻求国会支持之间的选择。1957年元旦,他会见了国务卿杜勒斯和国会两党领袖。众议院多数党领袖约翰·麦考马克问艾森豪威尔,作为军队总司令,他是否有权不经国会直接在中东采取行动。艾森豪威尔回答说:“行政部门和立法

65 FRUS, 1952—1954, vol. XIV, part 1, at 611.

66 出处同上,618。

67 Public Papers of the Presidents, 1955, at 209.

68 69 Stat. 7(1955).

69 Public Papers of the Presidents, 1957, at 11;另见 12, 15。

70 71 Stat. 5(1957).

部门达成合意,影响会更大。我诚挚地表示,中东国家现在渴望美国能给予帮助……这次会议快结束时,我会提醒立法者,宪法规定我们政府的两个部门应同心协力。”[71]

艾森豪威尔对战争权的认识非常深刻。他知道行政部门的律师和政策顾问总能找出大量先例来为总统的单方行为辩护。但是,根据他富有经验的判断,联邦的承诺对同盟者和敌人都会有更大影响,因为这代表着总统和国会的共同决定。

艾森豪威尔跨部门合作的尝试非常短暂。约翰·肯尼迪总统与艾森豪威尔不同,在古巴导弹危机期间,肯尼迪准备依据自己的宪法权力单独采取行动。1962 年 9 月 13 日的新闻发布会上,肯尼迪警告古巴的共产主义组织(有苏联的协助)。他说,一系列“进攻性的导弹基地”正在筹建。[72]但是,他并没有要求国会通过联合决议。他认为,根据他作为军队总司令享有的权力,“现在完全有权”对古巴进行军事打击。[73]10 月 3 日国会通过的《古巴决议》并没有授权总统采取行动,只是表达了国会支持抗击“古巴的马克思列宁主义政权”。

到林登·约翰逊入主白宫为止,已经有三任美国总统在涉及越南问题上果断采取了行动。杜鲁门和艾森豪威尔对中南半岛的法国军队提供了大量经济和军事援助。杜鲁门任内,美国支付了法国在中南半岛花费的 33% 到 50%,[74] 到艾森豪威尔任内,援助攀升到 75%。艾森豪威尔首次作出派兵承诺,并派遣 200 名军事人员支持法国。[75] 肯尼迪执政时,军事顾问数量从 700 名上升到 1.6 万名。 116

1964 年 8 月 3 日,因北越袭击东京湾,林登·约翰逊总统命令海军

71 Dwight D. Eisenhower, Waging Peace 179(1965).

72 Public Papers of the Presidents, 1962, at 806.

73 出处同上,674。

74 2 Memoirs by Harry S. Truman, Years of Trial and Hope 337, 339, 519(1956).

75 2 Stephen Ambrose, Eisenhower: The President 175—176(1984).

针对北越采取报复行动。[76]共产党的鱼雷快艇袭击了美国的驱逐舰"马多克斯"号之后,他命令采取行动。8 月 4 日的一份报告进一步披露了事件细节,并声称再次遭到袭击,并且这一次袭击了两艘美国驱逐舰。后来的研究表明,第二次袭击纯属子虚乌有。[77]

约翰逊会见了国会两党领袖,要求通过一项决议,明确"我们的目标,要采取一切必要措施捍卫东南亚地区的和平,支持该地区的自由"。[78]国会几乎没花时间讨论这项决议。参议院 8 月 6 日开始讨论,第二天就得出结论,以 88 比 2 支持该决议。众议院在 8 月 7 日,以 416 比 0,没有一票反对的情况下,通过这项措施。《东京湾决议》批准并支持总统的决定,作为军队总司令,总统可以采取"一切必要措施,抵制针对美国军队的任何军事袭击,防止进一步侵略"。[79]

参、众两院都不愿独立核实东京湾事件。总统大选期间,只有两名国会议员愿意挑战总统。参议院的一名异议者韦恩·莫尔斯展示了一份可怕的礼物,预言说:"尽管这份礼物如此不受欢迎,我也完全愿意对历史作证,如果我们追随这些行动,让成千上万的美国孩子陷在亚洲,行政部门要为此承担责任,因为美国人民将会抵制和否定这种做法。这也应当受到人民的抵制。"[80]四年后,战争的惨重伤亡好像还没有结束,但也不可能获胜,约翰逊被逐出了白宫。

1968 年,理查德·尼克松当选,越南战争结束,实际上是将其扩大到柬埔寨和老挝。他在 1970 年"入侵"柬埔寨的行为激起全国人民的抗议,促使国会在 1971 年制定了限制性修正案,禁止美国地面作战军队或军事顾问进入柬埔寨。[81]1973 年,国会拒绝对东南亚的军事活动给予任何资

76 Public Papers of the Presidents, 1964, II, at 926.

77 Edwin E. Moise, Tonkin Gulf and the Escalation of the Vietnam War(1996).

78 Public Papers of the Presidents, 1964, II, at 926.

79 78 Stat. 384(1964).

80 110 Cong. Rec. 18427(1964).

81 84 Stat. 1943, §7(a)(1971).

助，最终结束了这场战争。

1975 年，当越南战争结束时，国务卿亨利·基辛格指出："只有行政部门和立法部门之间的合作，才有可能为国家行动提供基础"，并且，"外交政策必须是一项共同的事业"。[82] 与之前的艾森豪威尔一样，基辛格认为，总统要想成功打赢一场战争，需要得到国会的支持与合作，否则就像越南战争那样，国内的分歧将会增强敌人的决心。 117

《战争权决议》

国会经过多年的听证和冗长的辩论之后，于 1973 年通过了《战争权决议》，力图限制总统的战争权。根据该决议，总统在"所有可能的情况下"都应与国会商议，派遣军队进入战争状态后，必须在四十八小时内报告国会。国会期望，未经国会授权，总统使用军事力量不得超过六十天（可选择延长到九十天），但更长时间的军事活动需要得到立法机关的同意。

这项决议整合了参、众两院的规定，但遭到尼克松的否决，因为这侵犯了总统作为军队总司令的宪法职责。他告诉国会："只有通过修改宪法才能改变政府各部门的宪法权力——单纯通过立法做出这种改变显然无效。"[83] 国会两院推翻了总统的否决，虽然众议院勉强达到要求的三分之二多数（284 比 135），但参议院的票决（75 比 18）较为充分。

虽然《战争权决议》克服了总统的否决，但其质量、效力和动机并非不可置疑。国会的一些支持取决于党派政治：为获得一些短期的政治影响，不惜牺牲长期的制度与宪法利益。许多立法者看中的是决议的象征性价值，而非其内容。细想一下十五名众议员的投票记录。[84] 起初，他们

---

82 Department of State Bulletin, No. 1871, 72 (May 5, 1975): 562.

83 Public Papers of the Presidents, 1973, at 893.

84 Representatives Bella Abzug, Robert Drinan, John Duncan, John James Flynt Jr., William Harsha, Ken Hechler, Elizabeth Holtzman, William Hungate, Phillip Landrum, Trent Lott, Joseph Maraziti, Dale Milford, William Natcher, Frank Stubblefield, and Jamie Whitten.

反对众议院的法案和大会草案,他们认为这种立法把立法权转移给了总统。为保持一致性,他们应当支持尼克松的否决,防止法案变成法律。然而,他们转变了立场,投下了决定性的几票,让法案最终又成为了法律。

这些议员改变立场有几点原因。有人担心投票支持总统的否决,等于是支持尼克松在否决时提出的总统权观点,[85] 另一些人认为,推翻否决是为了弹劾尼克松。众议员贝拉·艾布扎格投票反对众议院的法案和大会草案,因为这扩大了总统的战争权。正如她在会议讨论期间所说:"虽然国会要求总统告诉我们他做了什么,但赋予总统的却是在任何危机期间,或以任何借口,享有六十天到九十天的干预期。"[86] 然而,她强烈支持推翻总统否决:"这可能会成为一个转折点,争取控制恣意妄为的行政部
118 门,可能会加速弹劾总统的吁求。"[87]

推翻尼克松否决案的想法很有吸引力。第九十三届国会期间,总统已经八次否决立法,这八次,民主党国会都未能推翻总统的否决。一些议员认为,特别是在水门丑闻期间,推翻针对《战争权决议》的否决案,是重申国会权力的重要方式。[88] "周六晚大屠杀"——赶走特别检察官阿奇博尔德·考克斯、司法部长艾略特·理查森和司法部副部长威廉·拉克尔肖斯——就发生在尼克松否决《战争权决议》的前四天。"周六晚大屠杀"前十天,副总统斯皮罗·阿格诺不光彩地辞职,进一步加剧了党派和行政部门的大出血。

党派政治并不妨碍一些议员承认,法案赋予总统危险的权力。宾夕法尼亚州的民主党议员威廉·格林指出,普遍认为《战争权决议》"是限制总统将我们的军队带入战争的权力",但仔细研读这份法案会发现,它

85 E.g., 119 Cong. Rec. 36220(1973)(Rep. Elizabeth Holtzman).

86 出处同上,33870。

87 出处同上,36221。

88 Thomas F. Eagleton, War and Presidential Power 213—220(1974).

"实际上是扩张总统的战争权,而非限制"。[89] 另有一些议员也认为,该法案意味着国会权力的缩减。[90] 参议员托马斯·伊格尔顿是该法案在参议院的主要支持者,声称大会提出的草案"整个曲解了战争权概念"。[91] 除参议院法案中明确列举的三个狭隘例外,大会提出的草案赋予总统的是一份空白授权书,总统有权使用军事力量长达九十天。

即使那些继续支持《战争权决议》,力促推翻尼克松否决案的人,也承认国会授予总统的权力太广。参议员雅各布·贾维斯和埃德·马斯基,在发给其他议员"亲爱的同事"的信中承认,该法案根本无法阻止尼克松总统派遣联邦军队到中东帮助以色列抗击埃及人的威胁。他们说,这部法案"只是要求总统涉及到在海外领土、领空和海域调遣联邦军队时,应在四十八小时内向国会报告"。[92] 总统派遣军队到动荡的中东地区作战,除了派助手写个书面报告外,不需要得到国会的同意。伊格尔顿承认自己被"惊呆了"。总统在东南亚扩张战争权的记忆还如此清晰,"我们怎能赋予总统不受限制和制约的绝对权力,将我们带入战争?"他指责该法案,最初的设想很高尚,"但已经严重退化成一个威胁"。[93] 119

从福特到克林顿的军事措施

《战争权决议》并未实现第二条规定的基本目的:"履行联邦宪法制定者的宗旨,确保国会和总统共同决议才能派遣联邦军队进入战争,或是进入局势已经明确表示处于紧急敌对状态。"事实上,该决议破坏了制宪者的宗旨,并没有保障共同决议,相反,为总统的单边行动大开绿灯。

---

89 119 Cong. Rec. 36204 (1973).

90 出处同上,36207 (Rep. Thomson);出处同上,36208 (Rep. Eckhardt);出处同上,36220 (Rep. Dellums)。

91 出处同上,36177。

92 出处同上,36953。

93 出处同上,36178。

从福特到克林顿，总统在大量场合下都援引他们作为总司令的权力使用军事力量。虽然他们质疑了《战争权决议》的合宪性，但自 1973 年以来的做法完全一致。当在世界上某个相对隔离的区域使用武力，冲突不可能蔓延时，总统都单方采取行动。如果在很有可能将其他国家卷入战争的地区采取军事行动，譬如在中东，他们都会提前寻求国会的批准（没有完全承认需要得到国会的批准）。克林顿担任总统的几年内，这种模式突然发生了改变，地面军队进入波斯尼亚，以及空军打击南斯拉夫，都是单方作出决定。

《战争权决议》制定的最初几年，在杰拉尔德·福特和吉米·卡特执政期间，行政部门很少在战争方面大展拳脚。这两个人都认为需要从越南战争中恢复元气。但从罗纳德·里根到比尔·克林顿，历史表明，越来越多地使用总统的战争权，国会日趋边缘化。里根将联邦军队开进黎巴嫩，侵略格林纳达，空中打击利比亚，在波斯湾部署海军。他的这些行动没有一件得到国会授权。国会最终在 1983 年秋天通过法律授权在黎巴嫩进行为期十八个月的军事行动。

1989 年，老布什总统依据独立的总统权入侵巴拿马，只是在最后时刻，他才来到国会，要求对打击伊拉克的行动给予支持。克林顿未经国会授权，反复动用军事力量：1993 年针对巴格达发射导弹袭击，在索马里部署战争，威胁要入侵海地，派遣两万陆军，后又接着空中打击波斯尼亚，授
120 权对伊拉克反复进行空中打击，向阿富汗和苏丹发射巡航导弹，发起打击南斯拉夫的空中战争。他丝毫不认为需要获得国会授权。

国会议员不是指责这些军事动议，重申立法权，而是普遍为总统特权进行辩护。不管总统是否属于立法者所在党派，为总统特权辩护的模式都很盛行。譬如，鲍勃·杜尔、约翰·麦凯恩、纽特·金里奇，都是共和党人，在支持克林顿时，都援引总统的“宪法特权”，“不管国会怎么做，军队

的日常领袖必须属于行政权”。[94]

总统已经利用《战争权决议》中一个致命瑕疵，进一步限制了立法者的权力。《战争权决议》规定的六十至九十天期限，从总统严格依照该法特定条款——第四条第一款第一项——提交报告之日起算。不出所料，总统根本就不按照第四条第一款第一项之规定提交报告。他们绝大部分情况下都是“按照《战争权决议》进行报告”。唯一一个依照第四条第一款第一项提交报告的总统是福特。他在营救被柬埔寨劫持的美国商船“马亚圭斯”号时，严格依照该特定条款提交了报告。但他的报告不具有任何实质意义，因为他是在行动结束之后才提交的报告。因此，《战争权决议》的真正含义是，在国会考虑采取法定限制之前，总统只要愿意，就可以单方动用军事力量打击其他国家。

《战争权决议》附带产生的一个效果是，立法者挑战总统的行为时，不是寻求同事的帮助，运用制度赋予他们的权力，而是转向法院寻求帮助。20 世纪 80 年代，国会议员曾四次奔赴法院，控告里根总统违反了《战争权决议》。但有两个事实弱化了立法者的这种做法：第一，他们看起来只是一小部分人，无法以部门的身份代表国会；第二，他们经常遭到另一部分支持总统的议员反对。联邦法官站在对峙的中间，实质上是告诉立法者，不要来这里抱怨行政扩权，不要期望我们去做你们的工作。[95] 因为国会尚且不能以部门与总统抗衡，不愿捍卫自己的立场，法院也没有理由捍卫国会。正如时任上诉法院法官的鲁斯·巴德·金斯伯格所说，国会“手头上拥有强大的武器——财政权以及远远超过第三部门所有的调查

94　141 Cong. Rec. S17863 (daily ed. Nov. 30, 1995)；出处同上，17529 (daily ed. Nov. 27, 1995)；144 Cong. Rec. H11722 (daily ed. Dec. 17, 1998)。

95　Crockett v. Reagan, 558 F. Supp. 893 (D.D.C. 1982), aff'd, Crockett v. Reagan, 720 F.2d 1355 (D.C. Cir. 1983)；Conyers v. Reagan, 578 F. Supp. 324 (D.D.C. 1984), dismissed as moot, Conyers v. Reagan, 765 F.2d 1124 (D.C. Cir. 1985)；Sanchez-Espinoza v. Reagan, 568 F.Supp. 596 (D.D.C. 1983)；Sanchez-Espinoza, 770 F.2d 202 (D.C. Cir. 1985)；Lowry v. Reagan, 676 F. Supp. 333 (D.D.C. 1987), aff'd, No. 87—5426 (D.C. Cir. 1988).

121 资源。而且,国会多数议员又没有授权给我们”。[96]

一个更有趣的案子发生在1990年,国会议员指责老布什动用武力打击伊拉克。一名初审法官判决,这个问题不适合由法院决定,但又果断地否决了司法部提出的总统享有一系列战争权的主张。法院认为,如果国会与总统对峙,总统拒绝接受法律制约,那么问题就已经成熟,可以由法院进行判决。[97] 尤其重要的是,司法部提出只要不是“进行战争”,总统可以从事任何攻击性军事行动,法院不承认这一点。在法院看来,这种理由意味着战争权的行使掌握在总统手里。[98]

克林顿轰炸南斯拉夫后,议员汤姆·坎贝尔和其他几位众议员在初审法院提起诉讼,要求判决克林顿违反了宪法中的战争权条款以及《战争权决议》。法院判决,立法者不具有诉讼资格,因为他们所谓的损害不够具体详细。事实上,重要的是,国会并没有依法限制克林顿:“如果国会要求总统撤军,总统拒不执行;或者说,如果国会已经拒绝拨款或授权动用财政资金打击南斯拉夫,总统不管怎样都要花这些钱(或动用其他资金),这可能就构成一个实际对质,立法机关因此就有资格做原告。”[99]

华盛顿特区巡回法院认同坎贝尔不具有诉讼资格。[100] 上诉法院的决定非常有趣,因为在联邦法院无权受理战争权案件这个问题上,它提出了一种完全不同的观点。西伯曼法官在协同意见中说,“没有人”能指控并证实“总统违法使用军事力量”,因为“司法上找不到一种可控制的标准”来分析这种诉求。[101] 塔特尔法官不认同该案提出的是非司法的政治问题。这里的问题是,“总统是否有从事军事行动的合法权力”,并且针对这个问

96 Sanchez-Espinoza, 770 F.2d at 211.

97 Dellums v. Bush, 752 F.Supp. 1141 (D.D.C. 1990).

98 出处同上,1145。

99 Campbell v. Clinton, 52 F.Supp. 2d 34, 43 (D.D.C. 1999).

100 Campbell v. Clinton, 203 F.3d 19 (D.C. Cir. 2000).

101 出处同上,24—25。

题，他认为法院能够决定政府部门之间的权力分配。[102]

"9·11"后的军事行动

"9·11"恐怖袭击后，乔治·W. 布什总统向国会寻求军事行动的法律授权。在要求国会授权这方面，小布什打破了杜鲁门、老布什和克林顿 122
的做法。这些总统都认为，未经国会授权，他们就可以在朝鲜、伊拉克和南斯拉夫进行大规模军事行动。2001 年，行政部门和立法部门协商的结果是《动用军事力量法》，该法授权总统"采取一切必要和适当的军事措施，打击那些他认为计划、委托、从事或资助'9·11'袭击的国家、组织或个人"。以该法为基础，布什动用军事力量打击了阿富汗的恐怖组织。

一年后，布什准备军事打击伊拉克。起初，行政部门认为，布什不需要获得国会授权。白宫顾问办公室对总统作为总司令的权力作了宽泛解释，认为 1991 年的《伊拉克决议》一直对总统有军事授权，这项授权恰好是从父亲传给儿子。[103] 白宫还认为，国会 1998 年制定的《解放伊拉克法》，已经同意动用联邦军队对违反联合国安理会决议的伊拉克进行军事打击。[104] 但是，依其明文规定，该法并没有授权战争。[105] 白宫顾问办公室提出的其他法律理由都有些勉强，不足以令人信服。[106]

不管出于何种原因，布什在 2002 年 9 月初决定申请国会授权。与 1990 年的情况不同，这次希望国会在 11 月的大选前作出决定。1990 年，伊拉克入侵科威特后，行政机关最初先要求安全委员会作出决议，授权军事行动，到了 1991 年 1 月，大选之后，立法者才回来开始讨论，并通过法

---

102 Campbell v. Clinton, 203 F.3d 40—41 (D.C. Cir. 2000).

103 Mike Aleen and Juliet Eilperin, *Bush Aides Say Iraq War Needs No Hill Vote*, Washington Post, Aug. 26, 2002, at A1.

104 *Bush Rejects Hill Limits on Resolution Allowing War*, Washington Post, Oct. 2, 2002, at A12.

105 112 Stat. 3181, § 8 (1998).

106 Louis Fisher, *The Road to Iraq*, Legal Times, Sept. 2, 2002, at 34.

律授权进行战争。2002 年,白宫力促国会在议员们回家寻求连任之前通过授权法案。

在这段紧凑的时间内,立法者听取了对立双方的观点,伊拉克和“基地”组织之间是否有联系,伊拉克是否拥有大规模杀伤性武器。有些议员,诸如参议员罗伯特·伯德,不认为伊拉克的威胁“严重到我们必须在选举前几周授权总统采取行动”。[107] 但面对党派压力,国会在没有掌握充分信息的情况下,投票通过了授权决议。[108] 与《东京湾决议》一样,国会在没有掌握所需信息的情况下,于选举期间匆忙作了决定。《伊拉克决议》没有决定是支持还是反对军事行动,而是将这个问题留给总统,完全回避了制宪者的期望。

六名国会议员和士兵及其父母依据《伊拉克决议》提起诉讼,对布什
123 发动战争的合法权力提出质疑。位于马萨诸塞州的初审法院认为,争议涉及政治问题,超出了司法权的范围:“政治部门没有明确放弃的宪法责任,法院无权插足。”[109] 只要政治部门“明确反对联邦的军事政策”,这个问题就可以由法院解决。[110] 不管《伊拉克决议》如何模糊,“国会并没有限制总统有可能在伊拉克采取的军事行动,这一点明确无疑”。[111]

当事人对这个裁决提起上诉后,诉讼得到了十二位国会议员的支持。第一巡回法院支持了初审法院的裁决,但依据的不是政治问题理论,因为这个标准是“出了名的模糊”。[112] 相反,法院依据成熟原则分析了这个案件:“(特别是)外交关系瞬息万变。总统已经反复强调,如果伊拉克采取某些措施,战争还是可以避免的。”[113] 虽然第一巡回法院认为,涉及到战争

---

107 Robert C. Byrd, *Congress Must Resist the Rush to War*, N.Y. Times, Oct. 10, 2002, at A35.

108 116 Stat. 1498 (2002).

109 Doe v. Bush, 240 F.Supp. 2d 95, 96 (D. Mass. 2002).

110 出处同上。

111 出处同上。

112 Doe v. Bush, 323 F.3d 133, 140 (1st Cir. 2003).

113 出处同上,139。

的“一系列权力”，以及“战争的规模和持续时间”，都希望国会和总统“共同参与”决定，[114] 但没有证据证明总统“明显缺少国会授权，或是违背国会意志”。[115]

布什政府得到打击伊拉克的合法授权后，依法开展了一系列军事行动，但完全占领伊拉克的计划落空。问题随之而来，既有联邦情报部门的信息质量，还有布什是否告知公众即将发生的战争时长与花费。2003 年 5 月 1 日，布什宣布“任务完成”后，联邦的伤亡人数仍在上升。与越南战争一样，行政部门发现，军事胜利并不能确保政治上的成功。

结　语

第二次世界大战以后，战争权明显从国会移向总统。布什政府不是在联合国的支持下组建一支多国部队，而是自己独自承担战争和平定伊拉克的重任，由此导致大量财政投入、人员伤亡以及后果的不确定性。[116] 制宪者深思熟虑设计的制度，由国会决定国家人员和财政投入，而这些基本上都改变了。随着时间的推移，由于对总统在外交领域和战争权方面
承担职责的期望升高，总统的地位得到提升，更愿意单方发起军事袭击。 124
现在的总统普遍认为，总司令条款已经授权他们，不用先得到立法机关的同意，就可以将联邦军队派往世界的任何地区，包括进行战争。总统不是寻求国会的授权，而是更可能寻求国际和区域性组织的支持，特别是联合国和北大西洋公约理事会。[117]

载入历史的不只是行政权的扩张。面对总统一而再的扩权，国会并

---

114 Doe v. Bush, 323 F.3d 142 (1st Cir. 2003). [引用了 Massachusetts v. Laird, 451 F.2d 26, 31—32 (1st Cir. 1971)]。

115 出处同上，143。

116 Louis Fisher, *Deciding on War Against Iraq: Institutional Failures*, 118 Pol. Sci. Q. 389 (2003).

117 Louis Fisher, *Sidestepping Congress: Presidents Acting under the UN and NATO*, 47 Case W. Res. L. Rev. 1237 (1997).

没有捍卫自己的权力。战争权从国会移向总统,并不符合制宪者的核心理念——每个部门都将会保护自己的利益。理论上,应当是依靠各部门强大的自我防御意识来确保权力分立。但事实恰恰相反,国会“不愿意承担外交方面的责任”,几乎总是“希望把决定——当然还有责任——留给总统”。[118]

国会战争权的逐步递减,牺牲的是国家和宪法的重大代价。制衡体制适用于国内政策,同样也适用于军事政策。我们不能期望不受制衡的行政部门能够很好地规划外交政策和国家安全。众议员李·汉密尔顿这样描述国会和总统共同决议的价值:“由于国会和总统之间的创新竞争,我相信国会和总统合作制定的外交政策,要比总统独自制定的外交政策,更有利于国家利益,并且能够更好地反映美国人民的需要。”[119]

由于众多原因,国会的宪法地位发生了变化。第一是志愿兵。越南战争期间,公民们通过焚烧征兵卡、拒绝入伍、避难加拿大、参与群众游行等表达抗议。在目前实行志愿兵的情况下,公民不服从的激情和宣泄都已趋缓。大学校园曾经是反对越战的温床,而今很大程度上默默无声。正如约瑟夫·卡利法诺所说,一支完全由志愿者组成的军队,“减轻了很多有选举权、能表达自己声音的美国人的忧虑,他们不用担心自己的孩子还有参加战争的风险”。[120]

第二,军事技术的提高让总统能以较小的伤亡发动战争。1998年12月,轰炸伊拉克的四天之内,连续七十小时进行空中打击,出动飞机六百五十架次,打击近一百个目标,英、美两国没有一个人员伤亡。[121]第二

118 Harold Hongju Koh, The National Security Constitution 132 (1990).

119 Congressman Lee H. Hamilton, *The Role of the Congress in U.S. Foreign Policy*, delivered to the Center for Strategic and International Studies, Nov. 19, 1998, at 1.

120 Joseph A. Califano Jr., *When There's No Draft*, Washington Post, Apr. 6, 1999, at A23.

121 Eugene Robinson, *U.S. Halts Attacks on Iraq after Four Days*, Washington Post, Dec. 20, 1998, at A1; Eugene Robinson, *Iraq Remains Defiant as U.S. Ends Attacks*, Washington Post, Dec. 20, 1998, at A48.

年，克林顿总统发动了为期十一周打击南斯拉夫的战争，北大西洋公约组织没有一人伤亡。

第三，竞选成本日趋上涨，意味着立法者关注他们部门责任和宪法义务的时间越来越少。正如众议员汉密尔顿在 1998 年解释说：“今天的议员必须花更多的时间募集资金，这意味着更少的时间与选民讨论问题， 125
更少的时间与同事斟酌法案、监督联邦官员。”[122]在华盛顿特区待的时间越少，意味着用于思考立法部门权力的时间就越少，和同事一道研究志趣相投问题的时间越少，结成同盟共同对抗行政越权的时间就越少。

当国会把权力交给总统时，没有理由期待法院会给予帮助。即使法官有正当理由愿意干涉，那也得国会依据自己部门的权力参与这个问题。如果对总统的主动权没有有效制衡，宪法中战争权条款就取决于政治变化，而这种变化明显偏向行政部门。白宫享有最高权力是要付出代价的。进行战争和其他领域一样，任何一个部门享有至高无上的地位，都会弱化宪法的关联性和持久性。当战争来临的时候，如果行政部门和立法部门能够联合行动，结成统一战线，国家将会得到更好的保护。 126

122　144 Cong. Rec. E 1668 (daily ed. Sept. 9, 1998).

第六章　隐私权

宪法明确保护一系列个人权利免受政府侵犯。在捍卫这些核心价值方面，三个部门都作出了重要贡献。但是，宪法中并没有提隐私权。相反，政府规章、国会立法以及法院判决都界定了隐私权，而没有一个部门拥有最终的话语权。越来越多的州立法机关、州长和州法院，从各州宪法的不同规定中，提出自己的隐私权概念。不管是联邦层面，还是各州层面，这些政府行为背后的驱动力是呼吁保护隐私权的个人和组织。

近几十年来，最高法院采取了覆盖一切的基本权利概念（避孕和堕胎），但由于遭到公众谴责，且触及司法越权和不正当权力等核心问题，大法官们又不得不采取一种较为温和的方式，承认民选部门和各州拥有很大的权力。今天，堕胎、同性恋权利，以及安乐死的权利，主导了隐私权领域的纷争。在塑造隐私权方面，州和联邦的行政人员都发挥了积极作用。这种作用对隐私权保护的影响有时是限制，有时是扩大

洛克纳案的幽灵

用隐含权力制衡立法行为，引发了民主社会里如何界定司法角色的问题。正如亚历山大·比克尔所言，“司法审查是对立法机关的不信

任”。[1]对未列举权利的保护越多,司法反多数的角色越重,法院与民选部门之间的冲突也越多。

司法在隐私权问题上的传统背景可追溯到1905至1937年的洛克纳时代。当时的法院硬将自由放任的经济政策塞进正当程序条款,判决近 127
两百项社会经济立法无效。法院授权自己判决这些所谓“专断”、“反复无常”、“不理智”的法律无效,法院在社会经济立法方面自封为沙皇。[2]

法院在洛克纳案中接受了宪法中没有的“契约自由”。[3]仅仅以5比4的多数票,就将签订契约的一般权利转变成禁止立法干涉雇工与雇主谈判的自由。有关最长工作时间、最低工资,以及工作条件的法律,统统都被法院判决无效。霍姆斯大法官在洛克纳案的反对意见中,指责法院接受了特定的经济理论(自由放任),而宪法文本和制宪者意图都没有这方面的内容。洛克纳案标志着司法超越一切。

国会、总统、工会、媒体,以及众多社会经济组织,公开指责法院。最引人瞩目的是,伴随着指责最高法院不称职的呼声,富兰克林·罗斯福提议,通过立法授权他追加任命大法官,协助七十岁以上的大法官,并且法院大法官数量最多可达十五名。[4]虽然该计划遭到否决,但罗斯福在1936年大选中大获全胜,加上持续的经济萧条,否决了洛克纳案中的自由市场理论,这些因素导致司法否决经济立法惨遭摈弃。

然而,洛克纳案还曾再度复生。康涅狄格州规定已婚夫妇使用任何避孕药物或器具均为犯罪。1965年,最高法院在格瑞斯沃尔德诉康涅狄格州案中判决该法无效,围绕司法立法的争论再次成为中心话题。大法官威廉·道格拉斯(罗斯福的忠实信徒)代表法院撰写了意见,希望在不

---

1 Alexander M. Bickel, The Least Dangerous Branch 21(1962).

2 见 Robert G. McCloskey, The American Supreme Court 150—174(1960)。

3 Lochner v. New York, 198 U.S. 45(1905).

4 诚如第三章的解释,他的计划遭到国会否决,但由于最高法院的人事变化,司法理论随之也发生了改变。

唤醒臭名昭著的洛克纳理念下，支持已婚夫妇的隐私权。特别是道格拉斯对洛克纳判决的鄙视，促使他以宪法保护而非自然法理论为基础，撰写了他的判决。他认为，“宪法基本保障中已经设置了一定的隐私权区域”，包括第一、三、四、五和九修正案“散发出的晕影”。[5]

格瑞斯沃尔德案虽然复兴了隐私权，但并不认为堕胎立即就会成为宪法权利。节育先驱玛格丽特·桑格反对康涅狄格州的禁止避孕法。她在解释自己的观点时强调，节育支持者并不支持堕胎，他们只是想要防止新生命的出现。[6]当法院听审格瑞斯沃尔德案时，美国计划生育协会的代
128 理人和耶鲁大学法学教授托马斯·艾默生提出，禁止避孕法无效并不创设堕胎权。[7]并且，法院私下讨论格瑞斯沃尔德案时，厄尔·沃伦不厌其烦地区分康涅狄格州的立法与反堕胎措施，“这意味着，他本以为该法是有效的”。[8]

但是在1973年，最高法院公布了罗伊诉韦德案的判决。[9]最高法院认为，在怀孕初期，妇女终止妊娠的权利高于州在母亲健康和胎儿保护方面的利益。得克萨斯州的法律只允许为挽救母亲生命才能堕胎，最高法院判决该法无效。最高法院认为，孕期最后三个月（胎儿已经成活）之前，州对潜在生命的保护利益并不是迫切重要，并且在前三个月期间，堕胎与否由孕妇（与医生协商）决定。

罗伊案判决妇女的隐私权高于潜在的生命权，并提出一种三阶段标准，听起来像是立法机关的堕胎规章，由此让罗伊案成为批评法官创设权

5 381 U.S. 479, 484—485 (1965).

6 David J. Garrow, Liberty and Sexuality: The Right to Privacy and the Making of Roe v. Wade 17 (1994).

7 61 Landmark Brief and Arguments of the Supreme Court of the United States 452 (1975). 然而，1965年《密歇根法律评论》针对格瑞斯沃尔德案组编的专刊中，艾默生确实认为，最高法院可能愿意承认堕胎权。Thomas Emerson, *Nine Justices in Search of a Doctrine*, 64 Mich. L. Rev. 219 (1965)。

8 Bernard Schwartz, The Unpublished Opinions of the Warren Court 239 (1985).

9 410 U.S. 113 (1973).

利的靶子。威廉·伦奎斯特的反对意见将罗伊案比作洛克纳案，指责三阶段标准和"司法立法"没有区别。拜伦·怀特在其反对意见中同样提到"新生司法权"。包括一些支持堕胎权在内的许多法律学者，都认为罗伊案不成立，无原则，并且运用司法权有些过火。正如约翰·哈特·伊利所言："法院仍然拒不承认洛克纳案的哲学理念，但是……又不可能明目张胆地将罗伊案的哲学理念说成别的。"[10] 虽然法院试图悄无声息地得出罗伊案的判决，但它发现自己——完全意识到洛克纳案的悲剧——还是身陷困阵。

里根提名博克

随着 1980 年罗纳德·里根当选美国总统，司法能动主义再次遭遇打击。1980 年，继而又在 1984 年，身为总统候选人的里根，承诺法官任命要选择那些"将本质上不属于联邦的职责……归还给各州和地方……尊重传统家庭理念，尊重无辜生命神圣性"的人。[11] 将这种"司法自制"理念付诸行动最明显的举措，是行政部门对最高法院隐私权判决的批评。

司法部长威廉·史密斯总结了行政部门在隐私权问题上的立场，认为司法部门错误地"发现宪法中的这种抽象概念，并武断地将之提升为高于其他宪法权利，擅自将其贴上'基本权利'的标签"，然后借助这个抽象概念——用布莱克大法官反对意见中的一句话来说——采取一种"模糊的、不稳定的，也是不加克制的标准，判决法律违宪"。[12] 关于罗伊诉韦 129
德案，里根经常提起"在我们社会中需要承认未出生胎儿的人权"，罗伊

10 John Hart Ely, *The Wages of Crying Wolf: A Comment on Roe v. Wade*, 82 Yale L. J. 920, 939 (1973).

11 1984 Republican Party Platform, reprinted in 1984 CQ Almanac, 55—B, 56—B.

12 William French Smith, Urging Judicial Restraint, 68 A.B.A. J. 59, 61 (1982) [引用了 Griswold v. Connecticut, 381 U.S. 479, 521 (1965)]。

案判决不正当地“篡夺了各级立法机关和州法院的权力”。[13]

里根政府抨击隐私权司法理论的关键节点是1987年7月,里根提名罗伯特·博克担任联邦最高法院大法官。博克将要替换的是采取司法节制的刘易斯·鲍威尔。刘易斯·鲍威尔属于最高法院出现严重分歧时的摇摆票,并且经常在堕胎、平权行动和政教关系问题上投出决定性一票,否决了“里根革命”中的大量举措。因此,提名博克有可能要改变最高法院的基本理念。事实上,参议院司法委员会主席约瑟夫·拜登认为,提名博克引发的争议与其说是关于博克自己,不如说是因为失去了鲍威尔大法官。如果“博克将要替换的是伦奎斯特或……斯卡利亚,将会是完全不同的情况”。[14]

博克批评格瑞斯沃尔德案是“一个无原则的判决”,“不符合任何中立性标准”,[15]但这对博克的对手不起任何作用。虽然“阻挠博克联盟”主要关注的是堕胎,但他们担心在确认听证上讨论堕胎容易引发争议和分歧。所以,他们通过把堕胎问题归入更大的隐私权问题,“拉拢中间团体的感情”。[16]1987年9月14日,《华盛顿邮报》以及其他报纸用了整版的广告落实这种策略。美国计划生育协会提醒说,提名博克是对“最高法院几十年来支持个人自由的判决,即自我决定婚姻、家庭和养育孩子的权利”下了赌注,并且“如果参议院批准了对罗伯特·博克的提名,一切都来不及了。您个人的隐私,美国人生命中最珍贵、最独特的一点,将处在最危险的时刻”。[17]

在这场争论中,白宫和拜登主席准备的双方意见只是一个引子,真正的对决是1987年9月15日,博克和参议院司法委员会委员在隐私权问

---

13 Public Papers of the President, 1982, II, at 1104, 1105.

14 Edward Walsh, *Court Change Elevates Biden's Profile*, Washington Post, July 12, 1987, at A7.

15 Robert Bork, *Neutral Principles and Some First Amendment Problems*, 47 Ind. L.J. at 9.

16 Michael Pertschuk & Wendy Schaetzel, The People Rising: The Campaign against the Bork Nomination 257(1989).

17 Washington Post, advertisement, Sept. 14, 1987, at A9.

题上进行了面对面的交锋。参议员拜登强逼博克承认："公用事业公司的经济利益和已婚夫妇的性权利具有同等的保护价值，因为宪法对二者都没有规定。"参议员爱德华·肯尼迪告诉博克，他"坚决反对……将那些为不尊重隐私权找理由的人送进最高法院"。博克回应说，制宪者"很大程度上依赖人民以及民选代表的判断力"，然后一字一句地问："隐私权用来做什么？……用于私下吸食可卡因？让商人在酒店房间定价？"[18] 130

参议院司法委员会以9比5票决反对提名博克担任大法官。在解释为什么不能接受博克时，多数票报告强调他"对自由的狭隘理解"与"我们整个历史上自宪法承认'未列举权利'以来的个人尊严意向"不和。[19] 虽然诸如参议员罗伯特·多尔称，用隐私权来攻击博克"不公平"且"很荒谬"，但参议院以58比42的票决拒绝提名博克，很大程度上就是因为隐私权问题。

博克之后，法官候选人好像不可能以这种直接的方式挑战隐私权。提名博克失败后，紧随其后的安东尼·肯尼迪，在参议院确认听证中很快就接受了隐私权，承认"正当程序条款中的自由概念相当宽泛，完全能够保护隐私权。美国人**正当地**认为，隐私权是传统宪法文化中的一部分，合情合理"。[20] 戴维·苏特在参议院确认听证中被问的第一个问题是，他对格瑞斯沃尔德案的看法，他回答说："我认为第十四修正案的正当程序条款确实承认了未列举的隐私权，并为未明确列举的隐私权提供了实实在在的保护。"[21] 甚至克拉伦斯·托马斯在参议院听证的第一天就告诉参议

18 *Nomination of Robert H. Bork to be Associate Justice of the Supreme Court of the United States (Part I): Hearings before the Senate Comm. on the Judiciary*, 100th Cong., 1st Sess. 115, 150—151 (1987).

19 S. Exec. Rept. No. 7, 100th Cong., 1st Sess. 20 (1987).

20 *Nomination of Anthony M. Kennedy to be Associate Justice of the Supreme Court of the United States: Hearings before the Senate Comm. On the Judiciary*, 100th Cong., 1st Sess. 164 (1987) (强调为引者所加)。

21 *Nomination of David H. Souter to be Associate Justice of the Supreme Court of the United States: Hearings before the Senate Comm. on the Judiciary*, 101st Cong., 2d Sess. 54 (1990).

员拜登，“我的观点是，第十四修正案包含了隐私权”。[22] 毋庸待言，克林顿提名的鲁斯·巴德·金斯伯格和斯蒂芬·布雷耶在他们的确认听证中也都接受隐私权。

堕胎和美国政治

尽管里根政府在解释为什么应推翻罗伊案时借助司法自制，但却在法院捍卫格瑞斯沃尔德案，拒绝将其卷入非堕胎的隐私权案件，包括鲍尔斯诉哈德维克案（同性鸡奸）和麦克尔诉杰拉尔德案（未婚爸爸）。当问及为何不参与这些案件时，司法部副部长查尔斯·弗里德提出，行政部门“并不反对隐私权”。他进一步指出，里根政府和司法部感到“不用特别关注一般意义上的隐私权”。他说，他们关心隐私权，只是想要限定罗伊诉韦德案的适用范围。[23]

罗伊案废除了四十六个州的堕胎法，史无前例地引发了联邦和州两级立法机关与行政机关的积极行动。罗伊案还有助于解释合法堕胎数量的上涨，1972 年是 58.68 万例，1980 年是 155.39 万例。[24] 此外，罗伊案开
131 放了堕胎市场（特别是授权非医院也可以堕胎），为许多原本受限制的州（因为增加了可能性）以及贫穷的妇女（因增加了支付能力）选择堕胎提供了便利。[25] 由于增加了合法堕胎的数量，促进了堕胎服务，罗伊案也激发反堕胎者的努力，力争要推翻罗伊判决。虽然法院认为，罗伊案应能终结堕胎纠纷，但其判决实际上激化了这场纷争。

在州和联邦层面，民选部门与公众不可避免都产生了激烈反应，最高

---

22 *Nomination of Judge Clarence Thomas to be Associate Justice of the Supreme Court of the United States（Part I）: Hearings before the Senate Comm. on the Judiciary*, 102d Cong., 1st Sess., 127（1997）.

23 1990 年 11 月 16 日，卡罗琳·金伯勒对查尔斯·弗里德的电话采访。

24 Gerald Rosenberg, The Hollow Hope 180（1991）.

25 见 Susan B. Hansen, *State Implementation of Supreme Court Decisions: Abortion Rates since Roe v. Wade*, 42 J. Pol. 372, 379（1980）。

法院却没有考虑到这一点。正如大法官金斯伯格评论说:"法官是我们民主社会中**相互依存**的一部分。他们并不是独自在塑造法律……他们与人民,还有政府其他部门,进行对话。"事实上,金斯伯格还进一步提出,罗伊案"切断了20世纪70年代的立法改革","延长了堕胎问题上的争执,推迟了堕胎制度的稳步推进"。[26] 虽然她的观点受到质疑,但在研究堕胎问题合宪性方面,罗伊案毫无疑问是起点,而绝非终点。

国会对罗伊案的回应

在堕胎问题上,国会一再避免走极端,曾否决了"生命"立法和拟议的宪法修正案,这些建议都要求把受孕界定为生命的起点,将胎儿作为第十四修正案保护的个人对待。国会拒绝剥夺联邦法院(包括联邦最高法院)在堕胎案件上的管辖权,也拒不承认主张堕胎的绝对主义观点。拖延到最高法院在1992年判决计划生育协会诉凯西案后,国会才开始致力于制定有关选择自由的法律,以法律的形式规定罗伊诉韦德案的判决。相对于绝对主义的《选择自由法》来说,凯西案的判决采取一种温和立场,更能反映美国人的理念。一方面,凯西案重申对罗伊案中堕胎选择权的保护,另一方面,凯西案用一种可敬的"过度负担"原则替换罗伊案中采纳的绝对三分法标准。譬如,1991年12月和1992年1月举行了两次盖洛普民意调查,结果表明,64%的美国人不希望推翻罗伊案,但绝大多数人——从70%至86%——支持对堕胎权做一些限制。[27] 相对于凯西案来说,《选择自由法》看起来更极端,所以凯西案让许多主张堕胎的立法者在法院判决后放弃《选择自由法》。

然而,国会同意制定法律,限制对堕胎的资助。从1976年开始,国会

---

26 Ruth Bader Ginsburg, *Speaking in a Judicial Voice*, 67 N.Y.U.L. Rev. 1185, 1198, 1208(1992)(强调为引者所加)。

27 通常见 Robert J. Blendon et al., *The Public and the Controversy over Abortion*, 270 JAMA 287(1993)。

通过的《海德修正案》规定，公共医疗补助金仅适用于特定的几类堕胎。[28]
132 国会还运用手中的拨款权，在涉及计划生育、对外援助、法律服务、军队医院、监狱管理以及和平工作队等项目上，设定与堕胎有关的限制，在哥伦比亚特区，禁止使用联邦和地方资金资助堕胎。

国会高度依赖拨款权制定决策，完全可以理解。因为开支项目需要每年制定，反堕胎势力通过一个简单的即席修正案，就能迫使多数人支持或反对公共医疗补助金。而且，与试图废除罗伊案的提议不同，有关公共资金的禁令，丝毫没有触及个人的堕胎权，显得较为温和。在联邦资金的限制之外，国会还制定了一系列影响到堕胎权的措施。通过制定《青少年家庭生活法》，鼓励为堕胎提供另一种选择。[29] 该法更为公众所知的是"贞洁法"，为宗教组织提供联邦资金，在青少年中推行禁欲，作为控制生育的一种方式。更引人瞩目的是，《自由进入诊所法》规定，反堕胎组织妨碍他人进入堕胎诊所构成联邦犯罪。1993年，最高法院判决该法无效。[30]

国会还试图通过参与诉讼，引导堕胎辩论。譬如，当最高法院支持《海德修正案》的合宪性时，两百多名国会顾问组成跨党派联盟，提出"损害绝对不可侵犯的财政权，就是损害宪法和代议制政府的本质"。[31] 最近以来，支持堕胎的议员与反对堕胎的议员已经站在州规制堕胎案的对立面。虽然提交给法院的这些诉讼材料主要是象征性的，但在衡量立法机关态度时也具有指导意义。1986年的一个案件中，八十一名支持堕胎权的立法者，公开斥责司法部副部长查尔斯・弗里德，在呼吁撤销罗伊案方面，"离奇地迈出了史无前例的一步"。[32]

---

28 《海德修正案》的具体条款年复一年都在改变，有时在危及母亲生命时可以堕胎，有时为强奸和乱伦的受害者提供资助，有时还允许对堕胎存在"长期严重危害健康"时给予资助。

29 42 U.S.C. § § 300z-10（2000）.

30 108 Stat. 694（1994），令下列案件无效 Bray v. Alexandria Women's Health Clinic, 506 U.S. 263（1993）。

31 Brief of Rep. Jim Wright（以及其他国会议员）, at 14, Harris v. McRae, 448 U.S. 297（1980）。

32 Brief of Sen. Robert Packwood et al., at 3, Thornburgh v. American College of Obstetricians and

尽管自1981年提名桑德拉·戴伊·奥康纳担任最高法院大法官以来,候选人在堕胎问题上的观点已经成为参议院司法委员会确认程序中的必要内容。但自卡特政府以来,总统在提名诸如医疗与公共服务部部长、卫生部部长、司法部部长、司法部副部长,以及人事管理办公室主任等职位时,参议院都要审查候选人在堕胎问题上的记录。

国会的决定清晰可见,广受关注,并遭受诸多批评。譬如,《海德修正案》虽然引发了持久激烈而又令人动情的争论,但对修正案合宪性的讨论却很少见,并且一直都是主观判断上的争执。[33] 同样,国会也没有认 133
真考虑《青少年家庭生活法》的合宪性。事实上,当1984年重新审批《青少年家庭生活法》时,参议院下属委员会拒绝受理了一项宪法上的质疑,但“法院肯定会对此作出判决”。[34]

然而,20世纪80年代早期,对罗伊案的批评出现了许多宪法上的理由。1981年,参议院司法委员会主动考虑个人生命立法,剥夺法院管辖权的建议,以及通过宪法修正案。每一种情况都广泛听取了宪法专家的意见。委员会以及下属分委员会的报告,都充满对专家证词以及最高法院判决和法律评论文章的引用。

最近以来,众议院和参议院的司法委员会,在考虑国会是否有权处罚那些把未成年人送到州外、妨碍父母知情者时,都会召集宪法专家。[35] 同样,当讨论怀孕后期的堕胎法时,因为2000年最高法院曾推翻过一个州对堕胎程序的禁令,所以立法者仔细审查了国会是否受这个判决的制约。

Gynecologists, 476 U.S. 747 (1986).

33 122 Cong. Rec. 20410—20412, 30898, 27672—27675 (1976).

34 *Reauthorization of the Adolescent Family Demonstration Projects Act of 1981: Hearings before the Subcommottee on Family and Human Services of the Senate Committee on Labor & Human Resources*, 98th Cong. 2d Sess. 4 (1984).

35 *The Child Custody Protection Act: Hearings before the Senate Committee on the Judiciary*, 105th Cong. 2d Sess. (1998) ; *The Child Custody Protection Act: Hear-ings before the Subcommittee on the Consttitution of the House Committee on the Judiciary*, 105th Cong. 2d Sess (1998).

2003 年 4 月，众议院司法委员会发现，“怀孕后期堕胎向来不是维护妇女健康的必要途径”，遂决定国会可以认定这种程序违法。[36]

支持堕胎的立法者还审查了 20 世纪 90 年代改革中的宪法问题。1992 年修改了《选择自由法》，巩固了该法的宪法基础。在面临合宪性质疑时，《选择自由法》也作了修改。

总统的先发措施

罗纳德·里根当选之前，对行政部门来说，堕胎是一个重要问题，但不是首要问题。罗伊案之前，白宫认为，堕胎属于州权，不予干涉。罗伊案之后，堕胎成为全国性的重大问题，白宫无法回避。1976 年大选中，福特和卡特都公然反对用公共财政支持堕胎。[37] 但是，在堕胎纠纷中，都没有发挥积极作用。在他们的司法人员任命中，堕胎问题也没有扮演重要角色；也不会要求法院，要么支持罗伊案，要么抵制罗伊案；也没有提出立法建议或宪法修正案；调整措施在范围上也都比较适度。

1980 年，里根的当选改变了这一切。里根政府通过属灵领袖、规制改革、司法任命、法庭辩论、立法建议和提议修改宪法，加快了反堕胎日程，“里根政府不仅从根本上改变了全国对堕胎问题的讨论，并且还为 20
134 世纪 90 年代如何结束这场争论打好了基础”。[38] 诚如查尔斯·弗里德所言：“里根政府一旦执政，就让罗伊诉韦德案成为所有法律错误，特别是宪法错误的象征。”[39] 在里根看来，罗伊案和德雷德·斯科特案一样，引发分裂，错得离谱。[40]

由于未能将反堕胎列入立法机关的日程，里根转向行政救济，其中最

36 Patial Birth Abortion Ban Act of 2003, H .Rept..No. 58, 108th Cong on .,1st Sess.35 (2003).

37 见 Laurence H.Tribe, Abortion: The Clash of Absolutes 147—150 (1990)。

38 Barbara Hinkson Craig & David M.O'Brien ,Abortion and American Politics157 (1993).

39 Charles Fried, Order and Law72 (1991).

40 有关这一点，见里根著名的人类生命评论文章。该文刊于 Ronald Reagan, Abortion and the Conscience of the Nation 15 (1984)。

具争议的便是所谓“禁言令”。故事源自1970年,国会在综合性的家庭计划生育法(第十章)中增加规定,如果把“堕胎作为一种家庭计划生育方法”,不予拨付财政资金。[41] 卡特政府从狭义上解释这项资金禁令,准许为第十章的受益者“终止妊娠”提供“非指导性咨询”。里根政府则限制用联邦资金进行家庭计划生育活动和堕胎咨询。

最高法院同意了里根的方案,因为“对行政部门的立法解释”应“给予实质尊重”。[42] 里根及随后的老布什执政时期,都依据规制权推进反堕胎计划。胚胎组织研究、联邦援助受益者、堕胎药RU-486的进口以及在军事医院限制堕胎等政策,都是依据实施法律的行政权予以推行。

总统拥有的另一个重要武器是否决权,可通过两种方式使用。第一,总统可以否决他不支持的国会项目。1992年,立法机关致力于恢复胚胎组织研究,并暂停该领域的禁言令,遭到布什否决,就是这方面的实例。第二,否决权有时可用于强制国会采取总统支持的项目。这主要出现在1989年,国会通过了首都地区的支出法案,允许用地区资金支持堕胎。布什否决了该项法案,要求国会补充规定,禁止使用地区资金资助堕胎。首都地区的支出法案两度遭受否决后,国会最终屈服,补充规定禁止联邦和地区的堕胎支出。[43]

克林顿政府时期,大力推行堕胎合法化的速度和气势,充分表明堕胎问题与总统政治继续保持着密切关系。1993年1月22日,克林顿宣誓就职两天后,便宣布废除里根政府和老布什政府时期制定的反堕胎规章。克林顿提出的全国“目标是保护个人自由”,他的愿景是“在美国,堕胎是安全的、合法的,但是罕见的”,为此,他禁止胚胎组织研究,终止限制与堕胎有关的家庭计划生育项目,允许私人资助军队医院的堕胎,允许堕胎合法化组织使用民间资金以及财政援助基金。随后,克林顿又通过立法建 135

41　84 Stat. 1504, 1508 (1970).

42　Rust v. Sullivan, 500 U.S. 173, 184 (1991).

43　1989 CQ Almanac 757—760.

议、法庭诉讼、总统否决权以及司法任命,加快了推进堕胎合法化的进程。譬如,在与共和党国会的激烈斗争中,克林顿一再否决孕后期堕胎非法的规定。

2001 年,乔治·W. 布什就任总统后,开始撤销克林顿在堕胎问题上的一些政策。他早期的一项行动是在 1 月 22 日,对那些实施堕胎或"积极促进堕胎"作为家庭计划生育方法的国际组织,再度禁止联邦对其进行资助。[44] 因此,他重新恢复了他父亲在任时实施的"墨西哥城市政策"。小布什还支持州和联邦致力于禁止孕后期堕胎。俄亥俄州法律禁止除医学上必要的孕后期堕胎之外的所有孕后期堕胎, 2000 年 2 月,他的司法部提交了一份文件,为俄亥俄州的这项规定进行辩护。2003 年 11 月,他在签署 2003 年的《禁止孕后期堕胎法》时谈到"不可剥夺的生命权"。[45]

独立的州行为

在影响堕胎争论方面,各州和联邦政府一样突出。罗伊案之前,堕胎争论几乎完全是在各州进行。自罗伊案开始,开始利用"各种机会阻挠遵守或实施罗伊判决"。[46]

罗伊案虽然掀起了当代的堕胎纷争,但其判决并不是在政治真空中作出的。20 世纪 60 年代,美国法律研究院、美国医学学会和各种宗教组织,促使十九个州放宽了刑法对堕胎的限制。只有三个州(路易斯安那州、新罕布什尔州、宾夕法尼亚州)禁止所有堕胎。20 世纪 70 年代早期,虽然三十四个州都拒绝了改革倡议,[47] 但更显著的改变好像还是有可能发生。统一州法委员会全国会议起草了一份《统一堕胎法》,拟对孕期前二十周的堕胎不作限制。

44 37 Weekly Comp. Pres. Doc. 216 (Jan. 22, 2001).

45 Dana Milbank, *Bush Signs Ban on Late-Term Abortions Into Effect*, Washington Post, Nov. 6, 2003, at A4.

46 Craig & O' Brien, Abortion and American Politics, at 77.

47 见 Lynn D. Wardle & Mary Ann Q. Wood, A Lawyer Looks at Abortion 43 (1982)。

法院在罗伊案中的判决试图扩大这些改革。但是，各州对罗伊案的反应表明，对一份等同于司法机关立法的法院判决，这个国家还没有做好容忍的准备。从 1973 年到 1989 年，四十八个州通过了 306 项堕胎措施。[48]

当然，也不应过度解读各州对罗伊案的抵制。许多民选官员为罗伊案判决偷着乐。约翰·哈特·伊利谈道："当这个沉重负担从立法机关和行政机关身上卸去时，他们都松了一口气。"[49]制定海量的堕胎限制可能只是表明，因为支持堕胎权的组织都愿意寻求司法救济，而反堕胎利益集 136
团则无下降趋势，立法者必须予以应对。

此外，大多数州都不愿意率先制定严格的堕胎法。它们反而都在观望法院是否会认可少数几个"挑战者"州的反堕胎举措。而且，大多数挑战者并没有与法院判决发生明显冲突，而是试探法院判决的界限。譬如，罗伊判决并没有明确涉及父母或配偶的同意、公共基金、只有医院的堕胎或是等待时间。各州在这些问题上的行为开始将法院卷入一系列堕胎权的对话之中。

正如 1973 年罗伊判决改变了各州的堕胎政治，1989 年的一个判决标志着堕胎政治上的一个新时代。在罗伊判决几乎被推翻的时候，法院宣称"严格遵守罗伊案的框架"并不适用，除其他内容外，支持对第二阶段胎儿的存活能力进行测试，为反堕胎立法让路。[50]依据这个判决，反堕胎与支持堕胎合法化的利益群体，都预计到接下来会出现大量反堕胎立法。

从 1989 年到 1992 年，只有十四个州制定了相关法律，九个州主张堕胎合法，五个州禁止堕胎。许多立法者宁愿法院保留对堕胎问题的控制权，而不要将这个问题交给民选部门。但由于 1989 年的判决，堕胎合法化的支持者不再依赖法院。因知道支持堕胎合法化的势力"会把反对者

48　见 Glen Halva-Neubauer, *Abortion Policy in the Post-Webster Age*, 20 Pubilus 27（1990）。

49　Ely, *The Wages of Crying Wolf*, 82 Yale L. J.（1973）at 947.

50　Webster v. Reproductive Health Services, 492 U.S. 490（1989）.

列出来，进行死缠烂打”，[51]1989 年判决让反堕胎提议很少成功。

在 1992 年的凯西案中，法院采取了中间立场，既保护堕胎权，又支持州的规制权，进一步平衡了州的堕胎政治。[52] 根据艾伦·格特马切尔研究院（Alan Guttmacher Institute）的研究，“反堕胎立法者已经听从……凯西案的判决，放缓了争取将堕胎列为非法的努力”。[53] 这种相对平静的状态下，有一个例外是不全产堕胎。在全国范围内禁止这种做法的尝试遭到克林顿总统否决后，生命权的支持者转向各州。由于只有 7% 的美国人支持第三阶段的堕胎，州立法者便欣然回应了这种吁求。单是在 1997 年，就有十五个州规定不全产堕胎违法，另有十八个州的立法者也考虑禁止这种做法。截至 1999 年，已有三十个州制定了这种禁令。自凯西案以来，法院在第一个有关堕胎的主要判决中，裁定依据凯西案和罗伊案的解释，内布拉斯加州的孕后期堕胎法违宪。[54]

州法院的法官也经常在州堕胎政治中发挥关键作用。罗伊案之前，
137 一些州法院判决反堕胎法无效。[55] 最高法院判决国会禁止使用公共医疗补助金资助堕胎并不违反平等保护条款后，加利福尼亚州、康涅狄格州、马萨诸塞州、新泽西州和俄勒冈州的法院，通过解释它们自己的州宪法，保护贫穷妇女堕胎时获得州资助的权利。新泽西州最高法院指出：“在保护个人自由和限制立法权方面，州宪法是独立的系统……虽然与联邦宪法相比，州宪法的覆盖范围较小，但我们对一系列权利的保护可能更完善。”[56]

---

51 135 Cong. Rec. 18170（1989）（Rep. AuCoin 的声明）。

52 505 U.S. 833（1992）.

53 Alan Guttmacher Institute, Legislative Proposals and Actions, State Reproductive Health Monitor, Dec. 1993 at i.

54 Stenberg v. Carhart, 530 U.S. 914（2000）.

55 *Survey of Abortion Law*, 1980 Ariz. St. L. J. 67, 106-11（1980）；Eva R. Rubin, Abortion, Politics, and the Courts: *Roe v. Wade* and Its Aftermath 31—57（1987）.

56 Right to Choose v. Byrne, 450 A.2d 925, 931（N.J. 1982）；另见 Committee to Defend Reprod. Rights v. Myers, 625 P.2d 779（Cal. 1981）；Doe v. Maher, 515 A.2d 134（Conn. Super.

十个州的宪法明确规定有隐私权，另有其他一些州的宪法包含有可解释为保护隐私权的条款。有些州法院用这些条款保护堕胎权。譬如，加利福尼亚州一项法律要求，怀孕的未成年人在堕胎前要得到父母同意或司法许可。1997 年，加州最高法院判决该法无效。在加州最高法院看来，联邦最高法院虽然此前认可了同样的法律，但与这个问题无关。加州最高法院引用它此前一份判决中的话说，“我们州宪法已经为加利福尼亚州公民提供了隐私权保护，包括生育决策——**确实比联邦宪法保护的范围要广**”。[57]

此外，在州法院获得的胜利并没有终结政治分歧。相反，州立法机关和选民加入和州法院进行有关州宪法含义的对话之中。以加利福尼亚州为例。1981 年，加州最高法院判决，州立法机关不能禁止为贫穷妇女堕胎提供州财政资助，然而，在过去的十年中，立法机关制定了限制资助的法律。并且，法院每年都判决这样的法律无效，重新恢复对堕胎的资助。保守派诉诸选票箱，赶走了自由派法官。1986 年，保守派将加州首席大法官罗斯·伊丽莎白·伯德和另两名大法官作为打击目标，在选举中将其罢黜（与其说是因为他们在堕胎问题上的立场，不如说是因为他们在死刑问题上的立场）。他们遭革职后，保守派以 5 比 2 的多数主导了法院，但判决仍然是保护妇女的选择权。[58]

宪法对话和堕胎纠纷

民选部门对罗伊案及其后续案件作出回应三十年后，很难想象在最高法院法官任命、公共医疗补助金的分配、政府规制、总统或地方首长竞

1986）; Moe v. Secretary of Administration, 417 N.E. 2d 387（Mass. 1981）; Planned Parenthood Ass'n v. Dept. of Human Res., 663 P.2d 1247（Or. App. 1983）。

57 American Academy of Pediatrics v. Lundgren, 940 P.2d 797, 809（Cal. 1997）（强调为原文所加）。

58 见 Philip Hager, *Court Again Rejects Curbs on Abortions*, L.A. Times, Nov. 17, 1989, at A3; American Academy of Pediatrics v. Van de Kemp, 263 Cal. Rptr. 45（1989）。

选，以及其他一系列政策问题上，堕胎问题不发挥重要影响。堕胎问题将
138 继续存在，这并不是挑剔。尽管如此，今天在堕胎问题上的相互制衡，好像比 20 世纪 60 年代现代堕胎争议出现以来的任何时候都要好。司法决定论的说法不再主导堕胎问题的争论。在联邦层面，任何一个政府部门都不会与其他部门争战，公共政策通常追随民意。州行为虽然变化较大，但大体稳定。除极少例外，各州都维持主流舆论的行为准则，象征性地将堕胎权写入法律，并且 / 或者制定告知父母的规定和禁止孕后期堕胎。

最高法院好像对目前的状态相当满意（某种程度上，也应对目前状态负责）。法院的理论既影响民选部门的决策，又受民选部门决策的影响。大法官奥康纳在评价“法院与美国人民之间的动态对话”时，谈到“没有人……认为最高法院在罗伊诉韦德案上的判决一劳永逸地解决了这个问题”。在奥康纳看来，“公民之间这种激烈争论是理所当然的。我认为，如果国民们不假思索地认为并信服最高法院的每一个判决都永远正确、不可更改，那么这个国家一定会让缔造者们极度失望”。[59]

同性恋权利

不管在联邦层面，还是各州层面，三个部门都参与了对同性恋隐私权的界定。由于一些州禁止同性婚姻、同性鸡奸以及同性恋收养孩子，还有限制同性恋父母的抚养权或探视他们的孩子，同性恋在组建家庭和解决性欲方面面临严重障碍。但是，1986 年，联邦最高法院在鲍尔斯诉哈德维克案中，拒绝判决一个州的鸡奸法无效。之后，一些州通过立法行为或司法行为废除了这些法律或宣布这些法律无效。并且，佛蒙特州 1997 年挑战本州禁止同性婚姻的诉讼在立法上达到顶峰，于 2000 年 4 月制定法律，允许同性恋组建“民事合伙”，享有与婚姻配偶同样的利益、保护和责

---

59 Sandra Day O'Connor, The Majesty of the Law: Reflections of a Supreme Court Justice 45 (2003).

任。三年后，最高法院在劳伦斯诉得克萨斯州案中推翻了鲍尔斯案。根据劳伦斯案的判决意见，州和联邦官员继续斟酌政府在同性夫妇方面的权力范围。

1791年，当《权利法案》通过时，十三个州中有十一个州明确规定鸡
奸是违法行为，有三个州专门挑出男人之间的性行为给予定罪。[60]政府反 139
对同性性行为，延伸到对政府雇员的限制。譬如，1953年，艾森豪威尔总统发布一项行政命令，要求对政府雇员参与“性变态”行为进行调查，并且，若需要的话，给予解雇。[61]

鸡奸法的改革始于1955年，美国法律研究院拟建议私人间的同性行为合法。20世纪60年代中期，随着同性恋权利组织的出现，要求废除鸡奸法的呼声逐步升级。马丁·路德·金以及其他民权领袖取得的骄人成绩激励着同性恋组织的领导人，他们也开始提议同性恋者采取一种“有力的公民自由、社会行动方法”来终结他们行为非法的历史。[62]

随着警察突然查抄纽约市一家同性恋酒吧——石墙酒吧——引发的暴力冲突，改革的努力与日俱增。石墙酒吧事件发生后，新成立的同性恋利益团体的游说和诉讼努力初见成效。1973年，美国精神病协会将同性恋从其精神错乱名单中清除。更重要的是，从1969年到1975年，几乎有一半的州，要么从立法上废除鸡奸法，要么在司法上判决鸡奸法无效。但是，这些州中没有一个是在梅森—迪克森线*以南。[63]

---

60 见 Anne B. Goldstein, *History, Homosexuality, and Political Values: Searching for the Hidden Determinants of Bowers v. Hardwick*, 97 Yale L.J. 1073, 1082—1083（1988）。

61 Exec. Order No. 10450, 18 Fed. Reg. 2491（1953）.

62 Peter Irons, The Courage of Their Convictions 384（1988）.

* 梅森—迪克森线（Mason-Dixon line）是美国宾夕法尼亚州和马里兰州的分界线，也是南北战争之前美国南北区域的分界线。这条分界线是美国历史上文化和经济的分界线，其名称是为了纪念发现宾夕法尼亚和马里兰之间地理分界线的18世纪英格兰探险者耶利米·迪克森（Jeremiah Dixon）和查尔斯·梅森（Charles Mason）。这一地理名词在美国电影、音乐和文学作品中常有提及。——译注

63 Peter Irons, The Courage of Their Convictions 385（1988）。

鲍尔斯诉哈德维克案

1982年8月3日，迈克尔·哈德维克因违反乔治亚州的鸡奸法遭到拘留。与其他几乎所有被拘留的鸡奸犯不同（在公园或其他公共场所），哈德维克是在自己隐蔽的卧室与一名成年男性自愿发生性关系，因触犯鸡奸法而遭拘留。虽然乔治亚州决定不对其进行指控，但美国公民自由联盟联系哈德维克并告诉他，他的情况是挑战乔治亚州立法的“完美案例”。于是，哈德维克就提起诉讼，状告乔治亚州的司法部长迈克尔·鲍尔斯。起初，美国公民自由联盟的策略取得成效，联邦上诉法院判决乔治亚州立法无效。[64]

当大法官们刚开始开会讨论这个案子时，刚好有五名大法官构成多数意见，要求判决乔治亚州立法无效。起关键作用的第五票是刘易斯·鲍威尔。但是，在这一周的会议期间，鲍威尔改变了他的立场。鲍威尔曾对他的一名助理吐露说，“我从没见过同性恋”，宪法中不可能有一项权利专门保护他无法理解的性行为。[65]鲍尔斯案的多数意见并没有反映鲍威尔的摇摆心理。相反，法院为避免洛克纳案和罗伊案的错误，遂大胆宣
140 称：“当涉及到法官制宪的时候，最易受到批评，也最有可能不具备正当性。”[66]

判决甫一公布，学术界、行政官员、议员以及最高法院大法官便在全国掀起了一场激烈的争论，联邦最高法院成为这场争论的焦点。国会指责鲍尔斯案在保护个人自由方面是“一个糟糕的倒退”，“冒然重申了社会制定道德立法的权力”。[67]学术界的评论“卷帙浩繁”，并且“几乎全是

64 Hardwick v. Bowers, 760 F.2d 1202 (11th Cir. 1985).

65 John C. Jeffries Jr., Justice Lewis F. Powell, Jr. 524 (1994).

66 Bowers v. Hardwick, 478 U.S. 186, 194 (1986).

67 132 Cong. Rec. 19943 (1986); 135 Cong. Rec. 13950—13951 (1989).

否定性的”。[68] 譬如，里根时期的司法部副部长查尔斯·弗里德离职后写道：“除非一个人令人难以置信地采取不合理的标准，否则人们通常有权选择自己的性倾向，因此将整个一类人享受的性权利规定为犯罪，要么是极度残忍的过分要求，要么就是伪善地使用裁判权，滥用刑法。”[69] 鲍威尔大法官退休三年后，描述他在鲍尔斯案中的投票是“一个错误……如果我有机会重读判决意见……我认为反对意见是更好的阐释”。[70]

在同性恋权利诉讼上，对于期望获得联邦法院保护的人来说，鲍尔斯案的判决无疑是“致命一击”。[71] 但是，鲍尔斯案也“激发了该领域的法律讨论”，事实证明，是为“支持同性恋的知识分子和活动家注入了一剂强心剂”。[72] 男女同志特遣队（the Gay and Lesbian Task Force）、兰姆达法律辩护与教育基金（the Lambda Legal Defense and Education Fund）以及其他同性恋权利组织开始将注意力转向各州。内华达州、罗得岛州和哥伦比亚特区的立法机关都废除了已有的鸡奸法。[73]

无数的州法院也判决鸡奸法无效。乔治亚州最高法院推翻了联邦最高法院在鲍尔斯案中支持的鸡奸法。乔治亚州政府认为，只有“乔治亚州的立法机关”才能改变有关鸡奸的禁令，这一诉求遭到乔治亚州最高法院的否决。乔治亚州最高法院认为，“自愿、隐蔽且属于成人之间的”性行为，是“乔治亚州宪法中隐私权保护的核心内容”。[74] 另有一些州也依据州法或州宪法推翻了鸡奸法，这些州包括阿肯色州、肯塔基州、密歇

68 Earl M. Maltz, *The Court, the Academy, and the Constitution*, 1989 BYU L. Rev. 59, 60.

69 Charles Fried, Order and Law, at 82—83.

70 Jeffries, Justice Lewis F. Powell, Jr., at 530.

71 David Lauter, *Complex Issues Still Unresolved on Gay Rights*, National Law Journal, Apr. 14, 1986, at 1.

72 William N. Eskridge Jr., *Outsider-Insiders: The Academy of the Closet*, 71 Chi.-Kent L. Rev. 977（1996）.

73 1993 Statutes of Nevada 236 at 518；R.I. Gen. Law §11—10—1（1998）；D.C. Act. 10—23（D.C. Code Supp. 1994）.

74 Powell v. State, 510 S.E. 2d 18, 24（Ga. 1998）.

根州、蒙大拿州以及田纳西州。[75]但是,也有一些州法院支持了它们将鸡奸定为犯罪的刑法规定,包括路易斯安那州和密苏里州。[76]

克林顿时代的同性恋权利

1992年,比尔·克林顿的当选让同性恋权利组织再次看到在联邦层面进行改革的希望。虽然克林顿向男女同志承诺他将“与你们一道为争取所有美国人的平等而斗争”,但这种承诺只履行了一部分。[77]当联邦公
141 务员招聘中对性倾向施加限制时,当立法将保护的大多数招聘歧视扩展至性倾向歧视时,[78]克林顿并没有否决国会限制同性恋权利的企图;当科罗拉多州规定,州和地方反歧视措施不包括性倾向歧视时,克林顿也没有通过司法部长在联邦最高法院的诉讼中对此发起挑战。

譬如,以克林顿在有关军队同性恋方面的做法为例。面对参谋长联席会议和参议院军事委员会民主党主席山姆·纳恩的共同反对,克林顿改变了他在竞选期间的承诺,对军队里的同性恋予以禁止。[79]依据“不问、不说、不究”政策,同性性行为可以作为开除的理由,但国防部不应当要求军人公开他们的性倾向。

就这项新政策而言,克林顿治下的司法部在法院引用鲍尔斯诉哈德维克案提出,军队可以对同性行为或同性恋者作出区别对待。同一时间,国会针对这一问题进行立法,对军队里的同性恋设定了比克林顿政策更严格的条件。具体而言,法律包含了“不问、不说”的大部分内容,允许开

---

75 Jegley v. Picado, 80 S.W.3d 332 (Ark. 2002); Kentucky v. Wasson, 842 S.W. 2d 487 (Ky. 1992); Michigan Organization for Human Rights v. Kelley, No. 88—815820 CZ (Mich. Cir. Ct. July 6, 1999); Gryczan v. State, 942 P.2d 112 (Mont. 1997); Campbell v. Sundquist, 926 S.W. 2d 250 (Tenn. Ct. App. 1996).

76 Louisiana v. Baxley, 663 So. 2d 142 (La. 1994); Missouri v. Walsh, 713 S.W. 2d 508 (Mo. 1986).

77 Public Papers of the Presidents, 1993, I, at 510.

78 Public Papers of the Presidents, 1998, I, at 849.

79 Public Papers of the Presidents, 1993, I, at 1111.

除服役者中的同性恋，除非他能表明既不参与、不打算参与同性性行为，也没有参与同性性行为的癖好。[80] 克林顿批准了这项措施。具有讽刺意味的是，这项政策实施六年后，军队开除的男女同志数量大增。[81]1999 年，克林顿称他对军队同性恋的政策"现在有些紊乱"，不能再因为"这是刻意制定的"政策而去实施。[82]

克林顿还签署了《婚姻保护法》，以此向同性恋者表明，他不会抵制反同性恋的社会和政治势力。[83] 根据《婚姻保护法》的规定，各州都可以拒绝承认其他州认可的同性婚姻。此外，由于禁止联邦承认同性婚姻，同性恋夫妇（来自承认同性婚姻的州）不能联合报税，也无法享受社会保障和其他联邦项目中为配偶提供的好处。在国会看来，"重新界定'婚姻'，以包含同性夫妇，这绝对是一项激进的建议，将从根本上改变婚姻制度"。《婚姻保护法》被誉为是巩固"我们文明——所有持久而又高贵的内容——根基"的基本要素。[84]

随着《婚姻保护法》的制定，同性恋权利组织继续争取游说州法院和立法者来对同性结合给予法律保护。虽然在佛蒙特州取得了成功，但克林顿时代争取同性婚姻的运动进步缓慢，没有其他州试图推翻或缓和对同性婚姻的禁止。相反，许多州的立法者和选民要么通过修改宪法，要么 142
通过制定法律，明确表示不支持同性婚姻。2000 年，十六个州投票反对同性婚姻的倡议。2000 年 8 月，三十三个州明确禁止同性婚姻。

---

80 Pub. L. NO. 103—160, 107 Stat. 1547, 1670, § 571（1993）.

81 Jim Weiner, *Military Discharges of Homosexuals Soar*, N.Y. Times, Apr. 7, 1998, at A24; Dana Priest, *Number of Recruits Discharged for Being Gay Increase for. Fifth Year*, Washington Post, Jan. 23, 1999, at A5.

82 Public Papers of the Presidents, 1999, II, at 2293.

83 Pub. L. No. 104—199, 110 Stat. 2419（1996）.

84 H. Rept. No. 104—664, 104th Cong., 2d Sess. 12（1996）［后面的引用来自 Murphy v. Ramsey, 114 U.S. 15, 45（1886）］。

劳伦斯诉得克萨斯州案

2000 年 6 月，最高法院在劳伦斯诉得克萨斯州案的判决中支持了同性恋者的权利。最高法院通过推翻鲍尔斯诉哈德维克案，确认了越来越多的民众和民选部门对同性恋权利的支持。鲍尔斯案判决时，有二十五个州认为鸡奸是犯罪，到 2003 年，只有十三个州对鸡奸进行刑事处罚。鲍尔斯案判决后，有关成人之间自愿发生的同性性行为是否应当合法，美国人出现了明显分歧。2003 年，62% 的美国人认为应当合法。[85] 更引人注目的是，90% 的美国人认为，同性恋者在就业方面应当享有平等权。与之密切相关的是，全国最大的公司中，绝大多数都禁止对性倾向进行歧视（并且，有近一半公司对男女同性恋雇员提供健康保险）。[86] 就这一点来说，最高法院已经成为对同性恋友善的地方。

在这种背景下，九名大法官中有六名否决得克萨斯州将同性（但不含异性）鸡奸定为犯罪的做法就不足为奇了。有五位大法官认为，这项决定将同性关系纳入隐私权，并以此推翻鲍尔斯案。法院认为，“同性恋者的私人生活应得到尊重”，“政府不能将他们的私人性行为定为犯罪，贬低他们的身份或掌控他们的命运”。[87]

最高法院对劳伦斯案作出判决后，参议院多数派领袖、共和党人比尔·弗里斯特声称，他支持通过宪法修正案禁止同性婚姻。同时，布什政府试图向约四百万的同性恋选民和支持同性恋权利的温和派伸出橄榄枝。布什 2004 年竞选委员会主席马克·拉西科特在 2003 年 3 月会见了同性恋领袖。布什也敦促加利福尼亚州共和党缓和他们在社会议题上的观点，以赢得选民支持。[88] 此外，布什继续维持克林顿时期保护同性恋权

---

85 Frank Newport, *Six Out of Ten Americans Say Homosexual Relations Should Be Recognized as Legal*, Gallup News Service, May 15, 2003.

86 Matt Murray, *Walmart Shift Shows Job Sites Welcome Gays*, Wall Street Journal, July 7, 2003, at A9.

87 Lawrence v. Texas, 123 S. Ct. 2472, 2484（2003）.

88 Dana Milbank, *White House Pushes to Reshape California GOP*, Washington Post, Feb. 21,

益的行政命令，还任命一些同性恋者从事政府工作。并且，虽然布什在担任得克萨斯州州长时，强烈支持得克萨斯州的鸡奸法，但他并没有评论劳伦斯案判决，而声称这是一个州法问题。

但是，随着 2004 年 2 月马萨诸塞州最高法院判决要求立法机关认可
同性婚姻，布什表示愿意支持用宪法修正案来禁止同性婚姻。布什不承 143
认法院对马萨诸塞州宪法的解释，而是认为："婚姻是建立在男女之间的神圣事务。如果积极的法官坚持要用法院判决来重新界定婚姻，唯一的选择就是宪法。"[89]

虽然同性婚姻遭到谴责，但同性恋者的权利好像有了契机。年轻一代的美国人绝大多数都支持同性恋者的权利：十八至二十九岁的年轻人中，72% 的人认为同性关系应当是合法的，59% 的大学新生支持同性婚姻。[90] 随着时间的流逝，这些不断改变的态度，给这个社会带来的影响可能要比最高法院在劳伦斯案中的判决更加深远。可以明确的是，有关同性恋的权利已经并且将来也主要是由政治行动来界定。

安乐死

近年来，最高法院在全力应付一种新的隐私权问题：对于绝症晚期或是虽能维持生命但没有康复希望的病人，享有宪法保护的死亡权吗？1990 年，最高法院判决，虽然有能力的成年人有权拒绝药物治疗，但州法可以要求提供"明确且令人信服"的证据来证明，个人已明确表示愿拒绝药物治疗或其他终结生命的做法。[91] 与罗伊案不同，法院不是设定全国标

2002, at A8.

89 Pam Belluck, *Massachusetts Gives New Push to Gay Marriage*, N.Y. Times, Feb. 5, 2004, at A1.

90 Amanda Paulson, *Debate on Gay Unions Splits along Generations*, Christian Science Monitor, July 7, 2003, at 1.

91 Cruzan v. Director, Missouri Dept. of Health, 497 U.S. 261 (1990).

准，而是将这个问题留给各州决定。更显著的是，1997 年的两个案件中，法院拒绝将医生协助自杀纳入隐私权。[92] 法院不愿意破坏“全国范围内针对医生协助自杀的道德性、合法性和可行性展开的认真而又深刻的讨论”，[93] 而是将之留给民选部门，由它们决定个人是否以及何时能够加速自己的死亡。

安乐死的诉求虽然刚刚上达最高法院，但其源流可追溯至古代。譬如，柏拉图在《理想国》中批评医疗职业“延续病态……并创造机会，让死亡苟延残喘”。[94] 同时，医学的基本前提是，如果医生不能治愈，也不应当加害。当他们宣读希波克拉底誓言时，他们承诺“不提供危害药品，不做此类建议，虽有人请求，亦不为之”。大多数州都遵循这项传统，从殖民地开始，以及早期的立法机关，都对辅助自杀的行为给予处罚。

但是，就批评意见而言，这场争论是现代产物。20 世纪 50 年代才出
144 现了防止感染的抗生素和在植物人状态下维持生命的技术。随着生命维持技术日益增多和有效，生命是否值得维持，个人是否能够在实质上控制自己的死亡，这些问题就愈加普遍，也越来越多地引发争论。当然，随着最高法院将堕胎和其他问题纳入隐私权的保护范围，赫姆洛克协会（Hemlock Society）以及其他安乐死的支持者开始将注意力转向法院。

譬如，以南茜·克鲁珊案为例。1983 年，一场车祸导致南茜·克鲁珊处于持续性植物人状态，五年后，她的父母试图要终止当时三十二岁女儿的生命维持系统。但是，他们所在的密苏里州，有着深厚的支持生命权传统，在终止生命维持之前，必须提出明确且令人信服的证据。由于没有女儿在清醒时的生前预嘱，州政府拒绝听从克鲁珊父母的建议。

密苏里州最高法院和联邦最高法院都判决州方获胜。大法官们与州政府和老布什时期司法部长肯尼斯·斯塔尔站在一起，不愿意将父母对

92 Washington v. Glucksburg, 521 U.S. 702（1997）; Vacco v. Quill, 521 U.S. 793（1997）.

93 Washington v. Glucksburg, 521 U.S. at 735.

94 Derek Humphrey & Ann Wickett, The Right to Die: Understanding Euthanasia 4（1986）.

超过法定年龄孩子的抚养权纳入隐私权，判决密苏里州有权将生命的神圣性置于家庭意愿之上。

克鲁珊案的判决并不为公众接受，国会通过《病人自决法》试图限制判决的适用范围。拥有生前预嘱的美国人不到10%，而民意调查显示，几乎所有美国人都支持病人自决，国会指出这两者之间的鸿沟后，试图寻找一种方式来限制接受多余治疗的病人数量。依据《病人自决法》规定，医护人员（作为参与医疗保险和公共医疗补助金的条件）必须告知病人，州法关于他们拒绝医疗或手术的权利，包括通过生前预嘱提前表达自己意愿的权利。[95]

比病人自决权更甚的是，公众对医生辅助自杀的问题分歧更严重。1996 年《华盛顿邮报》的一份调查显示，50% 的人支持医生辅助自杀，40% 的人反对，10% 的人不明确。[96] 此外，虽然几乎所有州都规定医生辅助自杀违法，但五分之一的医护人员表示他们帮助过病人自杀。[97]

但是，公众好像不愿意鼓励医生辅助自杀。医疗行业和宗教组织强烈反对辅助自杀，州公民投票也都反对进行改革。只有俄勒冈州选民以 51% 比 49% 的微弱多数支持采取辅助自杀措施。因此，从 1995 年至
1997 年，在各州层面，共计提出了三十个不同的立法案要缓解辅助自杀 145
的禁令，但都没有制定成法律。相反，旨在限制医生辅助自杀的立法则得到批准。譬如，1996 年，联邦上诉法院判决医生辅助自杀是隐私权的一部分，国会和克林顿主政的白宫为回应这个判决，批准了 1997 年的《辅助自杀资金限制法》。该法禁止使用联邦资金辅助或支持医生协助的自杀。[98]

---

95 Pub. L. No. 101—508, 104 Stat. 1388—115, 1388—117, §4027（1990）.

96 见 Robert Suro, *States to Become Forum for Fight over Assisted Suicide*, Washington Post, June 27, 1997 at A19。

97 Jeffrey Rosen, What Right to Die?, New Republic, June 24, 1996, at 28.

98 Pub. L. No. 105—12, 111 Stat. 23（1997）.

当最高法院同意审查1996年上诉法院的判决时，曾经支持克鲁珊父母反对密苏里州的美国医疗协会提出，虽然病人自决权是“法律提供给每个人最重要的权利之一”，但有意协助病人结束生命“违背治疗的核心使命，而这是医疗和护理都应遵守的指导原则”。[99] 依据同样的思路，十七个州的司法部长组成一个联盟，敦促最高法院尊重州的主权，尊重长期以来几乎所有州都将辅助自杀列为非法的传统。[100] 至于克林顿政府，则解释了为什么“无视州利益”，为禁止辅助自杀辩护。[101]

在这种背景下，最高法院全体一致认为，应该由公众和他们的民选代表，而不是法官，来决定这个问题。这就不足为奇了。与堕胎问题不同，在堕胎问题上，还有民意、医疗组织和一些州支持改革，但辅助自杀的支持者却不能依靠社会和政治力量。相反，他们要求法院抵制多数人的偏好，凭空制造一种医生辅助自杀的权利。

1997年判决后的几年，几乎没什么改变。俄勒冈州在1997年11月针对“有尊严地死去”举行了全民公投，但效果有限。在其实施的最初五年，129名俄勒冈人依据法律借助处方药自杀。[102] 即便如此，国会中的生命权组织和小布什治下的司法部已瞄准俄勒冈州的政策。国会提议立法禁止联邦控制的处方药用于医生辅助自杀。虽然众议院在2000年通过了这项法案，但参议院一直没有对此进行表决。[103] 然而，随着小布什的当选，司法部试图以违反联邦现有的药品管制法为由，宣布俄勒冈州的政策无效。司法部长约翰·阿什克罗夫特用逮捕来威胁一些医生，他认为辅

99 Brief for the American Medical Association et al., Vacco v. Quill, 521 U.S. 793 (1997) at 1, 2.

100 Brief of Amicus Curiae States of California et al., Washington v. Glucksberg, 521 U.S. 702 (1997), at 1—3. 在克鲁珊案中，州司法部长并不支持密苏里州，很大程度上是因为，大多数州都允许家庭成员为他们所爱的人代言。

101 Brief for the United States, Washington v. Glucksberg, 521 U.S. 702 (1997), at 9.

102 Don Colburn, *Study Puts Face on Patients in Assisted Suicide*, The Oregonian, June 12, 2003, at A1.

103 Sam Howe Verhovek, *U.S. Acts to Stop Assisted Suicides*, N.Y. Times, Nov. 7, 2000, at A1.

助自杀不是开处方和发药的“合法医疗目的”。[104]2002 年 4 月，联邦初审法官罗伯特·琼斯否决了阿什克罗夫的这种提议。[105]

尽管这是高风险、情感上混乱的争执，但其他州不可能效仿俄勒冈州的做法。随着对死亡的怜悯，以及其他辅助自杀支持者对“维权程序缺 146
陷”的抱怨，这些改革者更有可能日益将注意力转向州法院。[106] 州法官是否会像对堕胎问题那样，将隐私权扩展到该领域，仍然有待观察。显然可以确定的是，民选政府抵制罗伊诉韦德案达三十年后，个人是否以及何时能够决定自己的死亡，将由州来决定，最高法院不会轻易染指。

结　语

正如法院将难题留给社会，社会也会引领法院的议程和判决。隐私权的变迁强调了社会和政治力量在塑造宪法价值方面发挥的重要作用。当罗伊案判决时，法院认为堕胎问题已经彻底解决了。就像罗斯福时代对洛克纳理论的批评一样，幸亏有民选政府的不断抵制，司法的自恃让位于对民主制度的尊重。正像 1997 年辅助自杀判决所反映的，今天大法官们很可能会认为，“对有争论的道德冲突，最好的且是最平静的解决之道，不是采取一种包罗万象的原则，拒绝其他立场”，[107] 而是允许立法者和人民参与进来，进行公开的、真诚的讨论。同时，对于那些违背当代社会政治标准的政府禁令，法院显然愿意判决其无效。这是法院在劳伦斯诉得克萨斯州案中推翻鲍尔斯案判决时获得的教训。

在这些问题上，最高法院并不是唯一，甚或是主导性的部门，而是对

---

104 出处同上。详细分析，见 Nelson Lund, *Why Ashcroft Is Wrong on Assisted Suicide*, Commentary, Feb. 2002, at 50。

105 Oregon v. Ashcroft, 192 F. Supp. 2d 1077（D. Ore. 2002）.

106 Kathryn L. Tucker, *The Death with Dignity Movement: Options after Glucksberg and Quill*, 82 Minn. L. Rev. 931, 933—935（1998）.

107 Michael W. McConnell, *Supreme Humility*, Wall Street Journal, July 2, 1997, at A14.

话的一部分。譬如,在堕胎问题上出现的平衡,要求所有部门和所有层级的政府都应明确阐述自己的立场,互相之间进行较量。堕胎问题就是因为分歧太大,不管是支持堕胎合法化,还是反对堕胎的绝对主义,都不可能主导目前的局势。

不断变化的环境意味着宪法的含义不可能太僵化。金斯伯格大法官在她的确认听证会上曾恰当地指出,我们的制度“并不是只有最高法院在捍卫宪法权利。最高法院与国会、总统、各州以及人民一道共同承担这
147 项责任”。[108]

108 Joan Biskupic, *Ginsburg's Graduation*, Washington Post, July 21, 1993, at A6.

第七章　种族问题

我们习惯于仰赖最高法院解决种族歧视问题，但过去二百多年来，法院在这个领域一直保持谨慎。民选部门往往决定了全国有关种族关系的讨论。法院的意见一直很重要，但并不居于主导地位。很多时候，法院都是从社会和政治势力中寻找线索。当法院与民选部门之间出现分歧时，立法者通常会制定与法院判决不一致的法律，撤销法院判决。

事实上，那种认为最高法院把民权带入全国视野的普遍信念，绝对是言过其实。在全国有关种族的对话中，最高法院偶尔充当一次催化剂，但民选部门——而非法院——才是民权改革的主要发动机。司法判决维持奴隶制、阻挠战后重建、战时拘留日裔美国人合法，这些足以强调法院作为少数人权利的保护者不过是徒有虚名。即使在过去的半个世纪里，法院在校园废除种族隔离、平权行动以及针对种族划分选区方面的主要判决也绝不是坚定地保护了少数人权利。不管是最高法院，还是民选部门，同样都没有主导种族平等的决策。相反，追寻种族平等的道路上留下的是法院和民选政府部门之间不断的对话协商。

从奴隶制到战后重建

正如大法官瑟古德·马歇尔在宪法二百周年纪念时巧妙地评价说，宪法“从一开始就有缺陷，需要一些修正案和一场内战”。[1]1808 年之前，
149 十三个州都有权进口奴隶，制宪者允许各州剥夺黑人的公民资格。在分配立法部门的选区时，奴隶只算自由人的五分之三，并且要求各州把拥有的奴隶“根据其服役或劳动所在州法规定，返还到该州从事劳动”。[2]制宪者还把决定选举资格的权力留给各州。制宪时期，许多州只限于白人土地所有者拥有选举权，事实上，康涅狄格州、特拉华州、肯塔基州、马里兰州、新泽西州、北卡罗来纳州、田纳西州、弗吉尼亚州的宪法都剥夺了黑人的选举权。到内战时，只有缅因州、新罕布什尔州、佛蒙特州、罗得岛州和马萨诸塞州允许自由黑人参与投票。[3]

总之，当民选政府部门阻止奴隶制蔓延时，最高法院却成了拦路石，而不是“我们社会无权者的守护神”，愿意“逆政治潮流而动”（参议员爱德华·肯尼迪和帕特里克·莱希在大法官克拉伦斯·托马斯确认听证会上使用的比喻）。[4]法院强力捍卫白人奴隶主的利益。1857 年，法院在德雷德·斯科特诉桑福德案中拒绝了国会在某些地区禁止奴隶制的尝试。[5]法院认为，奴隶主有权随意运输他的“财产”，不承认黑人享有公民权。

到 1862 年，立法部门和行政部门的行为已经让德雷德·斯科特案的判决形同虚设。国会通过日常的立法过程，制定了在某些地区禁止推行

---

1 1987 年 5 月 6 日，瑟古德·马歇尔大法官在夏威夷毛伊岛“旧金山专利与商标法学会”年度研讨会上的发言。

2 U.S. Const., art. IV, § 2（第十三修正案将之废除）。

3 Karen Arrington, *The Struggle to Gain the Right to Vote: 1787—1965*, in Voting Rights in America（Karen McGill & William Taylor eds., 1992）.

4 *Nomination of Judge Clarence Thomas to be Associate Justice of the Supreme Court of the United States*（*Part 1 of 4 Parts*）*: Hearings before the Senate Committee on the Judiciary*, 102d Cong., 1st Sess. 35（1991）（Sen. Kennedy 的声明）；出处同上，52（Sen. Leahy 的声明）。

5 60 U.S.（19 How.）393（1857）. 德雷德·斯科特案及其后续影响的更多讨论，见第一章。

奴隶制的法律。[6]行政部门则认为法院的判决对其没有约束力。司法部长贝茨发布了一份声明，他提出黑人过去是公民，将来也是公民。[7]

内战甫一结束，国会便着手改善黑人在美国社会中的地位。第十三修正案规定奴隶制违法，正式废除了德雷德·斯科特案中的部分内容。第十四修正案授予所有出生或归化美国的人都享有公民资格，废除了德雷德·斯科特案的其余内容。黑人选举权是第十五修正案的内容，该条修正案禁止"基于种族、肤色或此前受奴役的状况"否认或剥夺选举权。三条战后重建修正案都授权国会"通过适当立法"实施这些规定。

另一项努力，是战后重建时期的国会通过一系列针对种族的措施，纠正了过去的不公，辅助此前的奴隶转变成"自由人"。引人注目的是，国会 1866 年针对这些措施的辩论非常类似于今天有关平权行动的辩论。[8]反对者称这些措施是"阶级立法"，认为这不是促进"法律面前人人平等"，而是"越界并走向另一个极端"。[9]在反对者看来，这些法案的效果是赋 150
予少数人"高人一等"的特权，赋予"他们北方贫穷白人也没有的好处"。[10]支持者认为，这是"无情的嘲笑"，"不是关怀我们中间这些终生受奴役者"，因此，"这些针对种族立法的真正目的是改善有色人种的条件"。[11]

战后重建时期的国会还通过立法保障推动黑人平等享受公共服务。虽然因内战修正案的规定，黑人成为公民，但在许多州，他们不能进入剧院、饭店、酒吧以及其他公共场所。国会认为有必要通过立法回应这些

6 12 Stat. 432, c. 111 (1862).

7 10 Op. Att'y Gen. 382 (1862).

8 完全有理由相信第十四修正案的制定者和重建时代的立法者都认为，温和的种族法是合宪的。见 Andrew Kull, The Color-Blind Constitution 53—87 (1992); Stephen A. Siegel, *The Federal Government's Power to Enact Color-Conscious Laws: An Originalist Inquiry*, 92 Nw. U. L. Rev. 477 (1998)。

9 Cong. Globe, 39th Cong., 1st Sess. 544 (1866) (Rep. Taylor 的声明)。

10 出处同上，401 (Sen. McDougall 的声明)。

11 出处同上，588 (Rep. Donnelly)；出处同上，939 (Sen. Trumbull 的声明)；出处同上，632 (Rep. Moulton 的声明)。

"不合理、不公正、不文明且愚蠢的偏见"。[12] 但是,最高法院认为,国会实施第十四修正案平等保护条款的权力只限于"政府行为"。[13]

最高法院抵制战后重建还出现在 1896 年的普莱西诉弗格森案,路易斯安那州禁止黑人与白人乘坐同一节车厢,得到最高法院的支持。最高法院在判决理由中毫不掩饰自己的偏见。法院认为,"立法不能根除种族天性,无法清除身体上的差异",所以,"如果某个种族在社会上低于其他种族,联邦宪法不能将他们置于同等地位"。[14]

日裔美国人案

第二次世界大战期间,最高法院支持政府拘留日裔美国人。虽然军方声称拘留政策是必要的战争措施,但不可否认,这种政策的根源是美国长期以来对亚洲人的偏见。内战结束后,禁止从中国和日本来的移民成为美国公民。[15] 到 1882 年,西海岸各州通过立法完全禁止中国移民。但出于对廉价农工和铁路工人的需要,从 1901 年至 1908 年,引发了 12.7 万日本人移民美国。[16]

与此前的中国人一样,日本人很快也成为歧视的对象。从 1901 年开始,加利福尼亚州的共和党和民主党党纲中都有反日政策。1905 年,旧金山校务委员会专门为日本人单独设立了一所学校,目的是"不应当把
151 我们的孩子同黄种学生放在一起,以防在年幼时就受到他们的影响"。[17]

1941 年 12 月 7 日,日本袭击珍珠港,摧毁了美国的太平洋舰队。袭

12 3 Cong. Rec. 940(1875)(Rep. Butler 的声明)。

13 The Civil Rights Cases, 109 U.S. 3(1883). 有关这一话题的详细分析,见第三章。

14 163 U.S. 537, 552(1896). 另见 Pace v. Alabama, 106 U.S. 583(1883)(支持了阿拉巴马州的禁止种族通婚法)。

15 Commission on Wartime Relocation and Internment of Civilians, Personal Justice Denied 28—29(1982).

16 见 Roger Daniels, The Politics of Prejudice 1—19(1962)。

17 Personal Justice Denied at 33(引用了校务委员会的说法)。

击发生后的短短几周内，日裔美国人因肤色和文化而成为不可信的敌人，又由于没有政治权力，很容易成为战时打击的目标。譬如，加利福尼亚州司法部长厄尔·沃伦（后来成为联邦首席大法官）在重新安置西海岸日本人方面发挥了关键作用。作为黄金海岸反东方土著人的孩子，沃伦在珍珠港事件刚一发生就称“日本人的情况是整个文明保卫战的阿喀琉斯之踵”。[18] 在国会作证时，他说“当涉及白种人时，我们有一套方法可以测试他们忠诚与否……当涉及日本人时，就是完全不同的领域，没有任何一种有效的观点。他们的生活方式、他们的语言，使得这些变得困难重重”。[19] 这种种族仇恨和刻板印象代表了联邦针对西海岸日本人的政策。

军方也推动撤离日裔美国人。西部防御司令部指挥官约翰·德威特将军在回应大规模撤离的需要时，要求日本侨民和日裔美国人都要撤离。在他写给战争部长亨利·史汀生的推荐信中，德威特解释说：“日本民族就是一个敌人民族……因此，目前在至关重要的太平洋海岸潜在有 11.2 万具有日本血统的敌人。”[20] 虽然司法部律师对拟议的撤离方案提出了宪法上的异议，但富兰克林·罗斯福总统并没有被这些难题“困扰”。正如罗斯福的司法部长弗朗西斯·比德尔评论说：“宪法从来不会为战时总统制造麻烦。这是一个法律问题……同时……我们必须继续进行战争。”[21]

1942 年 2 月，罗斯福发布行政命令，授权军方“划出军事区域”，并“决定从中逐出任何人或所有人”。[22] 一个月后，国会制定法律，批准了这项行政命令。[23] 国会议员提出，“证据表明，联邦存在紧密团结的第五纵队”，所

---

18 G. Edward White, Earl Warren: A Public Life 69（引用了公布的有关媒体信息）（1982）。

19 *National Defense Migration*（*Part 29*）*: Hearings before the House Select Committee Investigating National Defense Migration*, 77th Cong., 2d Sess. 11015（1942）.

20 Personal Justice Denied, at 6（引用了德威特的建议）。

21 William H. Rehnquist, When the Laws Were Silent, American Heritage 77, 78（Oct. 1998）（引用了比德尔的观点）。

22 Executive Order 9066, 7 Fed. Reg. 1407（1942）.

23 56 Stat. 173（1942）.

以，参、众两院几乎没有讨论就全体一致通过了这项法律。[24]

但国会指出的证据——国防部“发现”——并不存在。德威特将军蓄意准备的报告，错误地表示夏威夷的日本人协助袭击珍珠港，西海岸的日本人参与为敌人的潜水艇提供靠岸信号，联邦调查局捕获了支持间谍
152 需要的武器和走私品，并且日本人社区比较孤立，因此有可能统一怀有支持敌人的态度。

然而，司法部向最高法院隐瞒了这些错误信息。在一份含糊不清的书面材料脚注中，司法部要求法院对战争部报告中“与撤离方案正当性有关的事实”“进行司法认知”，别的可以置之不理。[25] 美国公民自由联盟这一方则试图将这份脚注转变成司法部对战争部罪行的宣言。美国公民自由联盟在提交的“法庭之友”意见中声称：“单独否认德威特将军关于军事措施必要性的证词，显然……表明与其他渠道的信息存在冲突。”[26]

最终，战争部报告存在种族偏见和不一致的主张不成立。虽然大法官之间存在明显的分歧，促使弗兰克·墨菲向他的法律助理透露说，“对日本人这个案子，法院已经发怒了”，[27] 但法院还是尊重“政府作为决定战争的部门”这一判断，并认为“困难是战争的一部分”，“公民享有权利，但也负有责任”。[28]

十八年后，本次事件的一位主要参与者——厄尔·沃伦——反思了法院的判决。此时，作为联邦最高法院首席大法官，沃伦认为，拘留判决真正证明，在有些条件下，法院无法否决行政部门对军事必要性的判断。

---

24 88 Cong. Rec. 2723 (1942) (Sen. Reynolds 的评论)。通常见出处同上，2722—2726，2729—2730.

25 Brief for the United States, Korematsu v. United States, 42 Landmark Briefs 213 n.2. 司法部为何不将战争部误传信息告诉最高法院，有关详细论述，见 Peter Irons, Justice at War 186—218 (1983)。

26 美国公民自由联盟提交的“法庭之友”意见。Korematsu v. United States, 42 Landmark Briefs 302。

27 出处同上，332 (引用了墨菲论文中提到的内部通知)。

28 Korematsu v. United States, 323 U.S. 214, 218, 219 (1944).

“法院在这个领域的工作有时必须受到限制，其结果便是政府其他部门必须承担主要责任，决定他们采取的具体行为是否与宪法相一致。”[29]

事实证明，沃伦的话确是一种预言。福特总统在 1976 年宣称疏散政策是“错误的”，从此开始，民选部门努力补救这场不公正的决定，这也反映出民主政府令人称赞的自我意识与谦卑精神。1982 年，战时安置与收容平民委员会发布了一份严厉的报告，概述了政府对日裔美国人的错误行为。1988 年，专门制定法律对官方种族主义造成的日裔受害人给予赔偿。里根总统在签署该项立法的仪式上评论说：“任何赔偿都无法弥补这些人失去的岁月。所以，本法重要的补偿不是物质，而是敬意。在这里，我们承认错误。在这里，我们重申，我们作为一个国家，致力于法律之下的平等公正。”[30]

第二次世界大战期间，政府针对日裔美国人的行为，既有助于我们理
解推定种族分类无效这一原则是多么脆弱，也有助于明了司法不愿制衡 153
军事越权。[31] 首席大法官伦奎斯特可能更加偏激，他认为，这段插曲表明，“不管是战时，还是和平时期，公民自由都应受到尊重，这一点既不能令人满意，也不是绝对肯定”。[32] 但事实仍然是，避免错误区分种族，不是完全依赖于法院。实际上，行政部门和立法部门近来的努力是对战时错误明显的纠正，强调了民选政府部门对过去滥分种族的纠正能力。

---

29 Earl Warren, *The Bill of Rights and the Military*, 37 N.Y.U. L. Rev. 181, 192 (1962).

30 Public Papers of the Presidents, 1988—1989, II, at 1054—1055［签署了 1988 年的《民权自由法》, 102 Stat. 903 (1988)］。1998 年，向第二次世界大战期间被美国驱逐和监禁的日裔后嗣发布了致歉书，并予以赔偿。见 Lena H. Sun, *U.S. Apologizes for Internment*, Washington Post, June 13, 1998, at A—4。

31 1984 年和 1987 年，法院撤销了对弗里德·是松(Fred Korematsu)和戈登·平林(Gordon Hirabayashi)的刑事定罪，某种程度上为自己挽回了点面子。这两位是日裔美国人，曾挑战监禁和早期宵禁政策，被最高法院驳回。Korematsu v. United States, 584 F. Supp. 1406 (N.D. Cal. 1984); Hirabayashi v. United States, 828 F.2d 591 (9th Cir. 1987)。在撤销这两项定罪时，法院发现，政府曾故意误导了最高法院。

32 Rehnquist, *When the Laws Were Silent*, American Heritage, at 89.

废除校园种族隔离

从建国伊始到日裔美国人案,最高法院一直致力于不同种族的区别对待。[33] 然而,在 20 世纪 30 年代,民权利益群体仍把法院视作潜在的联盟。特别是瑟古德·马歇尔和杰克·格伦伯格领导的美国有色人种民权协进会(NAACP)的法律援助和教育基金,试图根据普莱西案的限制,推翻教育和其他领域的种族隔离。在这些律师看来,“隔离是违法的,因为实际上从来没有平等对待过黑人”。[34] 从 1938 年到 1950 年,美国有色人种民权促进会成功将普莱西案的适用范围限制在非常狭小的领域,最终令大法官们认为“隔离但平等”不适用于高等教育。[35] 法律援助律师在推进这个目标时,不管是选择诉讼案件,还是所做的辩护,都采取渐进策略,为最高法院推翻中小学教育中的种族隔离打下了基础。[36] 到 1954 年,最高法院触及到了种族隔离法的核心问题,在布朗诉教育委员会案中宣布“教育设施实行种族隔离天然不平等”。[37]

布朗案宣告种族平等引发对司法权的指责,这在今天看来好像是不可思议的,但在布朗案判决时,种族隔离在南方根深蒂固,判决双重学校制违法,意味着社会混乱和大规模抗议。不管是最高法院还是司法部,都还存在这种深厚的感情。在努力安抚南部的敌意时,首席大法官沃伦试图起草一份全体一致的意见,限制判决的适用范围,司法部建议法院不要

33 一个著名的例外情况是 Buchanan v. Warley, 245 U.S. 60(1917)。该案认为,住宅隔离法违反了个人获得、利用并处理财产的权利。对该案的深入分析,见 David Bernstein, *Philip Sober Controlling Philip Drunk: Buchanan v. Warley in Historical Perspective*, 51 Vand. L. Rev. 797(1998)。

34 Richard Kluger, Simple Justice 274(1976).

35 对这些案件的描述,见 Louis Fisher, American Constitutional Law 803—804(5th ed. 2003)。

36 见 Kluger, Simple Justice; Jack Greenberg, Crusaders in the Courts(1994)。不同的观点,见 Mark V. Tushnet, The NAACP's Legal Strategy against Segregated Education, 1925—1950(1987)(认为美国有色人种民权协进会经常改变策略,因此它反抗种族隔离的斗争未经过详细规划)。

37 347 U.S. 483, 495(1954).

在案件中详细说明救济途径。因此,法院判决种族隔离违宪时,并没有发布救济措施。

司法部还提醒说,种族隔离削弱了美国充当世界领袖的地位。从1948年一个涉及限制性条约的案件开始,"杜鲁门政府就向最高法院强 154
调美国种族歧视的国际影响……包括支持种族隔离判决有可能对美国外交政策产生的负面影响"。[38] 在布朗案中,行政部门毫无疑问地认为,种族隔离削弱了打败共产主义的冷战需要。根据司法部提供的诉讼文件,"在外国的媒体、电台,以及像联合国这种国际组织,美国因对少数族群的各种歧视而不断受到批评"。[39]

1952年12月,当杜鲁门政府的诉讼文件送交最高法院时,最高法院还是在首席大法官弗雷德·文森掌舵下准备判决布朗案。但法院重新安排了布朗案的待决顺序,以便也能决定"联邦城"华盛顿特区种族隔离教育的合宪性。这时,法院出现了明显的分歧,1952年12月的会议表明,五位大法官将会**支持**隔离教育。[40] 这种分歧在某种程度上归因于第十四修正案的历史比较模糊。首席大法官文森认为,虽然第十四修正案制定时,哥伦比亚特区的公立学校实行种族隔离,但国会也没有制定法律禁止这种隔离。1953年,文森去世,沃伦成为首席大法官。他能让大法官们一致认为教育领域的种族隔离违宪。一年后,公众已经有时间考虑废除种族隔离,最高法院又公布了第二个布朗案判决,要求必须以"从容不迫的速度"为废除种族隔离提供救济。[41]

法院对种族隔离的是非曲直和救济措施分开判决,以及在种族隔离

38　Mary L. Dudziak, *Desegregation as a Cold War Imperative*, 41 Stan. L. Rev. 61, 103(1988)[讨论了 Shelley v. Kraemer, 334 U.S. 1(1948)]。另见 Mary L. Dudziak, Cold War Civil Rights: Race and the Image of American Democracy(2000)。

39　联邦作为"法庭之友"提交的辩护意见。Brown v. Board of Education, 49 Landmark Briefs 122(引用了国务卿的信)。

40　William O. Douglas, The Court Years 113(1980).

41　349 U.S. 294, 301(1955).

判决中缺少司法修辞，反映出大法官们想要专门以一种温和的表达方式提高他们判决的可接受性。特别是，法院并没有要求南部各州采取具体步骤废除双重教育制度，在第二个布朗案判决中，法院承认“地方教育的各种问题”最好由教育机关解决，初审法官最适合审查“各地情况”，由于“与执行有关的问题”导致推迟废除，是可以理解的。[42]正是出于这个原因，大法官罗伯特·杰克逊认为，与其说布朗案是一个法律案件，不如说它是一个政治案件和社会案件。[43]

法院准确地预料到对其判决会有反对意见。要求以“从容不迫的速度”废除种族隔离措施后，一百名南部议员指责法院行为“明显是滥用司法权……侵犯了各州和人民保留的权力”。[44]而且，许多州试图用政府资
155 助的私立学校取代公立学校（应当接受平等保护的要求），以此推翻布朗案判决。最后，一些学校系统干脆不搭理布朗案。最臭名昭著的例子发生在阿肯色州的小石城，艾森豪威尔总统被迫派遣武装部队迫使其遵守布朗案。

起初，艾森豪威尔政府好像不愿意参与布朗案。[45]事实上，艾森豪威尔总统对种族隔离问题犹豫不决，他甚至破例修改政府在第一份布朗案中的诉讼意见，鼓励法院设计一种有序计划，认真考虑最高法院五十多年来已经给予支持的种族隔离生活方式。[46]而且，总统还试图公开撇清自己与这个问题的关系。当被问及是否同意最高法院判决时，总统回答说：“我是否支持布朗案并不重要。最高法院解释的就是宪法。”[47]1957年，针对小石城问题的一个全国演讲中，艾森豪威尔同样指出，他的义务就是执

---

42 出处同上，299—300。

43 Bernard Schwartz, Super Chief 89 (1983).

44 102 Cong. Rec. 4515 (1956).

45 2 Stephen E. Ambrose, Eisenhower 126—127 (1984).

46 Phillip Elman, *The Solicitor General's Office, Justice Frankfurter, and Civil Rights Litigation, 1946—1960: An Oral History*, 100 Harv. L. Rev. 817, 842 (1987).

47 Ambrose, Eisenhower, at 338.

行联邦法院的判决，而不是因为布朗案判决在法律或道德上的正确性。[48]

艾森豪威尔发表全国演讲一年后，最高法院正式宣布阿肯色州州长奥瓦尔·福伯斯试图阻碍废除校园种族隔离的行为违宪。法院还宣称它“在解释宪法上的至高无上性”。[49]但这种宣示与南部教育官员没有什么关系。对这些官员来说，没有理由公开藐视法院。第二份布朗案判决对地方条件的强调表明，最高法院容许表面文章和拖延。南方媒体确实通报了有关救济措施的指令，特别是最高法院将其判决的实施交给“了解当地情况的地方法官”。[50]

从 1954 年到 1964 年，法院强令废除校园种族隔离的只有关于小石城的决定。事实上，最高法院完全意识到“历史的惯性”和人们对校园种族隔离的“深厚感情”，所以在 1955 年拒绝听审挑战弗吉尼亚州种族通婚法的案件。州法院的结论——禁止“混血儿”的法律是很有必要的——很可能冒犯了大法官，[51]但特别是在布朗案的批评者提醒说校园融合将导致白种人的“种族混杂”后，最高法院并没有接手这个问题。沃伦法院以这种方式回避了与南部种族隔离主义者发生激烈的冲突，以防“阻碍或严重阻挠”布朗案的判决，以及这其中蕴含的法院声望。[52] 156

废除校园隔离、种族通婚以及其他种族问题上的这种矛盾情绪，占据了沃伦十六年法院任期的大部分时间。值得注意的是，布朗案判决后

48 Pubilc Papers of the Presidents, 1957, at 689—694.

49 Cooper v. Aaron, 358 U.S. 1, 18 (1958). 有关库珀案当时政治环境的详细分析，见 Mary L. Dudziak, *The Little Rock Criss and Foreign Affairs: Race, Resistance, and the Image of American Democracy*, 70 S. Cal. L. Rev. 1641 (1997)。

50 Reed Sarratt, The Ordeal of Desegregation 200 (1966)（引用了南方司法部长的话）。

51 Naim v. Naim, 87 S.E. 2d 749, 756 (Va. 1955).

52 Del Dickson, *State Court Defiance and the Limits of Supreme Court Authority: Williams v. Georgia Revisited*, 103 Yale L. J. 1423, 1475—1476 (1994). 参见 Schwartz, Super Chief, at 158—162。有关法院行为的变化，见 Alexander M. Bickel, The Least Dangerous Branch 174 (1962)。批评意见，见 Herbert Weschler, *Toward Neutral Principles in Constitutional Law*, 73 Harv. L. Rev. 1, 34 (1959)。

的前十年,南部十一个州中只有 2% 的黑人孩子参加了黑白混合的学校。然而,1965—1966 学年,混合学校的黑人孩子比例增长到 6%。这里的转折点不是实施了激动人心的司法判决,相反,废除校园种族隔离的主要推动力是民选部门的行为。

到 1964 年时,国会山日益承认:“我们必须面对最高法院判决没有得到实施这个事实……并且,除非我们想要嘲弄他们……国会必须采取行动,集全国政府的力量来支持他们。”[53] 法院在这时也承认,以法院为中心来废除校园种族隔离具有局限性。最高法院在谈到落实布朗案判决时,“完全是协商太多,速度太慢”,[54] 并且一个联邦上诉法院也敏锐地注意到,“只有汇集国会、行政部门和司法部门的全民努力,才可能对黑人孩子的平等受教育权作出有意义的贡献。**法院的单兵作战已经失败**”。[55]

解决方案就是 1964 年的《民权法案》,除其他内容外,专门授权司法部参与废除校园种族隔离的诉讼(第四章),并且要求联邦资金的受益者不得歧视(第六章)。更重要的是,1965 年《中小学教育法》的实施以及 1964 年《民权法案》第六章指导纲要的发布和实施,标志着各州教育系统的管理权移到了联邦手中。根据第六章的要求,联邦资金的受益者不得歧视,国会愿意投入几十亿美元的财政资助补偿那些被剥夺教育权的孩子。这几十亿美元足以激励许多学校来遵守联邦的不歧视标准。

联邦政府日益参与废除校园种族隔离的运动。在这种背景下,沃伦法院于 1964 年宣称,“以‘从容不迫的速度’来废除种族隔离”。[56] 这种对应关系并不令人惊奇。国会和白宫都将平等教育机会作为全国优先发展事项,并且期望司法也能逐步担此重任,政治反对不再涉及法院。司法介

53 110 Cong. Rec. 6814(Sen. Douglas 的评论)。

54 Griffin v. County School Bd., 377 U.S. 218, 229(1964).

55 United States v. Jefferson County Board of Education, 372 F.2d 836, 847(5th Cir. 1966)(强调为原文所加)。

56 Griffin v. County School Bd., 377 U.S. at 234.

入与民选部门采取的措施以及民意保持一致。这样，教育国民、调动两党 157
支持、落实民权的重任，不是落在法院身上，而是落在了国会和总统身上。

从伟大社会到南部战略

20 世纪 60 年代，民权改革的进一步扩展，不再限于废除校园的种族隔离，而是包括在住房、就业、选举等领域实现种族平等。所有这些都是林登·约翰逊“伟大社会”计划中的一部分，这些改革都属于“为实现更加平等、不分种族的经济分配制度，打击贫困的主要内容”。[57]

1965 年的《选举法》说明了民选政府对宪法权利的影响。事件源自阿拉巴马州的塞尔玛（Selma）。1965 年 3 月 7 日，一群六百人的抗议者举行和平游行，反对继续剥夺黑人选举权，遭到州警察“用棍棒、鞭子和绳索”的袭击，并被施以催泪瓦斯，而白人旁观者则在一边欢呼。[58] 电视把这种残忍画面带进了千家万户，塞尔玛的抗议迅速激起全国愤怒，立即引发全面的选举权立法。

抗议一周后的 3 月 15 日，约翰逊总统在国会联合会议上谈到，有必要制定更有效的选举权立法。约翰逊说，《解放黑人奴隶宣言》承认了美国黑人的平等权：“这个承诺已经过去一百年了，至今还未兑现。”[59] 约翰逊呼吁立即采取行动，禁止各州回避第十五修正案，遂提出了自己的选举权法案。该法案对现存选举制度进行了重大调整，将权力从州政府转移到联邦政府。各州不能再使用文化测试或其他方式剥夺黑人的选举权。并且，为防止实际上发生歧视性选举行为，大多数南部州必须要修改选举法，且需事先获得司法部或华盛顿巡回法院的“批准”。

该法案明显增加了少数族裔的登记和投票。在重点对象的南部各州，

57　Thomas Byrne Edsall & Mary D. Edsall, Chain Reaction 47（1991）.

58　Leon Daniel, *Troopers Rout Selma Marchers*, Washington Post, Mar. 8, 1965, at A1.

59　Public Papers of the Presidents, 1965, I, at 284.

黑人选民的注册比例从 1864 年的 29% 增加到 1972 年的 56%。当选的黑人官员数量也有增长，1964 年时不足 100 名，到 1974 年时已有 963 名。[60]

沃伦法院支持民选部门的改革。1966 年，法院支持司法部的事先批准权，还有关于文化测试的禁令。[61]1969 年，密西西比州试图将县一级选
158 举从单一选区制（包括主要由少数族裔构成的选区在内，每个选区选举一名代表）改为全县选举制，即选民从全县相互竞争的候选人名单中挑选代表，由得票最多的候选人填补所有席位，这样多数选民就能防止少数族裔候选人的当选。密西西比州试图以这种方式稀释少数族裔的选票，但最高法院将其否决。[62]

沃伦法院不仅仅是保护国会和白宫的民权改革。法院自身也提高了对种族正义的追求。譬如 1967 年，大法官们同意听审一件挑战弗吉尼亚州种族通婚法的诉讼。法院依据已经确立的废除种族隔离原则，判决"只是因为种族不同就限制结婚自由，违反了平等保护条款的核心理念"。[63]这项裁决的基础不是司法判决，而是民选部门提出的政治原则。

然而到了 1969 年，林登・约翰逊、厄尔・沃伦以及其他伟大社会的改革者，已经从政治舞台上退出。那一年也意味着白宫和最高法院的重大改变。1 月 20 日，理查德・尼克松就任总统。尼克松总统竞选的主要特征是在候选人时期承诺的"南部战略"，即通过行政改革和司法任命，缓和南部校区所面临的终止废除种族隔离实践的压力。例如，沃伦在 1968 年选举前就宣布退休，尼克松通过提名沃伦・伯格担任首席大法官，试图调整最高法院的方向。虽然联邦法院的判决继续挑战地方学校在种族问题上的政策和做法，但"总统、国会领袖和公众都承认保护美国

60 U.S. Commission on Civil Rights, The Voting Rights Act: Ten Years After 40, 49 (1975).

61 South Carolina v. Katzenbach, 383 U.S. 301 (1966) ; Katzenbach v. Morgan, 384 U.S. 641 (1966).

62 Allen v. State Board of Elections, 393 U.S. 544 (1969).

63 Loving v. Virginia, 388 U.S. 1, 12 (1967).

黑人的权利是根本性的社会和教育问题，这一少有的历史性时刻”已经远去。[64]

强制校车的政治

到 20 世纪 60 年代末，联邦政府的努力已经明显改变了南部校园的种族隔离。例如，在 1963 年至 1968 年间，南部所有黑人学校里的黑人孩子的比例从 98% 下降到 25%。[65] 但是，民选部门对布朗案简单的不歧视要求的支持，从一开始就被反对强制校车制所调和。“伟大社会”全盛时期制定的《中小学教育法》中有一条规定，禁止使用联邦资金“为解决种
族不平衡而分配或运输学生或老师”。[66] 尼克松总统又助推了这种反对力 159
量，禁止“购买校车、轮胎和汽油运送小学生远离他们临近的学校”，[67] 并要求民权事务办公室和司法部“与单个校区一起将校车控制在法律要求的最低数量”。[68]

1971 年，在斯旺诉夏洛特—梅克伦伯格教育委员会案的判决中，最高法院指出，法院所要求的校车是废除学校种族隔离的合适手段。判决作出后，反对校车的意见更加激烈。[69] 法院所同意用黑白学生比例和强制学生再分配作为“救济的出发点”，法院承认，为消除残留的违宪的双重学校制度，必须采取一种“实施起来笨拙、不便，甚至奇怪的”方式来废除种族隔离。[70]

---

64 Gary Orfield, The Reconstruction of Southern Eduction 39 (1969).

65 Gary Orfield, Public School Desegregation in the United States, 1968—1980. at 5 (1983). 变化比例如此显著，毫无疑问夸大了进步，只是反映了“全黑人”学校的变化。

66 80 Stat. 1209, § 181 (1966).

67 Public Papers of the Presidents, 1970, at 309.

68 James M. Naughton, *Nixon Disavows HEW Policy on Busing*, N.Y. Times, Aug. 4, 1971, at A15.

69 402 U.S. 1 (1971).

70 出处同上，25, 28。

斯旺案判决后不久，一些国会议员发布了指责最高法院的强硬声明。更加显著的是，尼克松发表了全国演讲批评校车制度。他提出，有关家长“不希望为了迎合某些社会改革者所谓正确的种族平衡概念，让他们的孩子坐着校车穿越整个城市，去上更差的学校”。[71] 他提出立法建议，由国会设计一种不同等级的救济措施，适用于废除校园种族隔离的诉讼。[72]

国会最终拒绝了尼克松的提议，认为法院是平等的一员，立法部门应当尊重法院的宪法判决。为取代尼克松的提议，国会于1972年制定了《教育法》第七章的修正案，“除宪法要求外”，联邦不主张实行校车制，并禁止联邦财政资助强制性校车。[73]

国会在这里的犹豫不决暴露无遗。虽然国会有权依据例外条款或实施第十四修正案的权力来限制法院的救济权，但国会通常认为这些权力不太好使。因此，立法机关对司法越权的回应经常是采取限制资金的方式。例如，从1972年开始，国会反复制定法律，限制民权事务办公室在校车上使用联邦资金，并告知联邦法院，校车应当是最后救济手段。[74]

民选政府的反校车立场，对伯格法院是一个严重威胁。特别是法院又不愿为了民权利益中断新设立的重要理论基础。在一个城市废除校园隔离的计划中，最高法院拒绝将白人占绝对多数的郊区学校纳入其中，明
160 确支持地方对平等教育机会的掌控权。[75] 同样，伯格法院还将学校财政排除出司法审查的范围，认为州不需要使各校区之间每个学生的支出保持平等。法院在作这个判决时强调了“限制本院职能的传统智慧”。[76] 简言之，有关学校开支的决定留给州政治部门决定。

---

71 Public Papers of the Presidents, 1972, at 428.

72 H.R. 13915, 92d Cong., 2d Sess.(1972).

73 86 Stat. 372, § 802(b)(1972).

74 见 Louis Fisher and Neal Devins, Political Dynamics of Constitutional Law 261—263 (3d ed. 2001)。

75 Milliken v. Bradley, 433 U.S. 267(1977).

76 San Antonio v. Rodriguez, 411 U.S. 1, 58(1973).

伯格法院将地方对教育的管理权置于原告公民权利之上,密切关注白宫和国会的反应。特别是尼克松总统,在竞选中反对司法能动主义,支持州权作为其南部战略的一部分,通过提名威廉·伦奎斯特、刘易斯·鲍威尔、哈里·布莱克门以及沃伦·伯格担任大法官,改革最高法院。在这些大法官看来,法院判决得到执行并得到尊重,这些自身利益得益于国会同意减轻法院的责任。

在其他领域的民权案件中,伯格法院还犹豫是否要与民选政府发生冲突。例如,以数字为基础的歧视证据见证了法院的突然改变。斯旺案前不久,最高法院还超出法律文本,允许民权案件中的原告对招聘中某些造成种族不均衡影响的做法提出挑战,譬如要求有高中或大学学历等。[77] 但是,在选举权和其他宪法案件中,伯格法院不是以这个里程碑案件为基础,而是否认以行为的后续影响为基础作为歧视证据。[78]

伯格法院的民权遗产虽然模糊,但在社会政治背景下还是易于理解。在最高法院的校车和就业歧视判决中,沃伦·伯格"与他那位有着强烈愿望的前辈一样,渴望成为法院领袖"。[79] 事实上,在这些判决中,伯格都支持多数意见,某种程度上,作为首席大法官,他可以分派自己撰写这些里程碑式的判决意见。[80] 但是,法院用黑白比例作为要求校车的理由,为自己找了太多麻烦。斯旺案的判决遭到普遍反对,甚至还有人威胁要剥夺法院的管辖权,这强化了判决不得人心时所面临的危险。鉴于法院声誉受到挑战,最高法院不能忽视民众支持与成功实施其裁决之间的必然联系。

从 1991 年开始,伦奎斯特法院发布的一些判决,标志着法院指导废

---

77 Griggs v. Duke Power Co., 401 U.S. 424 (1971). 有关该案如何误解了就业歧视立法的详尽阐释,见 Hugh Davis Graham, The Civil Rights Era (1990)。

78 Washington v. Davis, 426 U.S. 229 (1976); Mobile v. Bolden, 446 U.S. 55 (1980).

79 Graham, The Civil Rights Era, at 387.

80 Bernard Schwartz, The Ascent of Pragmatism: The Burger Court in Action 13—14, 257 (1990).

除种族隔离的时代已经终结。法院提到,“考虑到我们基于联邦体制的权力分配”,并且发扬地方自治精神,“允许公民们参与决策,允许改革学校制度以适应地方需要”,[81]最高法院已经明确,联邦法院愿意终止废除种族
161 隔离的命令。

平权行动的出现

强制校车试验失败后,伯格法院又证明自己无法界定有关种族优先权的争论。有关优先权的判决前后不一致(更不要说明确果断),最初三个有关平权行动的裁决没有一个达成多数意见。与之形成鲜明对比的是,国会和白宫的决定毫不犹豫。从林登·约翰逊 1965 年霍华德大学毕业典礼的演讲开始,直到 1980 年罗纳德·里根的当选,民选部门对种族优先权的支持是毫不含糊的。

约翰逊在毕业典礼演讲中谈到常年奴隶制带来的摧毁性影响,并承诺“不……仅打开机会之门”,而且照顾到“所有公民……有能力通过这些大门”。[82]这个演讲改变了民权政策,从专注于个人受到公平对待,转到强调群体获得相应比例的代表。约翰逊认为,只要机会平等做得还不够,就要求行政部门努力限制那些没有雇用适当少数族裔的雇主获得联邦合同。譬如,依据 1965 年 11246 号行政命令,政府项目承包人必须充分雇用少数族裔。约翰逊政府的劳动部公布了“费城计划”,要求费城以及其他特定城市的政府项目承包人承诺雇用少数族裔工人,否则取消这些政府合同。

尼克松政府时期又扩展了这些努力。1969 年 3 月至 1971 年 10 月间,尼克松发布了三份行政命令,“帮助建立和提升少数族裔的事业”。商务部内设立少数族裔事业企业办公室,在联邦部门和机构中增加少数族

81 Board of Education v. Dowell, 498 U.S. 237, 248 (1991).

82 Public Papers of the Presidents, 1965, II, at 636.

裔企事业代表，这些都是行政命令的副产品。在尼克松政府看来，“全国致力于大量建立新的企业项目时，不能忽视……少数族裔处于不利地位……这种特殊历史背景”。[83]

尼克松政府在法庭上成功捍卫了“费城计划”，并表示立法部门胆敢取消该计划，尼克松就行使总统否决权。同时，还把该计划扩展到其他十九个城市。颇有讽刺意味的是，尼克松主政的白宫支持扩展“费城计划”，某种程度上是怂恿了政治分歧。具体来说，尼克松认识到“费城计划”为民主党带来政治困境，即传统上民主党两大支持者——工会和民权组织——之间的分歧。[84] 162

卡特政府继续推进尼克松和约翰逊的倡议，加强了现有的平权行动项目，发起无数有意支持种族和性别自觉的倡议。卡特发起的项目包括：要求享受税收减免的私立学校必须有适当的少数族裔学生；优先支持少数族裔的广播；交通部的高速公路项目为少数族裔企事业单位预留一部分；设立平等就业机会委员会，致力于工厂里的种族平衡。[85]1980 年，民主党在其政治纲领中表示，“有效的平权行动项目是我们致力于扩展民权保护的重要组成部分”。[86]

里根竞选时，反对这种以数字表示的种族正义。1980 年，共和党政治纲领宣称，“这些官僚化的规章和决定都是依据配额、比例和以数字表示的条件，为支持一些人而拒绝另一些人。不应当让这些官僚化规章和决定危害平等机会”。[87] 为回应这种观点，里根的第一任、也是唯一一任民权事务部负责人威廉 · 布拉德福德 · 雷诺兹谴责种族优先权，“今天对人格尊严的冒犯就像八十四年前支持普莱西诉弗格森案一样”，因此他告诉

83　总统的少数族裔企业咨询委员会：20 世纪 70 年代发展纲要（1971），第 5 页。

84　Graham, The Civil Rights Era, at 325.

85　Neal Devins, *The Civil Rights Hydra*, 89 Mich. L. Rev. 1723（1991）.

86　1980 CQ Almanac 105—B.

87　出处同上，62—B。

国会，司法部将会反对"用配额或其他任何数字或统计公式为非歧视性受害者提供优先权"。[88]

里根在司法部敦促下所施行的三个离奇失策，严重破坏了他在平权行动上的反革命计划。首先，1982 年，里根政府试图恢复对奉行种族歧视的私立学校实行税收减免，这削弱了里根表面上承诺的简单不歧视。[89] 其次，在惨败中，里根宣布他反对 1982 年《选举法》的修正案规定，该修正案规定，完全不相干的种族影响也可以作为选举权案中的重要证据。[90] 第三，1983 年，里根试图撤掉联邦民权委员会中玛丽·弗朗斯·贝瑞及其两名同事的职务。里根曾希望任命一些"不支持强制校车和强制配额"且"不信奉能通过新的强制性歧视补救过去歧视"的人来担任委员会成员。[91]

国会和法院成功制止了这些反向措施。最高法院以 8 比 1 票决认定，奉行种族主义的学校不能接受税收优惠。[92] 法院同样制止了里根解雇贝瑞，强迫政府与国会达成协议，保留贝瑞及其他自由主义者在委员会中的职务。[93] 最后（并且也是最重要），因为 62 名参议员和 389 名众议员的支持，
163 国会轻而易举地通过了选举权立法。[94]

与里根政府的主张相反，拟议的立法将产生配额制，参议院司法委员会报告了立法结果，最高法院在选举权案件中要求歧视性意图的证据时

---

88 Oversight Hearings on Equal Employment Opportunity and Affirmative Action (Part I): Hearings before the Committee on Education and Labor, 97th Cong., 1st Sess. 137 (1981) (司法部长助理威廉·布拉德福德·雷诺兹针对民权事务的声明)。

89 I.R.S. News Release, Jan. 8, 1982.

90 Chester E. Finn Jr., Affirmative Action under Reagan, Commentary, Apr. 1982, at 27.

91 *See President Fires Three Members of U.S. Commission on Civil Rights*, Daily Lab. Rep. (BNA), at A-1 (Oct. 25, 1983); Public Papers of the Presidents, 1983, II, at 1508.

92 Bob Jones University v. United States, 461 U.S. 574 (1983).

93 Berry v. Reagan, Civil Action No. 83-3182 (D.D.C. Nov. 14, 1983); Louis Fisher, Constitutional Conflicts between Congress and the President 76 (1997).

94 96 Stat. 131 (1982).

是“对原告提出了一个不可接受的难题”。[95] 十年后,十八个新设立的以少数族裔占优势的选区中,选出了十三名黑人和五名西班牙裔。到 1995 年,众议院中的黑人议员数量已经从 1990 年的二十六名(五名来自南部)上升到三十八名(包括来自南方的十七名议员)。[96]2002 年,黑人议员达到三十九名。

针对以种族划分选区的案件,伦奎斯特法院的判决意见相互冲突。1993 年,法院对以种族为基础重划选区的合宪性表示质疑。克林顿政府认为,无肤色歧视的宪法原则必须考虑到“限制少数族裔选举权这个不幸的事实”。[97] 法院否决了这种说法,认为以种族为基础重划选区和其他种族分类案件一样,必须适用严格审查标准。[98] 但是,到 1999 年,法院明确表示,立法者在划分选区时,可以考虑政治隶属关系,“即使大多数忠诚的民主党人碰巧是民主党中的黑人,并且即使州政府意识到这种情况”。[99]

取消平权行动的企图

里根政府在选举权方面的失败,遮蔽了与民权组织之间进行的代价高昂的争执。因此,虽然司法部还允许一些死硬分子继续他们的使命,但不管是白宫,还是其他部门,都拒绝给他们提供帮助。司法部在最高法院致力于取消平权行动,但结果不一。即使法院接受了司法部的观点,平权行动的含义及其适用范围可能还是在民选官员的掌控之中。1986 年和

95 S. Rept. No. 417, 97th Cong., 1st Sess. 16(1982).

96 同样重要的是,以种族划分选区“将黑人挤压到少数几个区域”,周围区域都成了“民主党占少数的白人,为共和党候选人提供了天然机会”。Mattew Cooper, *Beware of Republicans Bringing Voting Rights Suits,* Washington Monthly, Feb. 1987 at 11。事实上,1994 年共和党执掌国会,某种程度上就归因于共和党比之前赢得了更多白人区域。

97 Oral Arguments in Shaw v. Reno, 221 Landmark Briefs 582.

98 Shaw v. Reno, 509 U.S. 630, 657(1993).

99 Hunt v. Cromartie, 526 U.S. 541, 551(1999)(强调为原文所加)。

1989年的判决，说明了社会和政治影响力所具有的改革能力。[100] 这些案件依据某些严格审查标准，废除了平权行动计划，事实上是里根政府司法部的胜利。但最终，因为州和联邦政府强烈支持平权行动计划，这些判决受到了严格限制。

州和地方官员遵照1989年判决，要求平权行动项目“严格限定
164 于”“迫切重要的政府利益”（严格审查标准）。该判决引发大量“不同的研究”，证明在公共合同中继续歧视性对待还是可能的。[101] 此外，现在公共合同项目中不再是严格为种族因素留出一定的位置，而是将种族问题作为一个“加分项目”。[102] 针对1986年判决的回应同样显著。一校务委员会在裁减年长的少数族裔雇员之前，先解雇了非少数族裔雇员，虽然法院判决这种做法无效，但主要媒体都盛赞这个判决是“民权组织的重要胜利”，因为它“为雇主在工作场所采取平权项目扫清了障碍”。[103]

民权组织阐明自己的强硬立场，并不遗余力地孜孜以求，弱化了司法部在国会的立场以及在里根政府内的立场。最值得提起的例子是，司法部在政府内缺乏政治影响，致使其无法说服白宫修改11246号行政命令。该命令要求32.5万个政府项目承包人采取平权行动计划。虽然布拉德·罗纳德认为，“11246号行政命令规定的计划已被打破……需要以一种与不歧视原则相契合的方式来完善这项计划”，[104] 但行政部门内的实

100 Wygant v. Jackson Board of Education, 476 U.S. 267 (1986); City of Richmond v. J.A. Croson Co., 488 U.S. 469 (1989).

101 Memorandum from Assistant Attorney General Walter Dellinger to General Counsels, Re: *Adarand* (June 28, 1995), reprinted in 1995 Daily Lab. Rep. (BNA) NO. 125, at D—33 (June 29, 1995).

102 出处同上。

103 Al Kamen, *High Court Ruling Signals Support for Affirmative Action*, Washington Post, May 20, 1986, at A1; Philip Hager & Michael Wines, *Layoff Plan Favoring Blacks Voided by the Court*, L.A. Times, May 20, 1986, at A1. 另见 Stuart Taylor Jr., *High Court Bars a Layoff Method Favoring Blacks*, N.Y. Times, May 20, 1986, at A1, A20。

104 MacNeil/Lehrer News Hour (PBS television broadcast, Mar. 31, 1986).

用主义者——诸如劳动部长比尔·布洛克——认为，对白宫来说，在这个领域进一步扩展政治资本，“政治上不可接受”。[105]布洛克的观点最终获胜。1986年8月，白宫终止了这项提议，“因为最高法院近来的判决支持了一些平权行动计划”。[106]

白宫认为，这些判决是对司法部减少平权行动在政治上所作的重要谴责。因为平权行动已经稳固确立，不容置疑。在里根看来，事实已经证明，平权行动无处不在，“甚至是反对配额制和纠偏目标的各个政府部门，都要向平等就业委员会报告他们符合用数字考量的平权行动进程！”[107]此外，行政部门既没有改变小企业主利益保护局和其他行政部门发起的为少数族裔预留名额项目，也没有改变平等就业委员会的指导原则，即雇用的妇女和少数族裔人数少于其能接纳数量的80%时，推定其具有负面影响。

老布什时代的民权

老布什与里根一样，授予司法部广泛的自由裁量权，反击平权行动，但其他部门则强烈支持种族和性别优惠。事实上，布什政府不是试图重塑民权蓝图，而是忙于减少损害，以使自己与里根时代的影响保持距离。 165

布什执政的第一个月，他就强调“致力于平权行动”，他渴望“在商务部看到一个再度振兴少数族裔事务办公室”。[108]他还试图消除里根时期联邦通讯委员会反对平权行动带来的影响。1989年夏天，他任命了三位联邦通讯委员会委员，这三人都明确支持对少数族裔广播给予种族优惠。这三位还在最高法院将他们的观点化为行动，强烈（并成功）捍卫多元化

105　见 Gary L. McDowell, *Affirmative Inaction*, Policy Review, Spring 1989, at 32, 34。

106　见 Gerald M. Boyd, *Goals for Hiring to Stay in Place*, N.Y. Times, Aug. 25, 1986, at A1。

107　Nathan Glazer, *The Affirmative Action Stalemate*, Public Interest, Winter 1988, at 107.

108　Public Papers of the Presidents, 1989, I, at 29.

优惠政策。[109]

1991 年，当国会和白宫协商《民权法案》时，布什政府还试图与民权利益组织一道合作。最高法院开始放弃此前在民权案件中的立场，1989 年，最高法院发布了五份判决，使得很难证明第七章（就业歧视）和其他法律所规定的歧视。[110] 国会和民权利益组织继续合作进行立法，试图让这些判决无效，让民权诉讼的原告更易于提起诉讼。用不相关的影响就能证明存在歧视，可能迫使雇主按名额招聘以避开高昂的诉讼，以此促使总统行使了否决权。围绕这个问题产生的纷扰，以及几轮马拉松式的协商之后，布什迫使他的谈判代表会见民权领袖，为他找一条签署法案的途径。具有讽刺意味的是，因为对最高法院的极度不满才制定了这部法律，但法案中主要的妥协内容是授权法院具体设定不相关影响的证据标准。

1991 年的《民权法案》永远打破了后新政时代最高法院作为民权英雄的形象。虽然民权利益组织坚持要最高法院转向沃伦和伯格时代，但伦奎斯特法院的到来，已经意味着最高法院和确立民权之间的分歧日益严重。随着 1991 年《民权法案》推翻了九个伦奎斯特法院的判决，民选政府成为确立民权“最后诉诸的法院”。

社会和政治力量占主导地位

最高法院在 1995 年 6 月的阿达兰德建筑公司诉佩纳案中对平权行动的合宪性表示怀疑。法院以 5 比 4 的判决首次拒绝支持国会认可的保留项目。法院认为，联邦的平权行动计划应当和州与地方政府的项目一样，接受同样的严格审查标准。阿达兰德案收紧了审查平权行动的标准。

---

109 见 Brief for Federal Communicaions Commission, Metro Broadcasting, Inc. v. FCC, 199 Landmark Briefs 190—251。

110 *See generally Symposium, The Civil Rights Act of 1991: Theory and Practice*, 68 Notre Dame L. Rev. 911 (1993) ; *Symposium, Civil Rights Legislation in the 1990s*, 79 Cal. L. Rev. 591 (1991).

同时,阿达兰德案还试图“消除严格审查‘理论上严格,事实上致命’的错误观念”。[111] 166

甚至在阿达兰德案判决之前,社会和政治力量很大程度上已经取代了阿达兰德案的判决。譬如,1995 年春季,国会就在考虑参议员杰西·赫尔姆斯提出的名为《终结不公平的优惠法》,白宫也正在全面审查联邦的平权行动项目;已公开竞选并颇有希望的总统候选人——包括鲍勃·杜尔、菲尔·葛兰姆、杰西·杰克逊、阿伦·斯佩克特,以及皮特·威尔逊——都将平权行动作为他们总统竞选中争取选民的核心内容之一。加利福尼亚州一个公民表决提案,声称要取消大多数州平权行动项目。到 1995 年 5 月,“当时的问题”已不是最高法院是否解决平权行动的争议,“而只是最高法院是否要退出这场争议,而让国民自己解决这些问题”。[112]

在接下来的几年里,钟摆又摇了回来。一些主要的共和党议员,一方面渴望“为少数族裔提供一些积极肯定的信息”,另一方面又担心围绕平权行动的激烈争论将会延缓他们的“与美国有约”及其他改革。在这两种动机的支配下,他们又将平权行动搁置一边。[113] 正是出于这个原因,参、众两院的共和党议员都反对终止联邦的平权行动项目。[114]

克林顿政府则限制了阿达兰德案的适用范围。1995 年,一场针对平权行动的演讲中,克林顿强调,该判决“实际上重申了平权行动的必要性”。[115] 此外,克林顿政府通过白宫所做的“平权行动审查”,发现几乎所有平权行动项目都是对歧视的回应,并没有给非少数族裔带来不合理的负

111 515 U.S. 200, 237(1995).

112 Jeremy A. Rabkin, *The Color of California*, American Spectator, May 1995, at 24.

113 见 Kevin Merida, *Senate Rejects Gramm Bid to Bar Affirmative Action Set Asides,* Washington Post, July 21, 1995, at A13 ; Gerald F. Seib, *GOP Congress Debates an Attack on Affirmative Action*, Wall Street Journal, Dec. 10, 1996, at A24。

114 见 Juliet Eilperin, *House Defeats Bill Targeting College Affirmative Action*, Washington Post, May 7, 1998, at A4 ; James Dao, *Senate Stops Bid to End Road-Work Set Asides*, N.Y. Times, Mar. 7, 1998, at A9。

115 Public Papers of the Presidents, 1995, II, at 1112.

担，并且这些平权行动实现了为少数族裔和妇女增加机会的目标。[116]

随着华盛顿特区坚定了对平权行动的信心，平权行动的反对者开始将注意力转移到各州。特别是从1995年到1998年，加利福尼亚州在取消平权行动方面发挥了主导作用。1995年7月20日，克林顿总统发表有关平权行动的全国演讲后的次日，加州大学主事者便响应共和党州长和总统候选人皮特·威尔逊的主张，认为种族优惠"有可能让'致命的派性病毒'侵染国民"，并支持取消招聘和招生中的平权行动。[117]

更重要的是，1996年加利福尼亚州公民通过了一项州宪法修正案，禁止平权行动。第209条规定，本州"在公共部门招聘、公共教育或签订
167 公共契约时，不应基于种族、性别、肤色、族裔或籍贯，歧视或优待任何个人或组织"。虽然联邦初审法院发布禁令，禁止实施该修正案，但第九巡回上诉法院支持了该修正案。第九巡回法院屈服于民意的压力，认为"允许一个法官大笔一挥就否决4,736,180个本州居民投票通过的法律，这种制度考验着我们宪政民主的真实性"。[118]

加利福尼亚州虽然是民众反对平权行动的引领者，但它并不是孑然一身。1998年11月，华盛顿州选民通过了一项类似提议。随着民意测验表明民意广泛支持类似加利福尼亚州的措施，以及美国公民权利研究院提供的财政支持，州政策争议（而非司法判决）好像已经成为取消种族优惠的焦点。[119]

---

116 1995年7月19日公布的提交给克林顿总统的《平权行动审查报告》文本，重印于1995 Daily Lab. Rep.（BNA）No. 139, at Special Supplement（July 20, 1995）。

117 Bill Stall, *Wilson Steps Up Affirmative Action Attack*, L.A. Times, July 19, 1995, at A3. 另见 Pete Wilson, *Equal Rights, Not Special Privileges*, L.A. Times, June 1, 1995, at A11。与威尔逊不同，大多数共和党州长对反平权运动不感兴趣。见 David S. Broder & Robert A. Barnes, *Few Governors Joint Attack on Racial Politics,* Washington Post, Aug. 2, 1995, at A1。

118 Coalition for Economic Equity v. Wilson, 110 F.3d 1431, 1437（9th Cir. 1997）.

119 见 Sam Howe Verhovek, *In a Battle over Preferences, Race and Gender Are at Odds*, N.Y. Times, Oct. 20, 1998, at A1。平权行动的反对者也在下级联邦法院发动反优待战争。然而，虽然下级联邦法院好像越来越愿意废除优待项目，但相对于在整个州取消所有平权措施

但是，到2000年时，立法动议出现调整。加州宪法第209条修正案通过之后，因该项措施遭到激烈反对，导致加利福尼亚州共和党失去对加州议会多数票的控制权。佛罗里达州州长杰布·布什积极反对并成功阻止了一场投票动议。布什州长认为，这种动议违反州法，遂申请法院予以阻止。[120] 美国公民权利研究院在佛罗里达州失败后，遂放弃了反对平权行动的民主化运动。当时，平权行动的反对者失去依靠，只能转向法院。

格鲁特尔诉博林杰案

2003年6月，最高法院否决了平权行动反对者的意见，他们在政治过程中无法获得的胜利，在最高法院同样无法获得。大法官们以5比4的判决支持密歇根大学法学院的做法，确保每年招生的少数族裔学生达到"足够数量"。虽然法院还是判决密歇根大学法学院为所有特定种族的大学生申请者给予一定加分无效，但格鲁特尔诉博林杰案认可了法学院的做法，[121] 意味着大学在招生中可以将种族作为"加分项目"。

社会和政治力量有助于解释法院的判决。联邦和州政府官员几乎都支持平权行动。二十三个州、一百二十四名众议员和十三名参议员提交 168
了诉讼文件，为密歇根大学法学院的做法进行辩护。没有任何一名议员正式反对密歇根大学的政策，只有一个州（佛罗里达州）提交了批评密歇根方案的诉讼文件。小布什政府试图提出一种折中办法。行政部门虽然承认教育中的种族多样性是"重要的，并且完全正当"，但还是指责密歇根的种族政策，因为"还有其他许多种族中立的政策可以采用，同样能够实现开放和多元的重要目标"。[122]

来说，这种以项目的方式逐项挑战的做法还是作用不大。

120 Alex Fryer, *Affirmative-Action Fight Shifts from Ballot to Courtroom*, Seattle Times, Nov. 25, 2002, at A1.

121 539 U.S. 306（2003）.

122 Brief for the United States, Grutter v. Bollinger, 9, 10.

布什政府想要在反平权行动上采取强硬立场,但没有成功。此前的共和党政府(里根和老布什)虽然允许司法部在法院批评平权行动,但对联邦的平权项目置之不理。小布什的司法部长约翰·阿什克罗夫特和副部长泰德·奥尔森准备提交谴责种族优惠的诉讼材料,然而,小布什政府中的实用主义者成功阻止了他们的做法。[123] 这些实用主义者认为,全面反对平权行动会让布什很难赢得西班牙裔与一些城郊居民的选票。实际上,随着少数族裔人数的增长,布什的政治顾问建议布什,2004 年竞选连任很可能取决于他能否获得更多的少数族裔选票。[124]

2003 年 1 月,参议院多数派领袖特伦特·洛特被罢黜,这是导致布什最终决定和没有议员反对密歇根计划的另一个决定性因素。2002 年 12 月,洛特在演讲中明确接受了斯特罗姆·瑟蒙德 1948 年参加总统竞选时提出的分离主义。演讲结束后,洛特遭到布什和其他共和党人的公开批评,理由是这种观点"不能反映我国的精神"。[125] 四名共和党参议员借助洛特事件作为由头,敦促布什支持密歇根大学的做法,即种族多样化是一项不可抗拒的政府利益。[126]

密歇根大学还得益于财富 500 强企业、卸任高层官员联盟、军队文职军官、其他大学和学院、教育和心理协会等提交的"法庭之友"意见。这些意见认为,为帮助大学和法学院毕业生在多种族社会取得成功,为帮助美国企业在种族多元的全球经济中取得一席之地,为使军队"履行其保护国家安全的主要使命",除其他事项外,种族多样化是必要的。[127] 与之形

123 Peter Schmidt, *Bush Asks Supreme Court to Strike Down U. of Michigan's Affirmative Action Policy,* The Chronicle of Higher Education, Jan. 24, 2003, at 20.

124 Adam Nagourney, *Bush and Affirmative Action: The Context*; *With His Eye on Two Political Prizes, the President Picks His Words Carefully*, N.Y. Times, Jan. 16, 2003 at A26.

125 Adam Nagourney & Carl Hulse, *Divisive Words: The Republican Leader*; *Bush Rebukes Lott over Remarks on Thurmond*, N.Y. Times, Dec. 13, 2002, at A1.

126 Letter from Arlen Spector, Olympia Snow, Susan Collins, and Lincoln Chafee to President George W. Bush, Jan. 14, 2003.

127 Brief of Lt. Gen. Julius W. Becton Jr. et al. as Amici Curiae in Support of Respondents, Grutter

成鲜明对比的是，平权行动的反对者并未得到企业或主流教育组织的支持。

在这种背景下，最高法院毫无疑问要允许大学和学院将种族纳入考量因素。事实上，最高法院大量参考了“法庭之友”的辩护意见（包括布什政府提交的意见），确认教育中的种族多样化是一项不可抗拒的政府利益。如果最高法院得出别的结论，那么，最高法院几乎就成了孤家寡人。同时，法院否决了大学招生中的机械性做法，意味着它对一些与种族有关的决定不满。 169

州政府官员、国会议员和布什政府都接受法院的判决。譬如，布什总统“称赞”法院“承认多元价值”，并保证“为所有种族、籍贯和经济背景的美国人扩展教育机会”。[128]这种中庸之道不仅符合民选政府和利益集团的偏好，而且通常也与民意保持一致。虽然大多数美国人不同意大学招生中的种族优惠，但民意测验还是显示，美国人不反对平权行动，并认为大学和学院应当保持种族上的多元化。[129]

结 语

法院判决必须契合政治文化。虽然法院判决可能影响这种文化，但社会和政治力量也在塑造着司法判决的最终含义。譬如，克林顿政府从狭义上解释阿达兰德案的判决，就可以让大多数联邦平权行动项目完好无缺。三十年前，国会和白宫支持布朗案，为废除校园种族隔离铺平了道路。有关选举权的发展变化同样说明在宪法决策上的相互影响。国会承认，以数字为基础作为判定歧视的证据，借此去矫正法院判决。

除了民选政府对法院判决的回应之外，法院在起草判决意见时也经

---

v. Bollinger, 5.

128 39 Weekly Compilation of Presidential Documents 802 (2003).

129 David Von Drehle, *Court Mirrors Public Opinion*, Washington Post, June 24, 2003, at A1.

常考虑社会和政治因素。首席大法官沃伦在布朗案中追求全体一致判决，伯格法院对斯旺案后续反应的敏感，都是这种现象的典型例证。同样，伦奎斯特法院在废除校园种族隔离方面的判决，是民选政府和少数族裔集团反对强制性名额配置的自然结果。[130]

废除校园种族隔离、选举权和平权行动，均表明宪法含义是在法院、
人民和民选官员的相互影响下互相妥协的产物。有批评者指责这种过程
产生的都是中庸之道，对少数人的需求不够敏感，但通常情况是，民选官
170 员要比法院对少数群体的利益更加敏感。譬如，立法者在 1982 年极力扩
展选举权保护；取消最高法院对战时拘留日裔美国人的支持；利用 1991
年的《民权法案》推翻最高法院判决，这些均证明，民选官员愿意扩大民
171 权保护，纠正最高法院的判决。

---

130 见 Christine H. Rossell, *The Convergence of Black and White Attitudes on School Desegregation Issues*, in Equality Redefined 120 (Neal Devins & Davison M. Douglas eds., 1998) ; Drew S. Days III, *Brown Blues: Rethinking the Integrative Ideal* in id. At 133 ; Matthew Richer, *Busing's Boston Massacre*, Policy Review, Nov.-Dec. 1998, at 42。

第八章 言论自由

对个人良心和言论自由的承诺，要早于最高法院和其他司法部门所作的裁决。直到 1925 年，最高法院才判决，第十四修正案的正当程序条款吸纳了第一修正案中的言论自由条款，可用于限制各州。[1] 在此之前，言论自由问题由国会、总统、州和地方政府决定。小泽卡赖亚·查菲在有关言论自由的著作中提出："言论自由在法院赢得胜利之前，必先在观念上取得胜利。"[2] 不管法院如何决定或民选部门如何立法，"自由和富有成效的讨论，最终保障在于公民个人的容忍"。[3]

1798 年《外籍和煽动叛乱法》、1917 年《间谍法》以及麦卡锡时代对公民自由的限制，最终之所以会倒掉，源自于民众情感，而非司法裁判。同样，沃伦法院时期，政治言论的扩张，淫秽作品自由化，社会和政治力量发挥了重要作用。甚至法院推翻向国旗敬礼、互联网上的下流言行以及其他更多判决都与人民及其民选官员的渴望有关。换句话说，司法对言论的强大保护似乎注定还要继续——不是因为法院想要继续，而是因为人民需要它。

---

1 Gitlow v. New York, 268 U.S. 652, 666 (1925).

2 Zechariah Chafee Jr., Free Speech in the United States 325 (1941).

3 出处同上，x。

共和国早期的言论自由

第一修正案如果不保护批评政府的自由，它保护的是什么？ 1978年，最高法院指出："关于第一修正案的解释，不管有何差异，第一修正案的主要目的是保护讨论政府事务的自由，这是实践中的普遍共识。"[4]但是，在1798年，根本不存在这种共识。当时，国会制定了《外籍和煽动叛
173 乱法》。任何人在口头或书面信息中涉及"错误、诽谤或恶意"针对联邦政府——不管是国会，还是总统——且意图要"中伤"那些政府部门，都要受到该法的惩罚。[5]

这种限制性立法怎么会通过国会制定，并得到约翰·亚当斯总统的签署呢？同样令人困惑的是，联邦法院竟允许执行煽动叛乱法，怎么会保护政府权力高于个人呢？简单回答是，1798年，"第一修正案是否保护批评政府的言论"还不明确。根据一份权威研究，"第一修正案的起草和批准过程"是由"反对权利法案"的人控制的，并且，这些人几乎当然地接受英国允许指控煽动叛乱言行的做法。[6]然而，幸亏有公众对《外籍和煽动叛乱法》的抵制，布兰代斯大法官随后谈道："随意思想的自由，依其所想尽情演说的自由……是发现和传播政治真理必不可少的。"[7]

1798年，联邦党人和共和党人在是否向法国开战的问题上展开了激烈的争论，《外籍和煽动叛乱法》是这场争论的副产品。联邦党人控制的国会决定惩罚批评政府的共和党人。事实上，联邦党人将共和党人视为"内敌"，认为制定煽动叛乱、中伤诽谤的法律是"表达他们观点——共和

4 Landmark Communications, Inc. V. Virginia, 435 U.S. 829, 838 n. 11 (1978)[引用了 Mills v. Alabama, 384 U.S. 214, 218 (1966)]。

5 1 Stat. 596, ch. 74, § 1 (1978).

6 Leonard W. Levy, Freedom of Speech and Press in Early American History: Legacy of Suppression 233 (1960). 有关历史记录的另一种评价，见 David Anderson, *The Origin of the Press Clause*, 30 U.C.L.A. L. Rev. 455 (1983)。

7 Whitney v. California, 274 U.S. 357, 375 (1927)(协同意见)。

党是共和国的威胁——的一种方法”。[8] 联邦党的检察官将批评亚当斯政府的人作为目标，联邦党法官非常乐意执行这样的法律，三份共和党的报纸被迫停刊。[9]

联邦党人在批准和执行《外籍和煽动叛乱法》上好像具有政治优势，但这并没有解释支持者如何在国会和法院捍卫这些措施的合宪性。有些国会议员认为，这些法律公然侵犯了第一修正案保护的出版自由。纳撒尼尔·梅肯认为，国会不具备制定这种法律的宪法权力，“只能寄希望于法官判决这些法律违宪。如果他们进行审查，他们就会发现这些法律是违宪的法律”。[10] 约翰·尼古拉斯说：“为限制媒体，禁止对选举来说必要的信息，将会破坏选举原则。”[11] 这些措施的捍卫者反击说，表达自由只禁止事前限制，其基础就是英国的做法，将出版自由等同于免受事前限制的自由。[12]

托马斯·杰弗逊和詹姆斯·麦迪逊领导的共和党人还批评《外籍和煽动叛乱法》侵犯了各州主权。他们认为，煽动性诽谤是保留给各州的事务。[13] 他们起草（杰弗逊为肯塔基州起草，麦迪逊为弗吉尼亚州起草）
了一些决议，挑战联邦政府实施这两部法律的权力。肯塔基州和弗吉尼 174
亚州的决议认为，这些法律侵犯了人民的言论自由和出版自由，呼吁其他州和他们一道宣布这些法律违宪，进而保护州和人民的权力。在他们看来，各州观点一致时，有权宣布他们认为违宪的法律无效。[14]

---

8 Lucas A. Powe Jr., The Fourth Estate and the Constitution: Freedom of the Press in America 59 (1991).

9 出处同上，60；Wayne D. Moore, *Reconceiving Interpretive Autonomy: Insights from the Virginia and Kentucky Resolutions*, 11 Const. Com. 315, 317 (1994)。

10 8 Annals of Cong. 2152 (1798).

11 出处同上，2144。

12 见 David P. Currie, The Constitution in Congress 260—261 (1997)。有关这一立场的一个著名辩护，见 Levy, Freedom of Speech and Press in Early American History。

13 Levy, Freedom of Speech and Press in Early American History, at 258.

14 见 Moore, *Reconceiving Interpretative Autonomy. But see* Currie, The Constitution on Congress,

肯塔基州和弗吉尼亚州的呼吁无人回应。其他州没有一个制定类似的决议，十六个州中有十个表示他们不同意肯塔基州和弗吉尼亚州的做法。但这些决议的失败很难说是《外籍和煽动叛乱法》的胜利。检控著名的共和党人引发了强烈的争议，耗尽了联邦党人的心血。譬如，依据《外籍和煽动叛乱法》最早指控的马修·里昂就是证明。该法实施前三周，来自佛蒙特州的共和党议员里昂批评亚当斯"无尽地渴望得到极端的颂赞、愚蠢的奉承谄媚、自私的贪婪"。[15] 里昂虽然被证明有罪（陪审团考虑了一个小时就作出决定），但尽管是在监狱里，他仍然再次当选。更值得提及的是，尽管《外籍和煽动叛乱法》的检控让一些共和党报纸破产，但 1800 年大选时期，"可能由于该法的影响"，共和党的报纸数量有了实质性增长。[16]

1801 年，《外籍和煽动叛乱法》依其规定期限届满，当年，杰弗逊当选总统。杰弗逊宣誓就职后，依据总统的赦免权，赦免了"依据《外籍和煽动叛乱法》受到惩罚和检控的所有人，因为我过去就认为，并且现在仍然认为，这部法律应该是无效的。这就像国会要求我们跪拜金像一样绝对明显无效"。[17] 实际上，法院没有判决《外籍和煽动叛乱法》无效，这有助于杰弗逊确信，关注个人权利，要求行政部门在宪法解释上发挥更加积极的作用。四十年后，国会如法炮制，宣布《外籍和煽动叛乱法》"违宪无效"，[18] 并赔偿了针对里昂的罚款。通过立法机关和行政机关的解释，最高法院在 1964 年宣布《外籍和煽动叛乱法》已经无效，但不是由法院宣告其无效，而是"由历史"宣告其无效。[19]

---

at 269—270（描述了上诉到国会的决议）。摩尔的著作详述了麦迪逊和杰弗逊观点上的差异，见 Wayne D. Moore, Constitutional Rights and Powers of the People 239—262（1996）。

15 H. Rept. No. 86, 26th Cong., 1st Sess. 1（1840）.

16 Leonard W. Levy, Freedom in Turmoil, Era of the Sedition Act: The Crisis of 1797—1800, at 164（1962）.

17 11 The Writings of Thomas Jefferson 43—44（Mem. Ed. 1904）（1804 年 7 月 22 日写给约翰·亚当斯夫人的信）。

18 H.Rept. No. 86, 26th Cong., 1st Sess. 2（1840）; 6 Stat. 802, c. 45（1840）.

19 New York Times Co. v. Sullivan, 376 U.S. 254, 276（1964）.

政治言论的出现

最高法院认为1798年的《外籍和煽动叛乱法》是政治上宣布其无效,而不是司法上宣布其无效,这当然是正确的。然而,从南北战争到20世纪50年代早期参议员约瑟夫·麦卡锡领导的反共运动,国会和法院通常对政治异议者的言论自由持敌对态度。事实上,与今天最高法院作为 175 第一修正案自由保护者的形象相反,最高法院在这方面的历史是相当含混的。民众否决麦卡锡时代之前,大法官们几乎总是支持民选部门,限制政治异议者。自否决麦卡锡时代之后,最高法院成了政治言论的捍卫者。国会自身通常支持当代的司法角色,拒绝去限制法院的判决,并且还借用确认程序保护政治言论。

《外籍和煽动叛乱法》之后,接下来主要是关于奴隶制的言论自由问题。起初,废奴主义者批评州和联邦政府对反奴隶制言论的限制。他们认为:"自由询问和讨论是自由的基石,真理的庇护所……并且,私下或公开地自由、充分表达自己意见……是美国公民的权利。"[20]那些想要压制废奴主义者言论的人认为,联邦和各州宪法并不是要保护废奴言论。支持奴隶制的人认为,"直接倾向于……激起**违法叛乱**的出版物便是诽谤",指责废奴主义者是"煽动叛乱者",是"扰乱公共和平的狂热分子"。[21]根据这种"恶劣的直接倾向标准"(整个南北战争期间法院都在使用的标准),如果出版物或言论倾向于危害公共安宁,就应受到禁止。[22]

1837年之前,针对言论自由和出版自由,并没有公共讨论。1837年,一位奉行废奴主义的编辑——伊利亚·洛夫乔伊——因捍卫他印刷的报

---

20 Michael Kent Curtis, *Free Speech:" The People's Darling Privilege"* 209(2000)(引用了1835年10月21日在尤提卡举行的纽约反奴大会和10月22日在皮特斯堡举行的纽约反奴协会联合会)。

21 出处同上,196[引用了 *The Law of Libel and the Abolitionists*, Evening Post(N.Y.), Aug. 31, 1835, at 2](强调为原文所加)。

22 Curtis, *Free Speech:" The People's Darling Privilege"*, at 385—389.

纸而被杀害。人们开始意识到，打击废奴主义者意味着随后对其他自由的压制。杀害洛夫乔伊被看作是“南部奴隶制对北部自由的一次攻击”。[23] 颇有讽刺意味的是，随着亚伯拉罕·林肯在1862年暂停人身保护令，支持奴隶制的势力接受了言论自由原则。具体来说，1863年，联邦政府逮捕并在军事法庭审判了支持奴隶制的民主党人克莱门特·瓦兰迪格罕。瓦兰迪格罕所犯之罪是发表反战言论，“阻止志愿者应征入伍，（并鼓励抵制）军事征兵”。[24]最高法院认为，对于瓦兰迪格罕案件，法院没有管辖权。[25] 事实本身已经证明，美国人民对保护言论自由的渴望日益增长，是南北战争之前以及战争期间减少出现压制言论自由的唯一有价值的因素。

南北战争之后至第一次世界大战之前，政治理念面临广泛审查。事实上，伍德罗·威尔逊总统在要求国会对德宣战之前，他还告诉立法者：“我们国家和平与安全的最大威胁来自内部。我很羞愧地承认，有一些美
176 利坚公民，出生在别的国家，但根据我们慷慨的归化法，欢迎他们成为联邦的公民……他们却将背信弃义的恶行带入我们国家生活的核心领域。”[26]

1917年6月，国会制定了《间谍法》。根据该法规定，任何人“故意在联邦军队中引起或试图引起反抗、不忠、暴动或拒绝履行义务”将受到“一万美元以下罚款或二十年以下监禁”。[27] 此外，该法还对“提倡或鼓励叛国、暴动或暴力抵制任何联邦法律……任何非军事的书信、便条、传单、明信片……报纸、小册子、书籍或其他出版物等”持类似看法。[28]

立法机关在讨论《间谍法》时显然涉及到第一修正案的内容。其中一条拟规定，总统认为任何人出版的材料可能对敌人有用时，就可以将其监禁，但最终因限制出版自由而被否决。同时，有一条禁止邮寄反战和/

23 出处同上，217。

24 William H. Rehnquist, All the Laws but One 60（1998）.

25 Ex parte Vallandigham, 68 U.S. 243（1864）.

26 53 Cong. Rec. 99（1915）.

27 40 Stat. 219, sec. 3（1917）.

28 出处同上，230, sec 2。

或抵制征兵的出版物，对于这样的规定几乎没有任何反对意见。立法者想要制定一部规制个人行为的法律，特别是对军事有不利影响的宣传行为。[29] 此外，国会想要对移民传达一种信息：摆脱对外国的忠诚，要么就滚出去。

1917 年 6 月至 1920 年 6 月，依据《间谍法》，两千多人受到指控。这些人中，有一千多人被判有罪。大多数法院为支持《间谍法》，在他们的判决意见中甚至根本就没有提第一修正案，少数几个提到第一修正案的，认为政府的自我保护权优于个人的自我表达权。最高法院自身在 1919 年的申克诉合众国案中全体一致支持了《间谍法》，并用一段来阐述第一修正案的内容。[30] 一年后，最高法院以 7 比 2 的票决，判决无政府主义者雅各布·艾布拉姆斯有罪，他曾散发传单，呼吁军工厂工人抗议美国干涉俄国革命。[31]

但是，艾布拉姆斯案被公民自由论者视为一个突破性进展。最高法院中一些大法官（奥利弗·温德尔·霍姆斯和路易斯·布兰代斯）首次援引第一修正案限制政府权力。霍姆斯和布兰代斯受到小泽卡赖亚·查菲发表在《哈佛法律评论》上一篇文章的影响，小泽卡赖亚·查菲强烈认为，言论自由不仅在和平时期重要，特别是在战争时期也很重要。[32] 第一次世界大战期间，普遍压制言论自由，让许多美国人开始认真考虑第一修正案。许多人不再认为政府是仁慈的，而是转向重视第一修正案的保护， 177
并且在这种情况下，接受了当时新兴的现代公民自由运动。

随着公民对第一修正案的支持日益高涨，政府也开始愈加接受公民自由。譬如，第二次世界大战期间，司法部长弗朗西斯·比德尔就没有

29　有关该法案的立法简史，见 Rabban, Free Speech in Its Forgotten Years at 249—255。

30　249 U.S. 47, 51—52（1919）.

31　Abram v. United States, 250 U.S. 616（1919）.

32　Zechariah Chafee Jr., *Freedom of Speech in War Time*, 32 Harv. L. Rev. 932（1919）；另见 Louis Fisher, American Constitutional Law 462—463（5th ed. 2003）。

重复前任的错误。因此,在这期间,几乎没有提起任何公民自由的诉讼。[33]但是到了1945年,全国的氛围发生了改变。愈加意识到“极权主义的威胁”,促生了大量法律和规章,旨在控制言论,特别是共产主义言论。[34]

随着共和党在1946年国会选举中大获全胜,杜鲁门总统遭受共和党批评,指责他对共产主义手软。1947年,杜鲁门发布行政命令,授权忠诚审查委员会对联邦雇员进行调查,以此安抚他的批评者。[35]但是,反共情绪日益高涨,在20世纪50年代初期达到狂热状态。反共情绪的出现源自一系列事件。1949年,苏联爆炸了一颗原子弹,导致人们怀疑有间谍帮助他们窃取了技术。几周后,中国正式进入共产党时代。就在中国共产党掌权之时,司法部检察官成功审判前国务院官员阿尔杰·希斯为共产党人提供机密文件。1950年,美国派军队进入韩国,帮助韩国抗击共产主义的朝鲜。在这种背景下,“反共……成为美国政治社会的一个主题”。[36]

在这股风潮中,国会、民选部门官员和最高法院联合限制言论自由。1952年的《移民国籍法》规定,对于支持或传播共产主义理论的外国人,禁止进入美国,实际上扩大了当时政府的权力,以彻底根除共产主义。[37]政府检察官对那些讲授斯大林、马克思、恩格斯、列宁著作的个人提起指

33 涉及到联邦政府监禁日裔美国人以及州法要求学生向国旗敬礼的诉讼,是这方面的典型例外。对这些案件的讨论,见第七章(监禁)和第九章(向国旗致敬)。另一个重要的例外案例是 United States v. Lovett, 328 U.S. 303(1946)。在该案中,法院认为,不能因为政府雇员的政治观点,拒绝支付联邦报酬。罗斯福政府也认为该法剥夺公民权,是违宪的,所以拒绝到法院为该法辩护。见 Louis Fisher, Constitutional Dialogues 88—89(1988)。

34 见 Robert G. McCloskey, The American Supreme Court 131—132(2d ed. 1994, revised by Sanford Levinson)。

35 Exec. Order No. 9835 reprinted in 5 U.S.C. §631(1952).

36 见 Lucas A. Powe Jr., The Warren Court and American Politics 14—15(2000)。另见 Alert Fried, McCarthyism: The Great American Red Scare 70—71(1997)。

37 66 Stat. 163(1952). 杜鲁门总统认为,该法中的有些条款“比臭名昭著的1798年《外籍和煽动叛乱法》还要差”,遂否决了该项立法。见 Public Papers of the Presidents, 1952—1953, at 445。但是,国会推翻了总统的否决。

控。政府控告这些人密谋组织共产党,并因此违反了《史密斯法》。因为《史密斯法》规定,“故意拥护、煽动、劝告或传授拥有通过暴力推翻或破坏联邦政府的义务、需要、愿望或时机”均为非法。[38] 最高法院支持了这些指控,拒绝援引第一修正案来限制国会和白宫处理“红色恐慌”的企图。相反,法院袖手旁观,让民选部门自己决定如何处理共产主义危险分 178
子的问题。[39]

民意支持这种反共运动。威斯康星州共和党参议员约瑟夫·麦卡锡指控国务院庇护了205名共产党员后,在1950年跃升为全国知名人物。他污蔑许多民主党人犯有“叛国罪”,支持共产党,为共和党在1952年赢得白宫、参议院和众议院的全面胜利发挥了重要作用。但是,从1953年开始,麦卡锡的支持率开始下降。20世纪50年代早期的危机意识随着斯大林去世和朝鲜战争的结束有所缓解。到1954年,麦卡锡本人已经名誉扫地。此前军队招募了一位职员,他要求给予特殊照顾,在调查这个事件的听证会上,麦卡锡受到了公开羞辱。

但国会仍继续高喊反共,1954年,国会立法要求共产党员登记。[40] 公众情绪的变化为法官转向支持第一修正案保障的自由打开了大门。随着艾森豪威尔总统任命厄尔·沃伦和威廉·布伦南进入最高法院,反共立法不再照例得到认可,相反,这类法律被从严解释。1957年,法院在耶茨诉合众国案中,判决政府不能控告支持和教授共产主义的人,实际上推翻了丹尼斯案的判决。[41] 在记者斯通看来,法院让“第一修正案再次成为现实”,“反映了公众对……过去十年间,那些让美国看起来很是愚蠢,甚至陷入灾难的人……感到担忧和不安的情绪稳步增长”。[42]

38　54 Stat. 671, sec. 2(a)(1)(1940).

39　Dennis v. United States, 341 U.S. 594(1951). 在法院看来,推翻政府的行为危害太大,政府应当能够自由惩罚支持这些观点的人。

40　68. Stat. 775(1954).

41　354 U.S. 298(1957)(认为史密斯法案只限于“诱发”违法行为的言论)。

42　I.F. Stone, The Haunted Fifties 203(1963).

然而,公众及其民选代表并不打算像法院那样激进。国会和白宫不认可耶茨案以及法院其他限制政府追查和控告共产党员的判决。譬如,他们提出立法建议案,要限制最高法院在影响到共产党员第一修正案权利问题上的管辖权,诸如联邦的忠诚调查和各州的反颠覆法。参议员威廉·詹纳在为这些措施辩护时谈到,需要制衡"最高法院近来的判决……在这些判决中,最高法院将立法权据为己有"。[43] 国会最终没有接受这种提案,但法院减慢了公民自由运动,以回应这种批评。这种做法令《纽约时报》在 1960 年发表社论说:"参议员詹纳没能实现的目标,事实上,最高法院现在自己实现了。"[44]

事实证明,沃伦法院的撤退是"一种战略撤退,而不是被招徕"。[45] 特
179 别是布朗诉教育委员会案判决后,最高法院明确意识到南方反对民权判决引发的紧张氛围,所以法院认为不能以第一修正案的名义废除现存的反共立法。[46] 到 1964 年时,法院已经能够抵抗布朗案、耶茨案以及其他案件引发的批评浪潮。国会和白宫通过 1964 年的《民权法案》开始接受布朗案,并以此对种族问题提供联邦对策。

法院迅速回到种族问题,支持 1964 年《民权法案》中的公共住宿条款,扩大了废除校园种族隔离判决的适用范围,反击各州限制民权运动的企图。譬如,1964 年的《纽约时报》诉沙利文案,涉及由六十四名民权运动领袖签名发广告谴责阿拉巴马州蒙哥马利市警察行为不当,最高法院在这个案件中解释了第一修正案的保护内容。[47] 法院认为,尽管广告中有些陈述是错误的,但政府官员沙利文不能提起诽谤诉讼,除非他能证明发

43 104 Cong. Rec. 4423(1958).

44 Walter F. Murphy, Congress and the Court 245(1962)(引用了 1960 年 3 月 2 日社论文章)。

45 出处同上,246。

46 第七章详述了南方对布朗案的抵制以及最高法院的谨慎应对。

47 376 U.S. at 270. 其他涉及第一修正案的案件包括 NAACP v. Button, 371 U.S. 415(1963)(弗吉尼亚州规制游说诉讼资金的法律被判无效), Bond v. Floyd, 385 U.S. 116(1966)(认为乔治亚州立法机关不能因为一名非洲裔美国议员反对越南战争,就不让其就职)。

广告的这些人都知道这是错误的，并且存在“实际恶意”。与第一次世界大战和麦卡锡时代的判决不同，最高法院写道，所有涉及第一修正案的案件都必须考虑“一个深厚的背景，即我国致力于公共问题的讨论应当不受限制，激情澎湃并视野开阔”。[48]

最高法院在越南战争期间的大量判决解释了它对言论自由的支持不仅限于民权运动。虽然法院判决焚烧征兵卡是不受保护的言论，但法院支持公立学校学生、民选官员以及其他人有权以戴黑袖章、穿写有“去他妈的征兵”的夹克衫或其他方式抗议战争。[49] 在五角大楼文件案中，政府禁止《纽约时报》和《华盛顿邮报》出版记叙越南战争历史的摘要，法院还扩大了第一修正案的自由，禁止政府这样做。[50] 在一个与越南战争和民权运动没有关系的案件中，法院还判决三 K 党成员在传播政治信息方面几乎享有不受限制的权利。具体来说，法院的判决语言完全不同于第二次世界大战时代或麦卡锡时代的判决，法院认为，政府只能惩罚“直接煽动或导致即刻的非法活动，以及可能煽动或导致这种活动的行为”。[51]

到 1987 年时，越战时代的这些先例已经稳固下来。立法者拒绝里根提名罗伯特·博克进入最高法院时，已经正式接受法院限制政府管制言论的权力——即使是支持暴力推翻政府的言论，也应予以保护。参议院司法委员会提出的反对理由是，博克有可能会限制（如果还不是推翻的
话）越战时代的先例，“我们制度的基石是，任何政治言论，除引发即刻暴 180
力外，都能促进公众理解和国家进步——有时是展现现存制度的优点”。[52]

48 376 U.S. at 270.

49 见 Bond v. Floyd, 385 U.S. 116（1966）（支持了民选官员抗议战争的权利）；United States v. O'Brien, 391 U.S. 367（1968）（焚烧征兵卡应受到刑事制裁）；Tinker v. Des Moines School District, 393 U.S. 503（1969）（支持了公立学校学生抗议战争的权利）；Cohen v. California, 403 U.S. 15（1971）（政治抗议者可以用亵渎性的话表达观点）。

50 New York Times v. United States, 403 U.S. 713（1971）. 对该案的详细描述，见 David Redenstine, The Day the Presses Sctopped（1996）。

51 Brandenburg v. Ohio, 395 U.S. 444, 447（1969）.

52 S. Exec. Rep. No. 7, 100th Cong., 1st Sess. 54（1987）.

国会接受了法院的这种方式，鼓励法院成为第一修正案的强大支持者。正是出于这个原因，焚烧国旗案的法院判决（本章随后讨论）才能与国会拒绝博克联系起来。[53] 相反，当国会表示不认同法院 1956 年作出的扩展言论保护的判决时，法院就打退堂鼓，直到 1964 年才又介入这个争论。最高法院不能“维持一种正好与多数民意相对立的立场”，[54] 法院的判决表明，政治言论绝对是时代的产物。

捍卫媒体

1978 年，最高法院的判决再次为国会支持第一修正案自由提供了机会。那年，警察搜查了一份学生报纸《斯坦福日报》的编辑部，获得了示威者与警察发生冲突的照片，法院支持了警察的行为。[55] 报纸主张出版自由高于执法需要，法院否决了这种观点，同意政府有权针对报纸的编辑部颁发搜查令。同时，大法官邀请另外两个部门参与有关这个问题的宪法对话，指出第四修正案“并不禁止或反对立法机关或行政机关设立非宪法性保护，以防滥用搜查程序”。[56]

新闻媒体主张这种判决是“迈向警察国家的可怕一步”，批评其“对第一修正案和第四修正案的历史本末倒置”，是对“守法者隐私权”的威胁。[57] 国会和白宫对法院的邀请和媒体的主张作出回应。参议院司法委员会认为，法院认可的搜查令程序“并不足以保护媒体和无辜的第三方，因此需要立法”。[58] 卡特总统则提议立法“限制警察采用搜查新闻编辑部

---

53 值得注意的是，安东尼·肯尼迪担任的是曾提名博克填补的职位，是在废除州和联邦禁止焚烧国旗法中重要的第五票。

54 McCloskey, The American Supreme Court at 132（讨论了关于言论自由的案例）。

55 警察并未指控报纸，相反，指控的是拥有照片（能够辨识示威者）的“第三方”。

56 Zurcher v. Stanford Daily, 436 U.S. 547, 567（1978）.

57 S. Rept. No. 874, 96th Cong., 2d Sess. 4—5（1980）.

58 出处同上。

来处理最高法院在《斯坦福日报》判决中提出的问题”。[59]

国会和白宫起草的解决方案，除某些例外情况，一律要求用传票来代替搜查令，以此从那些散布报纸、书籍、广播或其他类似出版物者手中获取文件材料。[60]与搜查令不同，先发传票给报纸提供了在法院庭审中陈述自己意见的机会。此外，如果发了传票，报纸不会遭受对其设施进行破坏 181
性搜查，相反，报纸只是把文件移交给传唤人。

立法者讨论这项措施时，特别强调大法官们已经向国会发出“公开邀请”，由国会设定保护宪法权利的法律标准，因此，传票政策“原则上旨在保护公众的知情权”。[61]在约翰·卡佛看来，“对政府侵犯美国媒体特有的独立性这种威胁不能掉以轻心”，因为“自由的社会不能没有自由的媒体”。[62]众议院负责这项法案的罗伯特·卡斯滕米尔认为，法院判决已经“对长时间的宪法原则提出怀疑”，“不希望通过多年的诉讼来追求期待的结果”，最好“由国会来填补这项空白”。[63]国会在这样做时承担的同样是法院试图承担的任务——平衡第四修正案与其他权益——并且得出的是截然不同的结论，即为媒体自由提供更多的保护。

挽救“国旗”

1989年，最高法院推翻了得克萨斯州焚烧国旗案的判决，促使国会自己制定了国旗保护法。但是，1990年，法院判决国旗保护法违宪。虽然该判决引发民众疾风暴雨般地攻击法院，但国会一再拒绝通过宪法修正案来限制第一修正案的范围。国会没有制衡法院，说明了两点，一是修改宪法比较困难，二是越来越多的立法者默认了焚烧国旗案的判决。

59　Public Papers of the Presidents, 1980—1981, I, at 157.

60　94 Stat. 1879 (1980).

61　S. Rept. No. 874, at 5; 126 Cong. Rec. 26567 (1980) (Rep. Hyde 的评论)。

62　126 Cong. Rec. at 16341.

63　出处同上，26562。

1967 年 4 月，反越战集会上焚烧美国国旗之前，国旗保护并不是一个显著问题。1968 年，国会立法规定“故意通过公开篡改、丑化、亵渎、焚烧或践踏的方式藐视美国国旗”为非法。[64] 反对者认为，这种法律侵犯了“一种最基本的自由，即表达异议的自由”，这“对国家造成的损害要比焚烧国旗者所可能造成的损害更真实”。[65] 国会以压倒性多数（众议院是 387 比 16，参议院口头表决）通过了这项法案。在讨论这可能预示着二十年后对践踏国旗问题的考虑时，立法者将国旗称之为“挚爱的”和
182 “神圣的”、“自由的象征”，把焚烧国旗说成是“直接危害到联邦主权”，焚烧国旗者如果不能定叛国罪，那也是“暴民”、“无政府主义者”或“共产党领导的恶劣的、长毛的垮掉一代”。[66] 即使传统上捍卫权利法案的立法者，诸如众议院司法委员会主席伊曼纽尔·塞勒，也支持该法案。塞勒虽然对立法措施的合宪性提出质疑，但他解释说：“谁能反对像这样的内容呢？这就像是自己的母亲。”[67]

1968 年的立法并没有终结对国旗的践踏，而是导致以反战为由践踏国旗的指控激增。《纽约时报》在评论这种现象时指出，虽然 1968 年立法并没有明确表示什么构成“滥用”国旗，但警察将“叛逆的年轻人”作为打击对象。他们的理念“与主流爱国主义的理念有所不同”。[68] 最高法院在 1974 年回应了这种考虑，承认存在选择性指控的危险。然而，虽然

---

64 82 Stat. 291（1968）.

65 H. Rept. No. 350, 90th Cong., 1st Sess. 17（1967）（众议员康耶斯和爱德华兹的少数派意见）。

66 *Desecration of the Flag: Hearings before the House Committee on the Judiciary*, 90th Cong., 1st. Sess. At 32（Rep. Quillen 的评论），at 55（Rep. Roudebush 的评论），at 29（Rep. Quillen 的评论），at 46（Rep. Kelley 的评论），at 133（Rep. Berry 的评论），at 185（Rep. Watson 的评论）；*Hot Summers and Short Temper*s, 205 Nation 36, 37（1967）（引述了众议员巴林的话）。一般见 Robert Justin Goldstein, Saving Old Glory 118—137（1995）。

67 *Flag Burning Ban Advances in House*, N.Y. Times, June 7, 1967, at 29.

68 Anthony Ripley, *The American Flag: A Center of Dispute on Birthday of U.S.*, N.Y. Times, July 5, 1971, at 1；Fred P. Graham, *The Flag: Chaos over the Issue of Its Abuse*, N.Y. Times, Jan. 10, 1971, at 4—10.

这个案件以及法院的其他判决对践踏国旗的方式提出质疑，但大法官们为随后的立法大开方便之门。[69]

1989年及1990年，最高法院试图关上这扇门。1989年案件涉及的问题是对格里高利·李·约翰逊的拘留和定罪。1984年共和党全国大会期间，他参与了在达拉斯举行的政治抗议。大约一百名示威者在市政厅前反复高喊“美国，红白蓝，我呸”，约翰逊作为其中一员，拿了一面美国国旗，浇上汽油，并点燃了这幅国旗。最高法院以5比4作出判决，言论自由包括大多数美国人认为可恶的表达活动，“维护国旗的重要地位不是要惩罚烧毁它的人……如果这样做的话，我们就消除了这个珍贵符号所代表的自由”。[70] 法院认为，“如果第一修正案存在一个基本原则，那就是政府不能仅仅因为社会认为某种观念令人厌恶或冒犯他人，就禁止表达这种理念”。

法院发布这个判决后的第二天，参议院以97比3的票决通过了一项决议，表示“践踏国旗的行为明显不是第一修正案保护的‘言论’”，并呼吁研究一种可能的方式来重新制裁焚烧国旗。[71] 当天，众议院内的立法者轮番批评最高法院。众议员道格·阿普尔盖特认为，法院已经“侮辱”了国旗。众议员汤姆·比维尔谈道：“我国的最高法院竟然允许滥用美国国旗，真是令人厌恶至极。”[72]

一周后，乔治·布什总统在6月30日与国会领袖通力合作。以硫磺
岛纪念碑为背景，他谈道，要惩罚那些令国旗“蒙羞”的人，因为“维护自 183
由最可靠的办法是保护支撑自由的精神，国旗正是支撑自由的精神……代表着我们国家——我们的梦想、我们的天命、我们人民中的每一分

69　Smith v. Goguen, 415 U.S. 566, 581—582 (1974).

70　Texas v. Johnson, 491 U.S. 397, 419—420 (1989).

71　135 Cong. Rec. 13005 (1989).

72　出处同上，12849, 12851。

子”。[73]

同时，民意调查显示，受调查者中只有 28% 的人认可法院判决，大约 70% 的人支持通过宪法修正案来推翻法院判决。[74] 因为国会、白宫和公众都在强烈要求采取行动，国会毫无疑问要努力推翻法院判决。然而，问题是国会愿意采用立法方式，还是以宪法修正案的方式。

支持宪法修正案的势力在初期占据优势。根据布什政府官员和一些宪法学者的看法，不能通过立法的方式推翻法院判决。法律顾问办公室主任（后担任司法部长）威廉·巴尔提到，法院判决政府在保护国旗象征价值方面的利益并不充分，于是告诉参议院司法委员会，所有将国旗作为一个符号予以保护的法律“到时都将无效”。[75] 罗伯特·博克认为，有必要制定一条宪法修正案。否则，“如果国会直接以多数票推翻最高法院的宪法判决，那么我认为，这是我们政府制度所无法想象的”。[76]

但是，国会的民主党领袖反对修改宪法。众议院司法委员会主席邓·爱德华兹——曾是 1968 年针对国会践踏国旗法投反对票的少数议员之一——发誓要联合其他民主党人士“拼命到底”阻止宪法修正案。[77] 爱德华兹认为，“战争中每一次激烈的战斗，每一次社会剧变，骄傲的国旗都坚定地迎风飘扬”。相反，宪法是“脆弱的，此刻捕获立法者情绪的风潮就能将之改变”。[78] 参议院司法委员会主席约瑟夫·拜登认为，“国旗值得保护”，但“修改宪法是重要而又严肃的事情”，因此不应追求，“除非这

---

73 Public Papers of the Presidents, 1989, I, at 832.

74 见 *Americans Disagree with Supreme Court on Flag Burning Poll*, Reuters, June 24, 1989；Michelle Battle, *Poll: 69% Want Flag Protected*, USA Today, June 23, 1989, at A1。

75 *Hearings on Measures to Protect the Physical Integrity of the American Flag: Hearings before the Senate Committee on the Judiciary,* 101st Cong., 1st Sess. 66 (1989).

76 *Statutory and Constitutional Responses to the Supreme Court Decision in Texas v. Johnson: Hearings before the Huse Committee on the Judiciary*, 101 st Cong., 1st Sess. 202 (1989).

77 Joseph Mianowany, *House Panel Ignores Bush, Passes Flag Bill*, UPI, July 27, 1989.

78 *Statutory and Constitutional Responses to the Supreme Court Decision in Texas v. Johnson: Hearings before the Huse Committee on the Judiciary*, at 2.

种情况,立法机关完全没法通过合宪的方式进行补救”。[79]他的解决办法是:起草一份内容中立的法案,重点是关注国旗物理上的完整,而不是践踏者传达的政治讯息。

在一些共和党人看来,拜登和爱德华兹的企图是“虚假的”,他们只是努力拖延宪法修正案,希望践踏国旗问题最终从视野中消失。[80]有关这一点,爱德华兹主席在回答记者提问时,使自己的动机遭受质疑,“这个法案为议员们提供一个借口。他们可以告诉美国人民,‘看,我们正在保护国旗’”。[81]随着一些议员对这种法案的合宪性提出质疑,[82]国会在1989年 184
以压倒性多数(参议院是91比9,众议院是380比38)通过了《国旗保护法》。布什总统对这部法案是否“能抵挡最高法院的观点”也表达了“严重怀疑”。但是,布什不是以合宪性理由否决这项立法,而是“决定以不签署的方式让它成为法律”。[83]

布什政府、众议院和参议院提交的文件都认为,该法内容中立,与最高法院前年否决的得克萨斯州法律有所不同。布什政府的司法部副部长肯尼斯·斯塔尔认为:“我们社会无法容忍的是物理上的攻击以及伴随的损害国旗物理完整性的情况,而非正常的无休止的争论。”[84]但判决德州法律无效的五位大法官却不这样认为。这些大法官在判决《国旗保护法》无效时推论说,该法案内容中立的语言不过是政府真实意图的烟幕,也就是说,因为内容而压制表达自由。[85]

国会和布什内阁中支持宪法修正案的势力指责法院“危及我们的国

---

79 135 Cong. Rec. 23122(1989).

80 135 Cong. Rec. 20105—20106(1989)(Rep. Douglas 的评论)。

81 Id. At 20106(引用了《今日美国》上的一篇文章)。另见 Richard Wolf, *Topic: The Flag Amendment*; *Don't Let Hysteria Hurt Flag's Meaning*, USA Today, July 12, 1989。

82 例如见 Cong. Rec. 23123—23124(Scn. Thurmond 的评论)以及 23132—23133(Scn. Dixon 的评论)。

83 Public Papers of the Presidents, 1989, II, at 1403.

84 Brief for the United States, United States v. Eichman, 194 Landmark Briefs 408.

85 United States v. Eichman, 496 U.S. 310(1990).

家构成”，抓紧时间制定一条国旗修正案。[86] 盖洛普民意调查表明，71%的美国人支持宪法修正案。众议院夸耀说，有一百六十九名修正案的支持者。但是，民主党领袖削弱了这股民粹主义的改革动力。众议院议长汤姆·弗莱任命的一个专门工作组将讨论转移到针对权利法案的公投上。[87] 弗莱说：“每个国家都一个国旗，但我们是少数几个拥有权利法案的国家之一。”[88] 他用行动再次强调了这种说辞。弗莱和他的国旗专门工作组成员通过与众议院民主党人士（有些此前曾签名支持宪法修正案）接触，成功说服民主党同事投票反对宪法修正案。当开始投票时，一百六十名民主党议员和十七名共和党议员否决了修正案。[89] 参议院也以 58 比 42（九票之差）否决了修正案。国会在制定法律，并确保经受法院审查上浪费了大量时间，耗费了修宪的精力。[90]

但是，这种失败并没有安抚国旗修正案的支持者。1994 年，随着共和党执掌国会，国旗修正案又显现出来，并成为共和党领袖提出的一系列修正案的中心。然而，与 1990 年的争执不同，白宫这次反对通过国旗修正案。虽然比尔·克林顿在担任阿肯色州州长时曾呼吁立法推翻最高法
185 院 1989 年的判决，但克林顿政府认为，焚烧国旗不是需要制定宪法修正案的“特别重要理由”。[91] 法律顾问办公室主任沃尔特·戴林格借用前司法部副部长查尔斯·弗里德的话，对参议院司法委员会说：“我们挚爱国

---

86 Joan Biskupic, *Congress Snaps to Attention over New Flag Proposal*, CQ Weekly Report, June 16, 1990, at 1877（引用了布什总统的话）; Public Papers of the Presidents, 1990, I, at 812。

87 见 Daniel H. Pollitt, *The Flag Burning Controversy: A Chronology*, 70 N.C.L. Rev. 553, 598—599（1992）。

88 Biskupic, *Congress Snaps to Attention over New Flag Proposal*, at 1877.

89 最终投票结果是 254 比 177，以三十四票之差未能达到要求的三分之二。

90 Charles Tiefer, *The Flag-Burning Controversy of 1989—1990: Congress' Valid Role in Constitutional Dialogue*, 29 Harv. J. on Legis. 357（1992）.

91 *Proposing a Constitutional Amendment Authorizing the States and Congress to Prohibit the Physical Desecration of the Flag: Hearings before the Senate Committee on the Judiciary*, 104th Cong., 1st Sess. 33（1995）（Walter Dellinger 的声明）。

旗，因为它是美国的象征；但我们必须更加挚爱宪法，因为宪法不是象征，它就是美国本身。”[92]

1995、1998、2000和2003年，国会分别考虑过，但都没有通过禁止焚烧国旗的宪法修正案。尽管除佛蒙特州外，所有州的立法机关都通过决议，支持宪法修正案，但支持修正案的势力还是没有压倒反对修正案的议员。这一点在参议院尤其真实。幸亏参议院席位固定，且有六年任期(反对修正案才不可能成为每年竞选的话题)，参议院才能坚定地拒绝国旗修正案。譬如，2001年7月，众议院通过了类似的修正案，但参议院就没进行讨论。尽管9·11恐怖袭击后，全国接受了国旗，但参议院让修正案悄然死去。例如，只有两名参议员(修正案的支持者斯特罗姆·瑟蒙德和反对者帕特里克·里希)认为国旗纪念日是讨论修正案的时机。[93]

虽然国会没有推翻法院判决，但这并不意味着立法者认可法院判决。当政治过程不能保护第一修正案规定的自由时，有些立法者将最高法院看作是一个合作者，这是毫无疑问的。对于那些真正反对法院判决的立法者来说，焚烧国旗的事情唤起人们对难以修宪的注意。如果不能以压倒性多数得到两党支持，几乎不可能通过修改宪法推翻法院判决。当然，这只是意味着公众能够容忍(而非接受)法院的判决，也表明国会制衡法院最有效的一个武器，立法者很难使用。

规制广播

政府对广播的管制可追溯到1927年，当年，国会设立了联邦无线电委员会，一直持续到今天，由联邦通讯委员会及其国会监督员进行管控。联邦通讯委员会最初打算禁止空中“宣传”站，但后来除其他措施外，开

92 出处同上，34。

93 见148 Cong. Rec. S5529 (daily ed. June 13, 2002)(Sen. Leahy的评论)；148 Cong. Rec. S5581 (daily ed. June 14, 2002)(Sen. Thurmond的评论)。

186 始主动行使规制权,确保公平覆盖所有公共议题,在广播中促进种族多元,保护孩子免受不良信息影响。

联邦通讯委员会获权以"公共利益、便利和必要"为条件,规制电波使用,进而获得了通过对具体内容的规制限制广播的自由裁量权。出于这个原因,广播公司认为,联邦通讯委员会的行为超越了第一修正案的规定,会成为争夺广播和电视节目控制权的重要武器。当然,在这些广播公司发起的诉讼中,司法裁决扮演了重要角色。同样重要的是,广播公司还通过游说白宫和联邦通讯委员会来推进他们取消管制的进程,有时他们说服总统利用其否决权,以及说服联邦通讯委员会宣布现存规章违宪。

譬如,联邦通讯委员会要求,广播应覆盖"公共议题的争论各方",也就是所谓的公平原则,便是一个例子。[94]从1949年到20世纪80年代初期,联邦通讯委员会将公平作为"涉及公共议题时唯一最重要的要求"。[95]然而,到1987年,联邦通讯委员会认为公平原则违宪,是"过时的新政时代"有瑕疵的产物。[96]

与联邦通讯委员会立场相伴的是,1969年联邦最高法院全体一致裁决,不仅支持平等原则,而且还明确了宪法上消失的广播自由。[97]在这个案件中,广播公司曾认为,随着媒体渠道数目的增长,"公众信任"的规制已不必要,因此,广播应与印刷媒体同行一样享受同等的第一修正案自由。但法院支持了联邦通讯委员会的理由,即广播许可有限,广播公司既然获得政府授予的有限资源,就应当服务公共利益。

事情在1981年起了变化,里根任命的联邦通讯委员会成员谈到更好的政府而非更大的政府时,指出联邦通讯委员会作为一个行政部门,"接

---

94 Editorializing by Broadcast Licenses, 13 F.C.C. 1246(1949).

95 Committee for the Fair Broadcasting of Controversial Issues, 25 F.C.C. 2d 283, 292(1970).

96 Mark S. Fowler, *The Federal Communications Commission 1981—1987: What the Chairman Said*, 10 Hastings Comm/Ent L. J. 409, 411(1988); *In re* Complaint of Syracuse Peace Council, 2 F.C.C.R. 5043(1987).

97 Red Lion Broadcasting v. FCC, 395 U.S. 367(1969).

受政府委托，分布在全国的联邦机构，力图奉行精简、无为而治”。[98] 特别是，里根政府的联邦通讯委员会认为，“市场创造动力”为“消费者提供消费者想要的东西，而不是我们待在华盛顿想象消费者应该想要什么东西”，因此联邦通讯委员会认为，不应对广播和印刷媒体区别对待，否决了国会和最高法院的观点。[99]

1985 年 8 月，联邦通讯委员会发布了一份长达 111 页的《公平报告》，详细分析了公平原则，指责其“不必要且有害”。[100] 联邦通讯委员会指出，随着电子媒体的快速发展，禁止市场化的规章实际上减少了争议问题的讨论。由于这个原因，联邦通讯委员会“质疑”公平原则的合宪性，指出 187
“仅仅引用”1969 年的判决并不能解决“公平原则提出的复杂宪法问题”。

然而，迫于“强大的”国会压力，联邦通讯委员会决定，“不适于”由它来废止公平原则。[101] 相反，它鼓励法院判决该原则既违宪，又违背公共利益。但是，华盛顿特区巡回法院拒绝为联邦通讯委员会提供救济。现在，面对宪法问题的责任落在了联邦通讯委员会肩上。颇有讽刺意味的是，法院判决，要求联邦通讯委员会解决公平原则的合法性问题，为联邦通讯委员会提供了它需要的政治理由，重新正式审议废除公平原则。

国会预计联邦通讯委员会很快就会终止公平原则，于是采取立法授权公平义务。在国会看来，广播不属于第一修正案保护的媒体，相反，它们是“执照持有者”，依照规章（包括内容中立的要求）进行管理。更重要的是，国会认为，市场不能要求广播公司承担它们作为公共受托人的责任，因此，如果没有公平原则的要求，“公共事务的讨论有可能是一边倒，

---

98 Fowler, *The Federal Communications Commission 1981—1987*, at 410.

99 FCC Chairman Dennis Patrick, cited in *Broadcast Deregulation: The Reagan Years and Beyond*, 40 Admin. L. Rev. 345, 353 (1988).

100 针对联邦通讯委员会关于广播执照持有者一般公平义务规章第 73.1910 项的调查。102 F.C.C. 2d 143 (1985)。

101 出处同上，246—247。

要么是迫于商业广告的经济压力而统一沦为思想干枯的园地”。[102] 国会与最高法院 1969 年的判决一样，认为广播是“公共受托人，承担着特殊责任”。1987 年 6 月，国会以压倒性多数（参议院是 59 比 31，众议院是 302 比 102）通过了关于公平原则的立法。

国会通过公平原则立法，让联邦通讯委员会站在自己的立场上，这种意愿并没有解决问题。前广播员里根总统骄傲地谈起，“我曾通过行使我的第一修正案权利来谋生”。里根强烈反对公平原则，以“违反了第一修正案保障的表达自由”为据，否决了该项法案。[103] 他的否决案断然拒绝了公共受托人的规章，支持广播享有充分的第一修正案权利。总统否决该项法案后（并且国会没有能力予以推翻），为联邦通讯委员会正式废除公平原则做好了准备。一个月后，1987 年 8 月 4 日，联邦通讯委员会废除了公平原则。[104]

随着比尔·克林顿当选总统，恢复公平原则的前景似乎看好。国会继续支持公平原则。克林顿选择里德·洪特担任联邦通讯委员会主席。在他的确认听证会上，他表示愿意重新审查公平原则。但是在 1993 年，拉什·林博、戈登·里迪，以及其他保守派人士领导了一场刻薄且最终获得成功的防卫性反击。保守派担心，广播将放弃保守性谈话节目，不再为
188 不同观点提供同等机会，所以，反对公平原则的保守派放弃第一修正案旗帜，称公平原则“是今天适用的政治正确”。[105] 更重要的是，国会和联邦通讯委员会通过促进对林博和其他广播谈话者的支持，示意他们对公平原

102 Codification of Fairness Doctrine Appears Imminent, Broadcasting, Apr. 13, 1987, at 78（引用了联邦通讯委员会监管委员会主席约翰·丁格尔的话）。另见 Edward J. Markey, *Congress to Administrative Agencies: Creator, Overseer, and Partner*, 1990 Duke L. J. 967。

103 Public Papers of the Presidents, 1987, I, at 690. 见 *The Presiden vs. the Fairness Doctrine*, Broadcasting, June 29, 1987, at 29。

104 *In re* Complaint of Syracuse Peace Council Against WTVH, 2 F.C.C.R. 5043, 5057（1987）.

105 Rush Limbaugh, *It's an Attempt to Make Talk Radio PC*, Electronic Media, Sept. 27, 1993, at 13.

则的反对,好像不再关注重振公平原则。

联邦通讯委员会的逻辑是,要求支持某个候选人的广播公司,也要为其对手提供回应时间,然而,公平原则的消亡对联邦通讯委员会期待的结果没有什么影响。虽然联邦通讯委员会在1983年总结说,“政治社论规则不再维护公共利益”,广播已经成为“一个引人注目的例子”,[106]但在2000年10月11日,华盛顿特区巡回法院判决要求联邦通讯委员会废除这些规则之前仍然有效。[107]但是,华盛顿特区巡回法院不是认为这些规则违宪,而是认为联邦通讯委员会在废除这些规则时没有指出这些规则违反了第一修正案。随着小布什在大选中战胜阿尔·戈尔——戈尔呼吁恢复公平原则,联邦通讯委员会基本没有机会再考虑这个问题。

下流言论

从1948年开始,国会已经禁止广播发表“任何淫秽、下流或亵渎性的话”。[108]1978年,最高法院支持了联邦通讯委员会管制淫秽言论的权力,[109]并且自这个判决开始,大法官们一再审查国会限制“淫秽、下流、猥亵、肮脏或骚扰言论”的权力。[110]从1996年至2003年,法院公布了七个判决,大多数都是限制联邦管控淫秽言论。国会通常接受这些判决,并没有说要限制法院,或利用确认程序对大法官候选人施加压力,要求其支持管控淫秽言论的措施。相反,国会好像比较满意于通过立法解决互联网上的儿

106　Repeal of Modification of the Personal Attack and Political Editorial Rules, 48 Fed. Reg. 28,295, 28,298 (1983).

107　Radio-Television News Directors Association et al. v. Federal Communications Commission et al., 229 F.3d 269 (D.C. Cir. 2000).

108　62 Stat. 769, sec. 1464 (1948).

109　FCC v. Pacifica Foundation, 438 U.S. 726 (1978).

110　Jin Exon, *We Can't Allow Smut on the Internet*, Washington Post, Mar. 9, 1995, at A20.

童色情文学和淫秽信息等等，而将这些措施的合宪性判断交给法院。这种模式好像还要继续。自从沃伦法院将禁止淫秽法自由化之后，民选官员再也没有认真对法院界定这类问题的权力提出过质疑。

1957 年，最高法院判决密歇根州一部法律无效，该法禁止销售可能对年轻人产生有害影响的书籍，[111] 但在此案之前，州和联邦的管理人员几乎享有充分权力，既能界定淫秽，又能限制销售和传播“淫秽材料”。在这期间，邮政局长裁定《查泰莱夫人的情人》为禁止邮寄物品，审查委员会拒绝为他们认为淫秽的电影颁发播放许可。然而，到沃伦法院末期
189 （1968 年），最高法院实际上撤销了审查委员会，出现完全裸露的电影也得到批准。[112]

对于反淫秽法的自由化，相对来说，国会和白宫很少抵制。1967 年，国会设立了一个淫秽物品和色情文学审查委员会。然而，国会注意到，对“什么是淫秽材料”缺乏一个明确的“法律定义”，遂着手“探索一些方法来减少淫秽和有害材料的流通”。[113] 1970 年，审查委员会发布了一份 1000 页的报告，指出对成年人获取材料没有限制。虽然尼克松总统和国会都指责这份报告，“忽视了长期浸淫于淫秽和色情可能产生的影响，没有实现国会委托的任务及其法定义务”，[114] 但最高法院没有理由担心民选政府会对它的涉黄判决进行抵制。相反，国会和总统好像都乐于发表有号召力的言论。

1975 年，国会和联邦官员将注意力转向淫秽、儿童色情以及相关问题。那年，联邦通讯委员会（所有委员都由尼克松和福特两位总统任命）认为，广播电台不应在晚上十点之前播放讽刺作家乔治 · 卡林长篇大论

111 Butler v. Michigan, 352 U.S. 380, 383（1957）（认为该法将“减少密歇根州阅读孩子读物的成年人数”）。

112 Powe, The Warren Court and American Politics at 336—357.

113 113 Cong. Rec. 12211（1967）（Sen. Mundt 的声明）；出处同上，12212（重印了参议院关于设立该委员会的决议）。

114 116 Cong. Rec. 36459（1970）（重印了参议院批评该报告的决议）。

时出现的“七个脏词”。[115] 卡特的司法部提起诉讼,认为联邦通讯委员会的命令管得过宽,因为联邦通讯委员会并没有考虑使用这些令人感到冒犯词汇的“背景”,但最高法院认可了联邦通讯委员会律师的观点,即他们的命令适当保护了“父母和隐私”利益。[116] 由于里根在 1980 年的大选中击败了卡特,总统和立法者已经承认,通过禁令来保持体面的规章没什么意义。

里根政府发起了一些适度的反色情倡议。1985 年,成立了一个委员会,对“限制色情文学传播的方式”提供建议。[117] 根据委员会的报告,成立了一个全国禁止淫秽物品部,着手并指导联邦对淫秽物品和儿童色情进行调查和提起指控。[118] 但是,行政部门绝不是要推翻最高法院有关涉黄案件的判决。立法者也是类似反应,并没有促使法院反思其涉黄判决和有关淫秽的法律理论。

国会的默许值得注意。自 1989 年以来,最高法院和下级联邦法院至少废除或限制适用了九部联邦法律,包括禁止广播下流内容,[119] 限制在有
线电视和互联网上传播冒犯他人的内容,[120] 禁止色情电话服务,[121] 露骨内 190
容的制造商应登记在案,[122] 联邦对儿童色情的禁令扩展适用于计算机产

115　56 F.C.C. 2d 94, 99 (1975).

116　FCC v. Pacifica Foundation, 438 U.S. 726 (1978) ; Brief for the United States, 101 Landmark Briefs 525 (1977) ; Petitioner’s Reply Brief, 101 Landmark Briefs 504 (1977).

117　Final Report of the Attorney General’s Commission on Pornography 1957 (1986).

118　United States Department of Justice, Beyond the Pornography Commission: The Federal Response 43 (1988). 还设立了淫秽法研究中心,作为有关色情问题的法律资料库和信息交换中心。出处同上。

119　见 Action for Children’s Television v. FCC, 932 F.2d 1504 (D.C. Cir. 1991)。

120　见 Denver Area Educ. Telecom. Consortium v. FCC, 518 U.S. 727 (1996)(有线电视); Reno v. ACLU, 521 U.S. 844 (1997) (网络); ApolloMedia Corp v. Reno, 526 U.S. 1061 (1999) (电邮); American Library Ass’n et al. v. United States et al., 201 F. Supp. 2d 401 (E.D. Pa. 2002) (网络)。

121　见 Sable Communications of Cal. V. FCC, 492 U.S. 115 (1989)。

122　American Library Ass’n v. Thornburgh, 713 F. Supp. 469 (D.D.C. 1989) ; American Library Ass’n v. Barr, 794 F.Supp. 412 (D.D.C. 1992).

生的未成年图像,[123] 但这些都没有引发激烈反应。

立法者不是指责法院限制国会的反淫秽运动,而是乐于发表意见并制定新的法律。事实上,国会在质疑最高法院废除这些法律的权力时,很大程度上已经接受了司法至上。譬如,当立法者制定色情电话服务法时,对法律的合宪性问题暂不考虑。众议员丹·科茨解释说:"选举我们这群人来到这里,不是作合宪性判断,那是街对面最高法院的事。"[124] 同样,众议员拉尔夫·霍尔认为,国会"应当尽其所能向所有色情作品开战",立法者的身份就是应当批准该项法案,然后"把它送到法院……由法院最终决定该法是否合宪"。[125]

《传播净化法》也是同样的情况。1995 年夏天,公众对互联网上激增的色情作品和销售(特别是对于孩子来说)感到忧虑。《时代》和《新闻周刊》分别发文:"网络色情:触手可得"和"网络上的父母性学指南",这促使立法者关注网络管制。国会很快制定了支持家庭的《传播净化法》。虽然立法者有时间从网上下载图片信息,"看看这有多糟糕",[126] 但他们没有时间举行立法听证或认真讨论法律的合宪性。相反,立法者在《传播净化法》中加入了最高法院的审查条款,授权法院负责诊断法案的合宪性。因此,法院判决《传播净化法》无效后,国会并没有质疑,而是试图通过新的立法,即 1998 年的《儿童在线保护法》,"解决最高法院提出的具体问题"。[127] 两年后,国会对接受联邦资助的图书馆设定条件。《儿童互联网色情保护法》要求参与的图书馆在为儿童提供互联网服务时,要安装色情过滤软件。[128]

---

123 Ashcroft v. Free Speech Coalition, 535 U.S. 234(2002).

124 134 Cong. Rec. 7337(1988)(Rep. Coats 的声明)。

125 出处同上,7336(1988)(Rep. Hall 的声明)。

126 141 Cong. Rec. 15504(1995)(Senator Exon 的声明)。

127 H. Rept. No. 105—775, 105th Cong., 2d Sess. 12(1998). 在 Ashcroft v. ACLU, 535 U.S. 564(2002)案中,最高法院认为,"当代社区标准"可以识别对未成年人有害的信息,之后,将案件发回联邦上诉法院,由联邦上诉法院解决该法存在的其他宪法问题。

128 在合众国诉图书馆协会案中,最高法院否决了对该法的质疑。123 S. Ct. 2297(2003)。然

国会虽然认可了法院的权力，但大力抨击克林顿政府的司法部，指责其限制 1984 年儿童色情保护法的效力。[129] 司法部认为，该法并不适用于年轻女孩衣着暴露，遂试图阻止最高法院对这个问题作出判决，因为法院的观点与刑事被告的观点如出一辙。[130] 作为回应，一百名参议员全体支持谴责司法部的案情意见，并于 1994 年的一部刑事法中正式接纳了“衣着暴露”标准。[131] 白宫紧随国会的谴责案，要求司法部改变立场。两年后，尽管大法官们此前已明确表示《传播净化法》“危及到第一修正案和隐 191
私权的重要内容”，但克林顿总统还是签署了该法。[132]

就这样，国会和白宫在捍卫“淫秽内容”方面一无所获，特别是“淫秽内容”涉及性或儿童能够获取时。正是出于这个原因，立法者并没有援引第一修正案对反淫秽措施投反对票，相反，他们支持这样的立法，然后将其交给法院去判定反淫秽法的界限。尽管法院经常判决这样的立法无效，[133] 但国会和白宫从来没有组织控诉，敦促法院重新审议它的判决。国会反倒乐意从法院判决中获取宪法性判断的线索。除了重新起草《传播净化法》以“解决法院的具体关注”之外，立法者同样重新起草了电话色情服务、真实色情以及记录立法。

而，大法官们表示，如果对成年人利用网络造成了不合理负担，那么就应受到依据第一修正案提出的新的质疑。

129　98 Stat. 204 (1984).

130　见 Linda Greenhouse, *Supreme Court Roundup*; *Child Smut Conviction Vacated after U.S. Shift*, N.Y. Times, Nov. 2, 1993, at B7。

131　见 Linda Greenhouse, *Court Rejects Appeal of Man Convicted in Child Smut Case with Political Overtones*, N.Y. Times, Jan. 18, 1995, at D20。

132　Letter from Acting Assistant Attorney General Kent Markus to Hon. Patrick J. Leahy *reprinted* in 141 Cong. Rec. 16022 (1995)(Sen. Leahy 的声明)。

133　一个重要的例外是，国会有权为联邦拨款和补助的收据设定条件。见 National Endowment for Arts v. Finley, 524 U.S. 569 (1998) (支持国会在为艺术有关的项目拨款时，有权将“一般的高雅标准”纳入考量)；United States v. American Library Association, 123 S. Ct. 2297 (2003) (否决了表面上对《儿童网络保护法》的挑战)。

结　语

美国历史上的大多数时期，言论自由保护与其说是与司法精英紧密相连，不如说是与民众的情感密切相关。从1978年《外籍和煽动叛乱法》到麦卡锡时代对共产主义的攻击，面对公民对言论限制的挑战和质疑，最高法院要么确认对言论的限制，要么置身事外。在这期间，对政府越权唯一有效的制衡，是美国人民渴望能够对争议问题发表意见，并且听到别人的意见。依据《外籍和煽动叛乱法》对著名共和党人的指控，在政治上不得人心，导致托马斯·杰弗逊在大选中战胜约翰·亚当斯，并随之废除《外籍和煽动叛乱法》。同样，第一次世界大战后，因对极权主义的恐惧，激发了后来的现代公民自由运动。相反，内战时期、第一次世界大战期间，以及麦卡锡时代，人民经常鼓励政府压制言论。

随着沃伦法院对政治言论自由的扩张以及对淫秽法的自由化（这些事件可以与麦卡锡时代的终结以及民权运动的出现联系起来），最高法院积极监督州和联邦对言论的限制。立法者不是抵制这种司法角色，而是接受它。司法人员的确认听证，如果有什么意义的话，那就是指出法院需要保持警惕，捍卫第一修正案的自由。此外，国会加快对焚烧国旗和淫秽
192 立法的审查，预示着愿意接受最高法院的判决。

因此，现代法院是第一修正案自由的积极捍卫者，这一点毫无争议，与此同样毫无争议的是，法院判决受制于社会和政治力量。正是出于这个原因，近来最高法院在涉黄案件上的判决趋势成了政治过程的一部分，政治过程将这个问题留给法院决定。在这些标准内，民选部门仍然负责起草合适的法律和部门规章。相应地，虽然政府官员极少有超越最高法院设定的标准扩展言论保护的例子（正如他们搜查报社和设立公平原则），但言论成为“人民的权利”，既得益于最高法院的判决，也同样得益于
193 政治的反复博弈。

第九章　宗教

普遍认为,法院是宗教自由的重要保护者,特别是当多数人制定的规则威胁到少数人的宗教信仰时,更是如此。然而,在 1940 年以前,法院在宗教自由领域几乎无所作为。[1]因此,一个半世纪以来,保护宗教自由的任务都留给了日常的政治过程。那些致力于保护信仰自由的个人和组织,都转向非司法部门和各州寻求救济。法院不再是个人权利的唯一守护者,而是通过司法部门与非司法部门之间有效的对话,而且法院通常发挥的是次要作用。法院时而会推动社会的发展,但法院的角色通常是边缘性的,而非支柱性的。宗教游说团体通常会在联邦和州政府的三个部门之间施加他们的观点。他们通常偏好于依赖国会和州立法机关来促进他们的利益。

主流的政教关系研究曾经认为:"法官说宪法是什么就是什么,这样说完全符合美国宪法。"[2]但对相关争论的研究表明,这种说法是不正确的。即便随意浏览一下美国史,也能发现这种观点是不恰当的。这种观点不是有助于澄清事实,而是在强化错觉和假象。

1　Cantwell v. Connecticut, 310 U.S. 296 (1940).

2　Frank J. Sorauf, The Wall of Separation: The Constitutional Politics of Church and State 3 (1976).

宗教游说团体

个人和组织对信仰自由和宗教自由感受强烈。宗教利益集团不是盲目遵从法院、立法机关、行政机关或专家的判断,而是大胆地在立法机关面前为自己作证,并且使用其他游说技巧,包括诉讼,来表达自己的观点。
195 在美国,宗教组织参与了包括服兵役、奴隶制、堕胎、平等权利修正案、校园祈祷和资助教会学校等在内的许多引发广泛争议的问题。[3]

在要求公民服兵役的问题上,殖民地政府和早期的州政府允许那些在信仰上反战的人享受例外待遇。马萨诸塞州在1661年,罗得岛州在1673年,宾夕法尼亚州在1757年,分别通过立法允许那些基于信仰的反战者承担非战斗性服役。[4]1775年7月18日,大陆会议设立军队,但承认那些基于宗教理由反战的人可以不用服兵役。[5]《独立宣言》发布之后,一些州宪中明确保护信仰上的反战者具有宗教自由权。[6]所有这些对宗教信仰上少数群体的保护都是通过日常的立法过程实现的。

在美国独立战争、1812年战争和墨西哥战争中,国会并没有依赖征兵,国家依赖志愿者和州的民兵进行战斗。国家最早出现征兵是在内战时候,议员们经讨论决定,那些以“良心上的不安”为由反对服兵役的人,可以不用承担服兵役的义务。[7]教友派(贵格会)主导了这种立法方向,

---

3 Allen D. Hertzke, Representing God in Washington: The Role of Religious Lobbies in the American Polity 5(1988).

4 U.S. Selective Service System, Conscientious Objection(Special Monograph No. 11, Vol. Ⅰ) 30(1950).

5 2 Journals of the Continental Congress 189(1905).

6 Pa. Const. of 1776, VIII; Vt. Const. of 1775, Ch. I, IX; N.H. Const. of 1784, Art. I, XIII; Me. Const. of 1819, Art. VII, Sec. 5; reproduced in Sources and Documents of United States Constitutions(William F. Swindler ed., 1973—1979); 8 Swindler 278; 9 Swindler 490; 6 Swindler 345; 4 Swindler 323。

7 Cong. Globe, 37th Cong., 3d Sess. 994(1863)(Senator Ira Harris 的声明)。另见 debate at 1261, 1292, 1389—1390。

免除“宗教教派”中某些从信仰上反对服兵役的人承担兵役义务。[8]这种对宗教信仰上少数群体的保护并不是出自法院。贵格会和其他宗教组织本能地向总统、行政官员和议员寻求救济。

要求承认基于信仰的反对意见,不仅针对贵格会、门诺派以及其他确定的宗教,而且还要求承认那些不属于任何教派者的权利。路易斯·福莱纳因在第一次世界大战期间帮助和煽动他人逃避服兵役而被判犯有蓄谋推翻合众国罪,但他认为,信仰上的反对者并不一定是教会成员,也可能是基于个人良心。[9]贵格会赞同这种观点,游说国会修改法律上的豁免条件。与要求信仰上的反对者属于一个“公认的宗教派系”不同,他们认为,“应根据良心而非身份”进行考察。[10]由于来自宗教组织的压力,国会于 1940 年修改了免除服兵役的条件,包括那些“由于宗教训练和信仰而在良心上反对参与任何形式之战争”的个人。[11]

宗教信徒成功游说立法的另一个例子是在内战时期。1860 年 2 月 1 日之前,只有基督徒才能被选到国会主持祈祷。但那一天,众议院改变了
这种做法,邀请纽约市犹太会堂的莫里斯·拉斐尔博士做了第一个犹太 196
教的祈祷。[12]现在的祈祷通常由基督教、犹太教、穆斯林、美国印第安人和其他宗教组织提供。

内战之前,只有基督新教的信徒才能被选为随军牧师。有些军队,大部分士兵是犹太人,则希望有一些他们自己教派的牧师。林肯总统和议员们认为,法律要求只能任命“基督教派”的牧师担任随军牧师是不合适

8 Edward Needles Wright, Conscientious Objectors in the Civil War 15—16, 69—72 (1931) ; 13 Stat. 9, § 17 (1864).

9 Fraina v. United States, 255 F. 28, 31 (2d Cir. 1918).

10 National Service Board for Religious Objectors, Congress Looks at the Conscientious Objector 15 (1943).

11 54 Stat. 889, § 5 (g) (1940). 有关拒服兵役者的立法史的详细讨论,见 Louis Fisher, Religious Liberty in America: Political Safeguards 82—104 (2002)。

12 Cong. Globe, 36th Cong., 1st Sess. 648—649 (1860) ; Bertrum Wallace Korn, Eventual Years and Experiences 107 (1955).

的。[13] 随着阿诺德 · 费舍尔先生的个人游说,法律规定的“基督教派”改为了“一些宗教教派”。[14]

在反对奴隶制方面,教会发挥了重要作用。美国第一份反抗奴隶制的印刷品就来自 1688 年贵格会的一份出版物。[15] 乔治 ·基思是一位贵格会信徒,在 1693 年就猛烈抨击奴隶制。[16] 贵格会在 1776 年开除了拥有奴隶的会友。[17]1789 年,弗吉尼亚浸礼会的总务委员会通过一项谴责奴隶制的决议, 1800 年,卫理公会会议呼吁逐步解放奴隶。[18]1854 年,当堪萨斯 — 内布拉斯加法案威胁着要把奴隶制扩展到其他领地时, 3050 名牧师到联邦参议院进行抗议。一年后,作为布鲁克林普利茅斯教堂的牧师,亨利 ·沃德 ·比彻从个人观点出发,毫无保留地谴责奴隶制的种种罪恶。[19]

宗教和道德问题激起人民和组织强烈地为他们的宪法和法律立场辩护。法院也承认了宗教组织从事游说的正当性:“当然,教会和世俗组织、公民个人一样,都享有该项权利。” [20] 教会在三个部门游说的程度明显增加。1950 年时,在首都华盛顿大概有十六个主要的宗教游说团体:十个基督新教,两个天主教,还有四个联合派系的。[21] 到 1985 年时,这个数字已经攀升到“至少有八十个,并且这个名单还在增加”。[22]20 世纪 90 年代,

13 12 Stat. 270, § 9 (1861) ; 12 Stat. 288, § 7 (1861) ; Bertrum Wallace Korn, American Jewry and the Civil War 58—60, 65—68, 70 (1951) ; Jonathan D. Sarna & David G. Dalin, Religion and State in the American Jewish Tradition 130 (1997).

14 12 Stat. 595, § 8 (1862).

15 2 Anson Phelps Stokes, Church Lobbying in the United States 121 (1950).

16 Luke Eugene Ebersole, Church Lobbying in the Nation's Capital 2 (1951).

17 Robert Booth Fowler & Allen D. Hertzke, Religion and Politics in American: Faith, Culture, and Strategic Choice 18 (1995).

18 Ebersole, Church Lobbying in the Nation's Capital, at 3.

19 出处同上, 4—5。

20 Walz v. Tax Commission, 397 U.S. 664, 670 (1970).

21 Ebersole, Church Lobbying in the Nation's Capital, at 24—56. 对教会游说还有描述的是 Richard E. Morgan, The Politics of Religious Conflict: Church and State in America 48—68 (1968)。

22 Allen D. Hertzke, *The Role of Religious Lobbies*, in Religion in American Politics 123 (Charles

宗教游说团体的数目估计“至少有一百个”。[23]1994 年美国宗教利益团体汇编列举了一百二十个组织。[24]

这些团体经常联合形成一股非常强大的政治力量，主导立法机关、行政机关和司法机关的议程。1964 年的《民权法案》[25] 以及 1965 年的《中小学教育法》，[26] 该法规定为公立学校和私立学校提供联邦资助，并以从这些资金中受惠的是孩子而不是学校为由，克服了政教分离的宪法问题。这些法律的成功通过，某种程度上凝聚有宗教团体的汗水。

宗教组织游说经验的成熟表现在向最高法院提交的“法庭之友”意见。宗教组织在立法和行政领域的成功，使其“认识到，如果他们想要在 197
美国有地位，就必须参与到**所有**主要的竞争领域，包括法院”。[27] 在 1928 年到 1940 年间，提交的“法庭之友”意见仅占政教关系案件的 14.3%，而最近一段时期，从 1986 年到 1992 年，参与率则是 100%。[28]

宗教组织经常反对法院判决，并协助将他们的不同意见制定成法律。譬如，宗教利益集团带头发起废除罗伊诉韦德案的运动。宗教的参与为大多数反堕胎组织注入了活力，包括全国生命权委员会（the National Right to Life Committee）和基督徒联盟（the Christian Coalition）。罗伊案判决后的三十年里，州和联邦的立法者与这些组织密切配合，制定了成百上千条与堕胎有关的限制条件。[29]

宗教组织也动员自己的力量来捍卫法院判决。1962 年，法院在恩格

W. Dunn ed., 1989）。

23 Fowler & Hertzke, Religion and Politics in America, at 54.

24 Paul J. Weber & W. Landis Jones, U.S. Interest Groups: Institutional Profiles（1994）.

25 A. James L. Reichley, Religion in A,erican Public Life 246—250（1985）.

26 James L. Adams, The Growing Church Lobby in Washington 89—106（1970）.

27 Fowler & Hertzke, Religion and Politics in America, at 202（强调为原文所加）。

28 Lee Epstein, *Interest Group Litigation during the Rehnquist Court Era*, 9 J. Law & Pol. 639, 685（1993）. 另见 Leo Pfeffer, *Amici in Church-State Litigation*, 44 Law & Contemp. Prob. 83（Spring 1981）。

29 第六章简要介绍了立法机关采取的措施。

尔诉维塔案中判决纽约“州立校务委员会祷文”违宪，因为政府不应当为公立学校的未成年人制定官方祷文。[30]公众强烈抗议，并施加压力要求通过宪法修正案推翻法院判决，但当国会举行听证会时，基督新教和犹太教组织大力支持该判决，这场运动也就偃旗息鼓了。[31]

在不同的宗教组织当中，对在法院寻求宪法救济的态度有所不同。美国围绕政教关系的斗争，“历史上是在法院，但近些年已经转移到国会”。[32]与法院的“少数人政治”不同，宗教组织参与“国会的多数人政治或叫寻求合意的政治”。[33]

强制向国旗敬礼

在1940年和1943年，最高法院判决州政府是否可以强制要求那些以宗教理由反对向国旗敬礼的组织向国旗敬礼。第一个判决支持了向国旗敬礼，而第二个判决又推翻了这种做法。杰克逊大法官1943年撰写的判决意见被誉为是对宗教信仰上处于少数的人最有说服力的辩护，但这项宪法权利的主要保护者应属于反对1940年判决并拒绝将之作为全国政策的那些个人和组织。

20世纪30年代，许多州通过立法强制学生向国旗敬礼。耶和华见证会依据对《圣经》的字面解释，认为向世俗标志敬礼违反了他们的宗教信仰。[34]早期的一些判例都维持了强制向国旗敬礼，但在1937年，宾夕法尼亚州的一个联邦初审法院认为，这种法律违宪，并提到这种宗教上的不
198 宽容“在世界其他地方再次出现”，比如在纳粹德国。他认为“基本法保

30 Engel v. Vitale, 370 U.S. 421 (1962).

31 Louis Fisher, American Constitutional Law 647—648 (5th ed. 2003).

32 Hertzke, Representing God in Washington, at 161.

33 出处同上。

34 “不可为自己雕刻偶像；也不可做什么形象仿佛上天、下地和地底下、水中的百物。不可跪拜那些像；也不可侍奉它。”（《出埃及记》20：4—5）

障公民享有的自由,最重要的是不受任何侵犯”。[35]

该判决作出后,当事人提起上诉,最高法院同意听审此案,即迈纳斯维尼校区诉戈比蒂斯案。原告在上诉书中指出,“敬礼的形式非常像德国纳粹的做法”。[36]然而,许多美国人并不能理解宗教多元和个人权利,而是恶意攻击少数教派。当德国军队在 1940 年春天迅速占领欧洲时,美国人也担心“第五纵队”。5 月 23 日,得克萨斯州德尔里奥的一群暴徒,认为三名耶和华见证会成员是纳粹特工,就对其进行袭击。6 月 2 日,一项盖洛普调查显示,65% 的人认为德国将会进攻美国。[37]在这种情感狂热时期,法院支持了强制向国旗敬礼。

法院好像很少考虑他们判决的政治影响。对大法官议事行为的研究,将国旗敬礼案的判决称为“研究司法错觉和交流障碍的案例”。[38]菲利克斯·法兰克福特大法官撰写的 8 比 1 多数意见主要依赖两个前提:自由要求共同的情感认同,国家统一促进国家安全。尽管耶和华见证会力求法院接受宗教多元化,但法兰克福特建议他们“在公共论坛和立法机关阐释他们的情况,而不是把这种争斗转移到司法领域”。[39]法兰克福特的判决意见遭到法律期刊、媒体和宗教组织的严厉指责。讨论该判决的三十九份法律评论中,有三十一份对此作了严厉批评。报纸指责法院违反了宪法权利,被疯狂的民意扭曲。[40]

至少有三十一个州,学校当局依法向那些不对国旗敬礼的耶和华见证会成员采取不利措施。[41]更糟糕的是,法兰克福特的判决意见公布之后,

35 Gobitis v. Minersville School Dist., 21 F.Supp. 581, 586 (E.D. Pa. 1937).

36 Respondents' Brief, Minersville School Dist. V. Gobitis, at 3 ; 37 Landmark Briefs 375.

37 Francis H. Heller, *A Turning Point for Religious Liberty*, 29 Va. L. Rev. 440, 447 (1943).

38 Alice Fleetwood Bartee, Cases Lost, Causes Won 53 (1984).

39 Minersville School District v. Gobitis, 310 U.S. 586, 600 (1940).

40 David R. Manwaring, Render unto Casesar: The Flag-Salute Controversy 149—160 (1962); John T. Noonan Jr., The Believer and the Powers That Are 250—251 (1987) ; Heller, *A Turning Point for Religious Liberty*, 29 Va. L. Rev. at 452—453.

41 Manwaring, Render unto Casesar, at 187.

随之而来的是全国各地针对耶和华见证会的暴力事件如潮水般涌现。判决公布后的两周内,司法部收到了成百上千的袭击报道。根据司法部官方报道:“判决公布后的两年内,暴力和迫害事件从未间断……几乎毫无例外,国旗和向国旗敬礼是引发这些事件的导火线。”[42]

大法官布莱克、道格拉斯和墨菲决定摆脱法兰克福特撰写的 8 比 1 多数意见。判决作出后没几个月,道格拉斯告诉法兰克福特,布莱克正在考虑别的想法。法兰克福特讽刺地说,布莱克整个暑假都在阅读宪法吗?
199 道格拉斯回答说:“没有,他一直在读报纸。”[43]

一些州法院也认为法兰克福特的判决意见不可接受。在新罕布什尔州,公立学校开除了耶和华见证会成员的孩子,因为他们拒绝向国旗敬礼,并以此认为他们是问题少年,将其从家庭中带走,送到州的劳动学校。1941 年,新罕布什尔州最高法院强烈谴责了这种“仅仅因为孩子们根据父母的宗教教育表达的信仰行为”就拆散家庭。[44]遂敦促立法机关和行政当局采取补救措施,不得再侵犯学生们出于宗教信仰上的顾虑。1942 年,新泽西州最高法院和堪萨斯州最高法院也作出了类似判决。[45]

这种全国范围内的争论对联邦最高法院产生了深刻影响。1942 年,大法官布莱克、道格拉斯和墨菲宣布戈比蒂斯案是“错误判决”。[46]法兰克福特痛苦地回应说,“这些伟大的自由主义者在听到人民的声音之前都认同”他的判决意见。[47]被三个同事抛弃后,法兰克福特最多只能勉强维持 5 比 4 的多数。而这种多数甚至更加不确定,因为戈比蒂斯案的多数意

42 Victor W. Rotnem & F.G. Folson Jr., *Recent Restrictions upon Religious Liberty*, 36 Am. Pol. Sci. Rev. 1053, 1062(1942).

43 H.N. Hirsch, The Enigma of Felix Frankfurter 152(1981).

44 State v. Lefebvre, 20 A.2d 185, 187(N.H. 1941).

45 In re Latrecchia, 26 A.2d 881, 882(N.J. 1942); State v. Smith, 127 P.2d 518, 522(Kans. 1942).

46 Jones v. Opelika, 316 U.S. 584, 624(1942).

47 Joseph P. Lash, From the Diaries of Felix Frankfurter 70(1975).

见中有两名成员已经被威利·拉特利奇和罗伯特·杰克逊取代。当拉特利奇还在华盛顿特区巡回法院供职时，他就在判决意见中表示，他可能会推翻戈比蒂斯案的判决。[48]

国会于 1942 年通过立法汇编了现存有关美国国旗展览和使用的规则和习惯，这也动摇了戈比蒂斯案的合法性基础。该法的规定表明，倾向于无需严格执行向国旗敬礼。该法规定，公民在宣誓效忠国旗时，应伸出右手，手心向上，面向国旗，但接着又规定“如果公民只是专心站在那里，男人脱去头发上的遮盖物，也能表明是对国旗的充分尊重”。[49]司法部将这部法律解释为废除强制向国旗敬礼，因为耶和华见证会信徒在升旗期间也愿意专心站在国旗前。[50]司法部通知联邦律师，建议地方当局采取国会提出的较为弹性的标准。[51]

当向国旗敬礼问题再次提交最高法院时，这次涉及的是西弗吉尼亚州的案件，由美国公民自由联盟提交的“法庭之友”意见表明，国会已经通过立法进入这个领域。该份意见认为，“最为重要的是，国会并不认为，对不向国旗敬礼者进行任何处罚是明智的或合适的”。[52]在口头辩论期间，被开除学生的辩护人评论戈比蒂斯案时说：“除了德雷德·斯科特案的判决外，可能无法找到比之更不具政治家风度的判决了。”[53]

在戈比蒂斯案判决公布差不多三年后，最高法院于 1943 年推翻了该
判决。罗伯特·杰克逊代表 6 比 3 多数撰写了判决意见，谴责那些强制 200
统一化的企图，并提醒说：“在政治、爱国主义、宗教或其他观念问题上，没有什么（或大或小的）法定内容可称为正统，也没有什么正式内容可以

48　Busey v. District of Columbia, 129 F.2d 24, 38 (D.C. Cir. 1942).

49　56 Stat. 380, § 7 (1942).

50　Rotnem & Folsom, *Recent Restrictions upon Religious Liberty*, 36 Am. Pol. Sci. Rev. at 1046.

51　Manwaring, Render unto Caesar, at 188—189.

52　Brief for American Civil Liberties Union, Amicus Curiae, West Virginia State Board of Education v. Barnette ; 40 Landmark Briefs 177—178.

53　11 LW 3279 (1943).

强制公民通过言语或行为承认他们的信仰。”[54] 杰克逊对宗教自由和权利法案的辩护是有力的、生动的，但这种自由化判决的荣誉应属于那些拒不接受法院 1940 年对宪法含义、少数人权利和宗教自由所作解释的人。

校园祈祷

为回应最高法院 1962 年在恩格尔诉维塔案中对校园祈祷问题作出的判决，议员们试图用宪法修正案来推翻法院判决。他们建议取消法院对这类案件的管辖权，并提出了其他限制措施。然而，由于大多数宗教教派都支持法院判决，所有这些限制法院的企图都失败了。

该判决遭到广泛误解。法院并没有反对祈祷，它反对的是由政府制定官方祷文，由那些不得不上学的学生念诵。在口头辩论阶段，原告代理人强烈反对州校务委员会的祷文，认为它明显支持宗教和祈祷。他告诉大法官们：“我来这里不是要反对宗教信仰……我的当事人都是虔诚的宗教信徒……我认为祈祷是好的。我的当事人也认为祈祷是好的。”[55] 胡果·布莱克代表多数大法官撰写了法庭意见，从正面角度看待宗教。他指出，“人类的历史与宗教的历史密不可分”，同时他又解释说，祈祷是“纯粹的宗教活动，应该留给人民自己和那些选择祈求宗教指引的人”。[56]

议员们完全鄙视这种判决。参议员小山姆·厄尔温认为，法院“判决上帝违宪”。托马斯·阿伯内西敦促立法机关采取抵制法院行动，“以平抚这群被权力冲昏头脑的人对权力的攫取”。门德尔·里弗斯则谩骂“这群大胆妄为的暴徒鲁莽、图谋不良、不敬神明且该受天谴”。[57] 乔治·威廉·安德鲁斯则触及到保守派的所有根基：“他们把黑人送到学校，现在

54 Weat Virginia State Board of Education v. Barnette, 319 U.S. 624, 640—641, 642 (1943).

55 56 Landmark Briefs 1038.

56 370 U.S. at 433—435.

57 108 Cong. Rec. 11709, 11718, 11732 (1962).

又把上帝赶出学校。”[58]

虽然肯尼迪总统吁请那些不认可法院判决的人，“维持我们的宪法原则”并且“即使我们不同意最高法院的判决，也要支持它们”，[59]但仍不断施压，要求增加宪法修正案允许校园祈祷。该判决作出一个月后，参议 201
院司法委员会举行了两天的听证，解释公立学校的祈祷问题。听证会允许该判决的反对者猛烈批评并表达他们的厌恶之情，但并没有采取措施来改变法院的判决。[60]

当众议院司法委员会最终在 1964 年举行听证会，讨论推翻法院判决的宪法修正案时，许多宗教组织作证支持校园祈祷案的判决。基督新教和犹太教组织普遍反对宪法修正案，天主教领导人之间存在分歧。[61]埃德温·塔勒博士作为全国教会联合会（代表着大约四千万美国人）的代表发言，他告诉委员会说，公共机构属于所有公民，“不管他们的宗教信仰是什么，或者没有宗教信仰”，多数人都无权在公共机构中向少数人施加宗教活动。[62]

在接下来的三十年里，涌现了几百个允许校园祈祷的宪法修正案，但没有一个获得成功。[63]尽管这些想要把“上帝带回教室”的人能言善辩，但这些修正案从未动摇恩格尔案的根本原则，那就是政府不能制定校园祷词，强制学生吟诵。譬如，共和党 1964 年纲领提出：“如果政府或政治部门没有对宗教活动作出**要求或描述**，没有强制任何人参与宗教活动，那

58 Philip B. Kurland, *The Regents' Prayer Case:" Full of Sound and Fury, Signifying...",* 1962 Sup. Ct. Rev. 1, 3.

59 Public Papers of the Presidents, 1962, at 510—511.

60 *Prayers in Public Schools and Other Matters: Hearings Before the Senate Committee on the Judiciary*, 87th Cong., 2d Sess. (1962).

61 1964 CQ Almanac 399.

62 *School Prayers (Part I): Hearings before the House Committee on the Judiciary*, 88th Cong., 2d Sess. 656 (1964).

63 John R. Vile, Encyclopedia of Constitutional Amendments, Proposed Amendments, and Amending Issues 237—239 (1996).

么，宪法就要允许那些想要在公共场合自由表达自己宗教信仰的个人和组织自由表达他们的宗教信仰，这才维护了传统上的政教分离。”[64]

罗纳德·里根在 1980 年的总统竞选中接受了校园祈祷、创造论和宗教学校的税收减免。并且，他通过任命权，试图改变最高法院的判决。司法部长埃德温·米斯、教育部长威廉·班尼特，以及提名进入最高法院的罗伯特·博克（Robert Bork），这些人都对法院限制公立学校的宗教活动表示异议。里根提名的候选人都试图既要废除 1962 年校园祈祷案的判决，又要废除 1971 年严重限制政府帮助学校宗教教育的判决。里根政府的司法部副部长雷克斯·李就像在堕胎问题上的做法一样，在最高法院呼吁“重新反思”在校园祈祷领域的先例，并用“新的眼光”来看待校园祈祷问题。[65]

在里根政府争取重新推动司法判决期间，里根发表了许多针对宗教保守派的白宫演讲，而更重要的是，他还接受了校园祈祷修正案。1982 年，他指出“永远不应将上帝驱逐出课堂”，并提出这条宪法修正案：“本
202 宪法的任何内容都不得解释为禁止个人或组织在公立学校或其他公共机构进行祈祷。联邦或各州均不得要求任何人参与祈祷。”[66] 这种规定并没有否认恩格尔案的判决，相反，还接受了恩格尔案的指导原则。

与早期修正案提议不同（只有 1970 年的一个到达议会进行表决），里根提议促使国会采取行动。参议院司法委员会以 14 比 3 的票决通过了一份默祷修正案。司法委员会提到，“学校的每个工作日都需要安排一个正式时间，以便每个学生都可以默默地与他的神交谈”，并认为，“由于法院在校园祈祷案中的判决意外改变了第一修正案的历史含义，所以，有

---

64 2 Donald Bruce Johnson, National Party Platforms 683（1978）（强调为引者所加）。

65 Brief for the United States as Amicus Curiae, Wallace v. Jaffree, 155 Landmark Briefs 124—125（1985）. 最高法院拒绝了这种吁求。阿拉巴马州曾授权设立一段沉默时间，用于“默想或自愿祈祷”，最高法院在 1985 年判决阿拉巴马州的做法违宪。Wallace v. Jaffree, 472 U.S. 38（1985）。

66 Public Papers of the Presidents, 1982, I, at 603, 647—648.

必要通过一个修正案来重新恢复第一修正案的历史含义”。[67]但当参议院在1984年3月针对这项措施投票时,以十一票之差未能达到三分之二多数的条件。

宗教集团的持续反对,在某种程度上解释了修正案失败的原因。譬如,为了反击宗教权利者的游说,包括美国浸礼会、美国犹太人联合会、基督复临安息日会(Seventh-Day Adventists)、美国路德会、美利坚联邦长老会、基督教联合会、联合卫理公会、长老会联合会等在内的宗教组织,联合提交了抗议信。[68]更重要的是,有些选民认为,参议院的立法工作应专注于飞速上涨的财政赤字,而不是祈祷诵经。因害怕引发这些选民的激烈反应,十八名共和党参议员与总统分道扬镳,投票反对修正案。[69]

1984年的这次表决之后,有关祈祷的修改建议案只有一次交付表决。1998年6月,众议院以224比203否决了一项祈祷建议案,也就是说与宪法要求通过宪法修正案的票数相差六十一票。还有人试图剥夺联邦法院在祈祷案件上的管辖权,也遭到了国会否决。从1974年一直持续到1988年,国会讨论了《赫尔姆斯修正案》。该修正案试图通过剥夺最高法院和联邦下级法院对“所有因与公立学校和公共建筑物内自愿祈祷有关的法律、命令、规则和规章引发案件”的管辖权,重新确立公立校园内政府资助的祈祷。[70]但赫尔姆斯的建议太激进,在司法部长埃德温·米斯看来,《赫尔姆斯修正案》削弱了核心司法职能,其合宪性受到质疑。[71]而且,州法院首席法官会议表示,《赫尔姆斯修正案》以及其他剥夺联邦

67 S. Rept. No. 98—347, 98th Cong., 2d Sess. 38(1984).

68 见 James E. Wood Jr., *Equal Access: A New Direction in American Public Education*, 27 J. Church & State 5, 8(1985)。

69 见 Helen Dewar, *Reelection Agendas Differ: GOP Senators Don't Dance to Reagan Tune*, Washington Post, Mar. 27, 1984, at A4。

70 S. 450, 96th Cong., 1st Sess.(1979).

71 *Nomination of Edwin Meese III: Hearings before the Senate Committee on the Judiciary*, 98th Cong. 2d Sess. 185—188(1984).

法院在祈祷案上管辖权的建议,都试图把迫切的宪法问题交给各州法院,并希望州法院的法官“不去恪守他们遵守联邦宪法的誓言”。[72]

国会否决了诸如剥夺联邦法院管辖权和宪法修正案这种绝对性的措
203 施,并不意味着立法机关默认了校园祈祷问题。1984年,国会通过了“平等获取”法案,对此问题作出回应。最高法院在1981年的判决中,认可了学生宗教组织享有获取大学校舍进行集会的权利,国会以此为基础,赋予公立高中学生同样的权利。该法规定,所有接受联邦资助的中学,不得禁止那些想要从事宗教集会的学生平等获取教学设施的权利。这类集会应当是自愿的,学生发起且无需学校资助。

国会制定平等获取法来回应所谓的“政府仇视宗教”,有时又被称为“校园祈祷的产物”。[73] 在杰瑞·福尔维尔眼中,“我们知道,我们不可能在校园祈祷上获得胜利,但平等获取让我们得到了我们一直想要的东西。”[74] 特别是,诚如法案发起人杰里迈亚·丹顿所说,由于法院的判决,“校园的大门向所有宗教活动关闭,现在,封闭的大门已经打开,这不是向门内迈了一只脚,而是一个史诗般(宏大)的改变。”[75] 最高法院在1990年认可了平等获取法案。大法官们承认,只要宗教组织和世俗组织可以平等获取公立学校的校园设施,国会完全有权判定,“尤其宗教言论是有价值的,值得保护”。[76]

法院还由于阿拉巴马州把祈祷引入教室而走了回头路。1981年,当州长福布·詹姆斯开始他的第一个任期时,立法机关通过法律,授权公立学校留出一分钟的默想时间,用于“沉思或自愿祈祷”。第二年,另一部法律授权老师带领“心甘情愿的学生”,诵读由老师或法律指定的人撰写

72 128 Cong. Rec. 689(1982).

73 S. Rept. 98—347, 98th Cong., 2d Sess., at 12.

74 Quoted in 130 Cong. Rec. 20934-35(1984)(Rep. Schumer 的声明)。

75 Quoted in Wood, *Equal Access*, 27 J. Church & State, at 10.

76 Westside Community Bd. Of Ed. V. Mergens, 496 U.S. 226, 249(1990).

的祷词。最高法院在 1984 年和 1985 年以这些法律旨在促进宗教为由，判决这些法律无效。[77] 阿拉巴马州在 1993 年以另一部法律作出回应，这次授权公立学校的祈祷是无宗派、不强迫他人改变信仰，由学生发起且自愿参加。1997 年，联邦地区法院判决该法违宪后，詹姆斯将这个问题提交最高法院，但败诉了。[78]

州政府官员也故意挑战法院判决。多年来，在校园祈祷问题上，地方社区对 1962 年判决的遵守程度扮演着重要角色。20 世纪 60 年代末的一些研究表明，法院判决减少了公立学校校方主办的祈祷数量，但并没有消除这种现象。完全彻底的反抗司空见惯。[79] 法院判决作出二十多年后，公立学校的一些学生仍然以祷告开始每天的课程。[80] 校监和老师们在许多领域都可以安全地规避法院判决，因为地方检察官都是由当地供养，他们不可能动用自己的资源来迫使人们遵守一个不受待见的判决。 204

州立法者也试图削弱 1962 年判决的影响力。譬如，二十多个州提出了"默想"立法，鼓励在公立学校从事宗教活动。[81] 而且，虽然有关自愿祈祷的法律总是被判违宪，但事实上，仍有许多州制定了自愿祈祷法。[82] 许多州还提交"法庭之友"意见来为这些法律以及其他相关法律提供辩护。例如，在 1985 年的一个案件中，亚利桑那州、特拉华州、印第安纳州、路

---

77 Wallace v. Jaffree, 466 U.S. 924 (1984) ; Wallace v. Jaffree, 472 U.S. 38 (1985).

78 In re James, 524 U.S. 936 (1998).

79 Kenneth M. Dolbeare & Phillip E. Hammond, The School Prayer Decisions: From Court Policy to Local Practice (1969) ; Ben A. Franklin, *Pennsylvanians Lead School Prayer Revolt*, N.Y. Times, Mar. 26, 1969, at 1 ; H. Frank Way Jr., *Survey Research on Judicial Decisions: The Prayer and Bible Reading Cases*, 21 West. Pol. Q. 189 (1968).

80 David E. Rosenbaum, *Prayer in Many Schoolrooms Constinues Despite' 62 Ruling*, - N.Y. Times, Mar. 11, 1984, at 1.

81 见 Note, *The Unconstitutionality of State Statues Authorising Moments of Silence in the Public Schools*, 96 Harv. L. Rev. 1874, 1874 n.1 (1983)。

82 见 David Z. Seide, *Daily Moments of Silence in Public Schools: A Constitutional Analysis*, 58 N.Y.U.L.Rev. 364, 367 n. 19 (1983)。

易斯安那州、俄克拉荷马州以及弗吉尼亚州的司法部长联合提交了一份“法庭之友”意见，支持有关默想时间的法律。[83]

自1962年以来，许多事情都已发生改变。由于《机会均等法》和其他积极措施，公立学校的学生还是有许多机会可以祈祷和学习宗教。1995年，为转移校园祈祷修正案提议中的怒气，克林顿总统发布了一份备忘录，陈明公立学校学生享有宗教表达的权利。他说第一修正案并没有“将我们的公立学校转变成无宗教区，也没有要求所有的宗教表达都必须撤到校园之外”。学生在校学习期间，有权参与个人或组织的祈祷以及宗教讨论。他们可以“阅读《圣经》或其他圣典，饭前感恩和考前祈祷等不具有干扰性的活动”。在咖啡厅和走廊这些非正式场合，学生们可以祈祷或讨论他们的宗教观点。在学校活动前后，他们可以参与具有宗教内容的事情。[84]研究表明，公立学校的学生在祈祷俱乐部和其他宗教活动中表现积极。[85]

校园祈祷上的争执，与堕胎问题一样，展现了宪法判决呈动态变化。虽然法院仍然坚持它1962年的判决，但州和联邦对该判决的抵制，已经为公立学校某些类型的宗教活动提供了可能。此外，由于对1962年判决的不满，导致最高法院任命的大法官都是较能接受政府支持宗教活动的人。结果是，虽然法院不会推翻它在校园祈祷案上的判决，但目前各州已经比过去四十年中的任何时候，都有更大的自由来承认宗教。

犹太人的圆顶小帽案

在政治场域，宗教利益往往能够得到很好的保护。宗教利益群体获
205 得宗教活动特权的一个生动例证，是国会对最高法院1986年一个判决的

83 见 Brief of the States' Attorneys General as Amici Curiae, Wallace v. Jaffree, 155 Landmark Briefs 559（1995）。

84 Public Papers of the Presidents, 1985, II, at 1078—1081.

85 Caryle Murphy, *At Public Schools, Religion Thrives*, Washington Post, May 7, 1998, at A1.

回应。空军条例禁止军中一名严守教规的犹太人戴犹太人使用的无边便帽(圆顶小帽),得到最高法院的认可。最高法院的判决掀起了一场政治风暴,促使国会在一年内介入,修复了由此造成的损失。

西姆查·高德曼是一名正统犹太人,被任命为犹太教的拉比,在美国空军服役,担任上尉,并被分配到心理健康诊室,作为一名临床心理医生。在长达三年半的时间里,高德曼虽着军装,但也戴一个圆顶小帽,并没有出现任何意外。1981 年 5 月 8 日,他接到通知,戴圆顶小帽违反了空军服装条例,并威胁说,如果在着军装时继续戴圆顶小帽将受到军法处置。为什么高德曼在戴了三年半的圆顶小帽后才出问题呢? 1981 年 4 月,在他得到戴圆顶小帽的警告前一个月,他在军事法庭的诉讼中作为被告方的证人出庭,因此得罪了空军。所以,为难高德曼的行为显然具有报复的动机。[86]

在穷尽行政救济手段之后,高德曼的律师走向了法院。但华盛顿特区巡回法院站在了空军这一边,接受了空军提出的诉求,认为为高德曼提供便利,将会鼓励其他军人以宗教信仰为由,使用长头巾、脸部和身体上的装饰、护身符、象征性的短剑等等。[87]华盛顿特区巡回法院投票表决,反对重新审理此案。三位法官对这种不予审理的决定提出异议,他们的名字大家都相当熟悉。肯尼斯·斯塔尔法官后来担任老布什政府的司法部副部长和白水事件调查案的独立检察官。他认为,法庭在高德曼案中的决定“确实对自由实践条款保障的自由构成粗暴干涉”。[88]鲁斯·巴德·金斯伯格法官和安东尼·斯卡利亚法官现在是最高法院大法官。他们会认为军队禁止高德曼戴圆顶小帽的命令是对高德曼宗教信仰的“冷漠无情”,并且违反了美国容纳精神的传统。

---

86 Goldman v. Weinberger, 475 U.S. 503, 511(1986)(斯蒂文森大法官的协同意见,怀特和鲍威尔大法官附议)。

87 Goldman v. Secretary of Defense, 734 F.2d 1531, 1539(D.C. Cir. 1984).

88 Goldman v. Secretary of Defense, 739 F.2d 657, 658(D.C. Cir. 1984).

华盛顿特区判决作出之后，但在最高法院同意听审此案之前，众议员斯蒂芬·索拉兹（他所在的布鲁克林区包含了以色列之外最大的传统犹太人街区）提出修法建议案，如果宗教惯例或通常做法要求佩戴帽子或头饰的话，军人可以佩戴不太突出的帽子或头饰，诸如无边便帽。根据这项修正案的规定，如果佩戴的帽子或头饰影响到所承担的军事义务，国防部可以禁止佩戴。[89] 虽然众议员威廉·迪金森提醒说，“我们正在公然违
206 抗法院刚刚作出的判决”，但该修正案还是获得通过。[90]

参、众两院的联合会决议取消众议院的修正案，改为只是要求国防部公开修改服役条例，在不违反军事纪律要求的情况下，最大程度地促进宗教信仰的自由表达。[91]1985 年公布的一份长篇研究报告认为：“除了极其有限和非常明确的情况外……强制容纳个人的宗教活动蕴藏着巨大的风险，那就是破坏团队精神、军事纪律和军事司法体制。”[92]

1986 年，在最高法院口头辩论阶段，司法部的凯瑟琳·奥伯利建议法院不要介入这场争执，而是将分歧留给民选部门。“如果国会认为对宗教活动提供便利既必要又可行的话，它可以对之立法，”但如果法院将统一标准的强制性例外宪法化，那么“一旦发现对军事纪律和风气的影响所作判断是错误的，就很难进行纠正”。[93]

最高法院以 5 比 4 的分歧接受了空军的意见，即军人着装的统一标准化，“有助于淡化个人偏好和身份，有利于团队整体的使命”。[94] 布伦南大法官在不同意见中虽然严厉批评了法院放弃自己“作为宪法主要解释者和个人自由保护者”的角色，但也提出需要通过政治途径予以补救。

---

89 130 Cong. Rec. 14295（1984）.

90 出处同上，14298。

91 H. Rept. No. 98—1080, 98th Cong., 2d Sess. 293—294（1984）; 98 Stat. 2532—2533, sec. 554（1984）.

92 Joint Service Study on Religious Matters xi—xii（Mar. 1985）.

93 Oral argument, Goldman v. Weinberger, U.S. Supreme Court, Jan. 14, 1986, at 45.

94 Goldman v. Weinberger, 475 U.S. 503, 508（1986）.

他承认，“对这种珍贵自由的保护，并不专属于联邦法院的管辖范围”，他呼吁国会来“纠正这种错误”。

国会有权要求空军修改其规章条例，这一点从来没有任何怀疑。宪法规定，国会有权“制定有关管理和控制陆海军队的各种条例”。[95] 判决作出后不到两周，便有人提出推翻高德曼案判决的立法建议案。但这种企图失败了，部分应归功于参议员巴里·戈德沃特，他是参议院军事委员会主席。他提醒说，印第安的霍皮人（Hopi）会在头上戴一个红色绷带（这也是宗教信仰），其他印第安人会戴一些羽毛头饰。他直率地建议说：“如果谁穿制服不舒服，就脱掉制服，到别的地方去。”[96]

第二年，再次出现有关修正案的提议。不出意外的是，拥有二百五十
多万会员的美国军团（the American Legion）和代表着十六个最大军人组
织的军事联盟（the Military Coalition）反对这项修正案。[97] 国防部长卡斯
帕·温伯格在一封信中表达了反对这项修正案的理由。这封信得到参 207
谋长联席会议主席、陆军参谋长、空军参谋长、海军陆战队指挥官和海军
作战首席指挥官的签署。这五位都是四星级将领，所以有文件称该信为
“二十星信件”。在为一项授权法案辩护中，由“二十星信件”来反对一项
修正案，绝对称得上是重型武器。[98]

即便这样，由于得到宗教团体游说者的支持，该修正案还是获得参、众两院的认可。除非国防部长认为，穿戴宗教服侍妨碍军事义务，现役军人可以穿戴整洁保守的宗教服侍来表达自己的信仰。[99] 伴随着该法案的通过，在法院未能获得保护的宗教自由，得到了国会的保护。

95　U.S. Const., art. I, sec. 8, cl. 14.

96　132 Cong. Rec. 19802, 19803（1986）.

97　133 Cong. Rec. 25251（1987）（Senator Murkowski 的声明）。

98　出处同上，25256。

99　101 Stat. 1086—1087, § 508（1987）.

宗教用仙人掌

一名美国印第安人因在宗教仪式上注射仙人掌而被俄勒冈州拒绝提供失业救济金引发争议,最高法院在1990年作出判决。最高法院支持拒绝提供救济金,提出的标准可看作在宗教自由保护上出现了一种令人担忧的逆流。因公众反对,国会举行了听证会,并于1993年制定了法律,将宗教自由恢复到最高法院判决前的立场。然而,在围绕宗教自由含义的又一轮对话中,最高法院于1997年判决该法违宪。2001年,国会以压缩版的立法,再次为宗教自由提供立法保护。

虽然其他地区的印第安人使用宗教用仙人掌可追溯到一万年前,但美国的印第安人在19世纪末叶才开始在宗教仪式中使用这种仙人掌。由于这种仙人掌具有迷幻作用,类似于其他宗教的超自然选择,成为介于人与上帝(伟大的神)之间的中介(仙人掌、耶稣,或二者同时)。[100] 正如土著美国人教会的做法,以及州法院的解释,这种药物是一种圣礼(就像饼和杯),属于崇拜的对象。

国会和行政部门都支持宗教使用仙人掌。1965年的《药物滥用控制法》修正案将仙人掌列为联邦控制药物,期望将宗教用仙人掌作为例外进行规制。1970年和1978年,国会分别通过补充立法,对宗教用仙人掌
208 提供保护。[101] 诚如国会的期望,1971年公布的实施规章要求,禁用药品中所列的仙人掌"不包括土著美国人教会在真正的宗教仪式中的非药物用仙人掌"。[102]

然而,依据俄勒冈州法规定,圣礼中使用仙人掌是犯罪。如果雇员因错误行为——包括吸食仙人掌——被解雇,不得领取失业救济。艾尔弗

100 George de Verges, Freedom of Religion: Peyote and the Native American Church, 2 Am. Ind. L. Rev. 71 (1974); H. Rept. No. 103—675, 103d Cong., 2d Sess. 3 (1994).

101 Smith v. Employment Division, 763 P.2d 146, 149 (Ore. 1988).

102 21 CFR § 1307.31.

雷德·史密斯和盖伦·布莱克都是土著美国人教会成员,因在宗教仪式中吸食仙人掌,遭到解雇。由于上述原因,1984 年,他们也被剥夺了领取失业救济的资格。

俄勒冈州最高法院先是在 1986 年,后又在 1988 年,站在了史密斯和布莱克这一边。依据国会在这个问题上的宪法解释,以及其他州在法律中规定的例外情况,法院认为,这种剥夺失业救济的作法,违反了第一修正案保护的宗教自由。[103] 俄勒冈州司法部长戴维·弗洛迈耶将案件上诉到联邦最高法院。他强烈反对州最高法院依据国会对宪法的解释:"第一修正案要求法院独立判断,而俄勒冈州最高法院的判决显然不是独立判断的结果。充其量,只能说这是尊重国会对联邦宪法的解释……这种依据国会解释来解决重要的第一修正案问题,在任何情况下都是令人苦恼的。"[104]

1990 年,联邦最高法院试图解决这个问题,判决自由实践条款允许州禁止圣礼用仙人掌,对因宗教用仙人掌而被解雇的人拒绝提供失业救济。最高法院在俄勒冈州人力资源部就业处诉史密斯案中,由斯卡利亚大法官撰写了判决意见。法院认为,州法只要中立且普遍适用于所有人,即便是偶然妨碍了宗教行为,也可以禁止拥有和使用药物。[105] 依据这种标准,法院只需要审查政府行为是否与正当的州利益合理相关。早期判决都是要求政府对侵犯宗教行为承担严格的举证责任,但这次与此前不同,法院认为,它在监督民主部门方面的作用是有限的。斯卡利亚声称:"在重要的宗教问题上,期待联邦法官经常制衡普遍性法律,这是可怕的。"他也承认,他的标准让宗教上的少数派在政治过程面前毫无办法,任其摆布,但差别对待是"民主政府不可避免的结果"。

---

103 Smith v. Employment Div., 721 P.2d 445 (Ore. 1986); Smith v. Employment Div., 763 P.2d 146 (Ore. 1988).

104 Petition for Writ of Certiorari to the Supreme Court of the State of Oregon, Employment Division v. Smith; 196 Landmark Briefs 425.

105 494 U.S. 872 (1990).

由于法院未能提供救济，利益集团就将注意力转向国会和立法过程。依据第十四修正案第五款授予国会的实施权，利益集团帮助国会起草了
209 《宗教自由复兴法》。按照该法规定，政府不得为个人的宗教活动施加负担——即使这种负担是由于普遍适用的规则也不可以——除非这项负担"是促进迫切重要的政府利益所必不可少的，并且为促进该项利益，这已经是对个人最小限制的手段"。

当国会在讨论这项提议时，俄勒冈州立法机关已经制定了一部法案，保护土著美国人教会在圣礼中使用仙人掌，某种程度上弥补了联邦最高法院判决带来的损害。1991 年制定的该法案规定，在检控制造、拥有或运输仙人掌案时，用于或准备用于下列事项的给予保护：(1)与宗教信仰的正当活动有关；(2)与宗教活动有直接关系；(3)不危害使用者或使用者附近其他人的健康。[106]

立法机关在审议《宗教自由复兴法》时，宗教和其他利益集团的代表们展现了"史无前例的团结"。[107] 在国会举行听证时，很少有人质疑这种立法，几乎所有人都批评史密斯案，经常要求国会推翻该项判决。宗教自由联盟三位成员的评论很能说明这一类批评。代表全国福音派联盟的小罗伯特·杜根指出，史密斯案"已经剥夺了我们美国人与生俱来的权利"，必须要"废除"。[108] 耶稣基督后期圣徒教会（摩门教会）的达林·奥克斯将恢复迫切重要利益标准的立法称作"立法部门对史密斯案减损宗教自由既正当又必要的回应"。[109] 浸礼会公共事务委员会总顾问奥利弗·托马斯称史密斯案是"第一修正案中的德雷德·斯科特"。[110]

---

106 Oregon Laws, Chap. 329, §1(June 24, 1991)；重印于 1995 Oregon Revised Statutes 475.992, §5(v. 9, p. 80)。

107 139 Cong. Rec. 9680(1993)(Rep. Brooks 的声明)。

108 *Religious Freedom Restoration Act of 1991: Hearings on H.R. 2797 before the House Committee on the Judiciary*, 102d Cong., 2d Sess. 10, 14(1992).

109 出处同上，25。

110 *The Religious Freedom Restoration Act: Hearings before the Senate Committee on the Judi-*

立法者的反应几乎完全一样。虽然议员亨利·海德提出，"一旦最高法院否决了此前的解释，从制度上来说，国会也不能恢复此前对第一修正案的解释"，[111] 但他们不愿意让步。大多数立法者指责法院判决"损失惨重"，"极具破坏性"，导致宗教自由保护受到"减损"。[112] 克林顿总统借用"上帝的力量"，表示他确信《宗教自由复兴法》"更加契合我国缔造者的意图，而非与史密斯案的判决保持一致"。[113] 立法者和白宫向《宗教自由复兴法》背后利益集团的资助者表达敬意，称赞宗教自由联盟超越了"意识形态和宗教界限"，是"为了在国会支持某个法案而结成的最广泛的联盟之一"。[114] 210

由于没有利益集团提出认真的反对意见，所以就没有触及最高法院是否会认可《宗教自由复兴法》这个问题。譬如，制定《宗教自由复兴法》是否属于最高法院理解的第十四修正案第五款的范围（公认这个范围比较模糊），国会根本就没有进行实际调查。国会不是调查具体事实，支持这项立法，而是完全响应《宗教自由复兴法》背后利益集团的强烈呼吁：废除史密斯案。

当有人在最高法院挑战《宗教自由复兴法》的合宪性时，最高法院全体一致判决该法无效。最高法院援引马伯里诉麦迪逊案中提出的"立法权明确有限"，提出宪法解释属于司法职责。"我们的历史已经表明，只有各部门尊重宪法，尊重其他部门的行为和决定，才能最好地维护宪法。司法部门的职责是解释宪法，包括解释法律"。[115] 因此，法院提醒说，如果"国

---

ciary, 102d Cong., 2d Sess. 4 (1992).

111 *Religious Freedom Restoration Act of 1991: Hearings before the House Committee on the Judiciary*, 102d Cong., 2d Sess. 7 (1992).

112 139 Cong. Rec. 9638 (1993)(Rep. Nadler的声明)；出处同上，9684 (Rep. Schumer的声明)；出处同上，9685 (Rep. Orton 的声明)。

113 Public Papers of the President, 1993, II, at 2000.

114 139 Cong. Rec. (1993)(Senator Hatch 的声明) ; Public Papers of the President, 1993, II, at 2000。

115 Boerne v. Flores, 521 U.S. 507, 535—536 (1997).

会可以改变第十四修正案的含义，界定自己的权力，宪法就不再是通常方式不能改变的最高法”。[116]

二百多年的宪法史根本不支持这种观点。三个部门显然都有一些宪法没有明确规定的权力。譬如，国会的调查权，总统对外国政府的承认权，还有就像本案中法院自己行使的司法审查权。更显著的是，最高法院通过案例法，不断地改变着宪法含义。就在最高法院判决《宗教自由复兴法》无效前两天，最高法院还推翻了 1985 年的一个判决。那个判决禁止联邦资助教会学校。[117]

尽管最高法院大张旗鼓要推翻《宗教自由复兴法》，但法院还是为国会纠正法院判决提供了线索。譬如，虽然法院认为，第十四修正案第五款赋予国会的实施权仅限于“执行”和“救济”行为，但法院也承认，“救济或预防违宪行为与对管理法作出实质改变之间的措施很难区分”。[118] 此外，最高法院承认，在决定矫正性立法是否属于事实救济方面，“国会必须拥有广泛的裁量权”。最高法院承认国会可以参与宪法性对话。事实上，制定《宗教自由复兴法》后的第二年，国会就通过法律，允许土著美国人
211 在宗教仪式上使用仙人掌。[119]

与《宗教自由复兴法》合宪性相分离的一个问题是，该法仅适用于联邦，而不适用于各州。1998 年，第八巡回上诉法院判决，《宗教自由复兴法》适用于联邦法时是合宪的，并不违反权力分立原则，也不违反第一修正案的立教条款。[120]2001 年，第十巡回上诉法院判决，制定《宗教自由复兴法》是国会依据宪法第一条规范联邦监狱管理人员的行为，属于合法

116　出处同上，529。

117　Agostini v. Felton, 524 U.S. 203 (1997)，推翻了 Aguilar v. Felton, 473 U.S. 402 (1985)。

118　Boerne v. Flores, 521 U.S. at 519.

119　108 Stat. 3124 (1994).

120　*In re* Young, 141 F.3d 854 (8th Cir. 1998), cert. denied, sub nom. Christians, Trustee v. Crystal Evangelical Free Church, 525 U.S. 811 (1998).

的国会行为。[121]

波尔尼市诉弗洛里斯案之后，参、众两院司法委员会举行听证会，解释立法机关的选择。[122] 最终制定的《宗教自由保护法》主要依据是贸易和开支条款。[123] 众议院在 1999 年通过这部法案，当时得到了九十二个宗教组织和公民自由组织的支持，包括新教、天主教、犹太教、穆斯林和土著美国组织。[124] 投票结果是 306 比 118。[125]

到 2000 年，国会两院对这部法案（称为“《宗教自由复兴法》之子”）的态度已经明朗时，这已被限于只能提供两种保护。第一，在土地利用纠纷，诸如规划问题（引发波尔尼案的问题）上，为宗教组织提供保护。第二，该法为犯人和其他人身自由被限定在州政府主管场地内的人实践自己的信仰提供方便。该法适用于所有接受联邦资助的组织，包括州和地方接受联邦建设经费和维护经费的监狱。最后，该法依据的是国会规制州际贸易的权力，因为宗教组织建筑物的修缮，所需建筑材料都经过不同州的运输。[126]

在家教育和教会学校

宗教利益集团为限制法院对联邦和各州宪法的解释，在说服州立法者扩展宗教自由保护方面取得了非常大的成功。这方面一个非常重要的例子就是政府对宗教学校的规制。

---

121 Kikumura v. Hurley, 242 F.3d 950 (10th Cir. 2001).

122 *Protecting Religious Freedom after Boerne v. Flores: Hearing before the House Committee on the Judiciary*, 105th Cong., 1st Sess. (1997); *Congress' Constitutional Role in Protecting Religious Liberty: Hearings before the Senate Committee on the Judiciary*, 105th Cong., 1st Sess. (1997).

123 144 Cong. Rec. S5791 (daily ed. June 9, 1998).

124 145 Cong. Rec. H5583 (daily ed. July 15, 1999).

125 出处同上，5608。

126 114 Stat. 803 (2000). 有关宗教用仙人掌的更多讨论，见 Fisher, Religious Liberty in America, at 147—201。

州教育官员和有宗教信仰的父母之间产生的争议，可以追溯到公立学校的设立，并一直持续到今天。早期的争执是，政府是否有权宣布所有私立学校违法。例如，1922年，俄勒冈州选民为确保“促进所有种族和教派的孩子能够融合在一起”，[127] 通过一项决议，宣布宗教学校和其他私立学校违法。该决议是在三K党的敦促下制定，旨在阻挠天主教和移民，他们的孩子只上反映**自己的**价值，而不是主流新教文化价值和理念的学
212 校。最高法院否认了这种强制统一，裁决父母“拥有承认并帮助孩子提供额外责任的权利与义务”。[128]

当代争议的核心是政府对教师资格、课程设置等的管制是否适用于有宗教信仰的父母和学校。一方面，有宗教信仰的父母和教育者认为，政府规定的“最低标准”和许可程序侵犯了他们的宗教信仰。这种主张的根基是第一修正案中的自由实践条款，以及第十四修正案中蕴含的父母指导孩子教育的权利。在最近几十年，基督徒教育家和父母主导了这种对政府权力的挑战。

另一方面，政府当局认为，他们有权对宗教学校和宗教信徒的在家教育加以“合理的”管制。在政府看来，这些管制确立了最低标准，保护孩子们免受不适当教育造成的不良影响。并且政府认为，帮助孩子发展公民技能就是一项独立的政府利益。学校和家长如果不遵守这些管制就违反了义务教育法，应受到刑事处罚。

从1975年到1983年，基督徒教育家和父母跟政府当局打了一场圣战。双方互不相让，法律诉讼在许多州频频涌现。有时，主张宗教自由的原告获胜，而大多数时候，都是州政府占上风。但州政府的胜利也付出了巨大代价。一些有宗教信仰的父母和牧师不愿意遵守法院认可的管制而被监禁，教堂遭到查封，政府威胁要终止父母权利。

---

127 Pierce v. Society of Sisters, 268 U.S. 510, 525（1925）.

128 出处同上，535。下述书籍很好地阐释了这个问题，见 William G. Ross, Forging New Freedoms: Nativism, Education, and the Constitution, 1917—1927（1994）。

从 1983 年开始，尽管这种争执远远没有结束，但变得有所克制。双方都更能接受对方。更重要的是，战场从互相敌对、胜者通吃的诉讼，转向了立法改革。从 1982 年开始，有三分之二的州通过了在家教育法或规章，这些州中，有二十三个州废除了教师资格要求。最后，政府当局不再监禁那些不服从的父母和牧师，而是从对基要派基督徒教育家和父母的高压姿态中撤出来。这就是北卡罗来纳州、内布拉斯加州和其他一些州的经验。

北卡罗来纳州的政治过程对公民宗教自由异常敏感。1978 年，州内一个初审法院判决，承认当时的课程设置和教师资格要求“拥有合理的教育政策和逻辑作为基础”。[129] 此后，立法机关于 1979 年专门规定，隶属于教会的学校不适用义务教育法。教会学校唯一的责任就是保留出勤和 213
疾病免疫记录，遵守建筑条例，采取全国统一的成绩评定标准，根据学科评定，不存在政府规定的最低分数。这种基本要求依据的理念是，“在教育问题上……世俗权力不得干涉信仰权利或宗教自由”。[130]

然而，1979 年立法并不符合宗教自由的要求。该法没有提到家庭教育，州司法部长解释说，这种遗漏意味着没有授权在家教育。立法机关于 1987 年“纠正”了这种解释，几乎排除了所有针对在家教育的政府监管。[131] 宗教自由利益集团推动该法案在州众议院以 93 比 0 获得通过。由北卡罗来纳州教育委员会提出的一项对抗性建议从来就没有走出分委员会。

主张家庭教育的专家学会了如何利用宗教。诚如一位记者解释说：“在立法过程中，主张在家教育的人最初采取直截了当的政治方法，但并不奏效。然而，当主张在家教育的人增加了宗教上的理由，立法机关很快

129 State v. Columbus Christian, No. 78 CVS 1978, slip op. at 14 (N.C. Super. Ct. September 1, 1978). 北卡罗来纳州立法机关修改了教育法之后，这个判决就被架空了。

130 1979 N.C. Sess. Laws 505, codified at N.C. Gen. Stat. § § 115, 547—554 (1991).

131 1987 N.C. Sess. Laws 891, codified at N.C. Gen. Stat. § 115C—563 (1991).

就妥协了。”[132] 立法机关“只是想避免与基督教正统派的人交锋，所以，宗教就成为主张在家教育者获胜的王牌”。[133]

1981 年，内布拉斯加州最高法院的一个判决涉及到埃弗特·塞勒温牧师主持的未经批准的信实基督教学校（Faith Christian School），由此引发了激烈的争论，并在某种程度上引发政府和基督徒教育家之间离奇的冲突。[134] 塞勒温在与政府进行了长达三年的斗争之后，公开祈求上帝击杀州教育官员，以彰显胜利。尽管法院判决支持了州管理方案的合宪性，但州政府最后还是作出退让，认为落实这个管理方案代价太大，不具有可行性。

导致这种冲突的一系列事件可以追溯到 1977 年，当时内布拉斯加州路易斯维尔的信实浸礼会教堂（Faith Baptist Church）未经政府批准开办了一所学校。教堂负责人声称，该学校“旨在拓展教会使命”，州政府无权涉足。教堂负责人拒绝提供在该校注册的学生名单，不去申请教育项目的批准，拒绝雇用有资格的老师，也不申请办学许可。

州政府以不遵守政府管理规章为由，试图关闭该所学校。内布拉斯加州最高法院支持了政府的行为，认为塞勒温的做法是“以宗教信仰自由为名，蛮横无理地阻挠政府在落实教育义务中正当、合理而又迫切重要
214 的利益”。[135] 塞勒温的回应首先是在爱荷华州组织一家教堂，并在内布拉斯加州经营一家“地下”教堂。一年内，他在信实浸礼会重新开办了学校。因为宗教原因，他拒绝关闭这所学校，被以藐视法庭罪监禁四个月。当信实基督教学校未得到政府批准重新开张时，塞勒温再次被捕入狱。政府为防止他继续办学，干脆在平时查封了教堂。在几经努力未能达成妥协

132 1991 年 10 月 10 日对罗利市《新闻与观察》的教育记者蒂姆·西蒙斯（Tim Simmons）的电话采访。

133 1991 年 10 月 17 日对西蒙斯的电话采访。

134 State v. Faith Baptist Church, 301 N.W. 2d 571（Neb. 1981）, appeal discussed, 454 U.S. 803（1981）.

135 出处同上，580。

后,有七位信实基督教学校学生的父亲,因拒绝回答法官有关学校的问题而被拘留。他们的妻儿为免遭追诉,逃离了该州。

联邦教育部长贝尔针对这些争执提出,如果福音派能够证明州教育官员对信实基督教学校存在信仰歧视,内布拉斯加州将失去联邦教育资金支持。这种分歧吸引了全国公众的关注,并且大多数对依据宗教信仰行为监禁个人的做法持负面评价。

在这种对峙期间,内布拉斯加州州长(后成为联邦参议员)罗伯特·克里成立了一个四人小组,审查并公布有关基督教学校的问题。1984 年 1 月 26 日,该小组议定,现存程序违反了第一修正案对宗教自由的保护,并承认应对基督教学校给予一些便利。[136] 该小组建议,应给学生提供标准化测试,而不是对教师资格和课程设置作出要求。这样做的时候,该小组实际上是漠视了州最高法院的判决。

1984年4月,州立法机关将小组建议制定成法律。[137]法律并不要求基督徒学校向政府官员提供任何信息。相反,如果家长选择将孩子送到未获政府批准的学校,则需要向政府提供其孩子正在接受的教育信息。他们应提交一份“信息声明”,表明他们的孩子每年上学一百七十五天,并接受了核心课程学习。

内布拉斯加州的情况与北卡罗来纳州的情况一样,都表明基要派基督教的教育家通过民选部门实现了他们在法院未能实现的目标。事实上,在北卡罗来纳州和内布拉斯加州达成或明或暗的妥协都司空见惯。[138] 在政府管制基要派基督教学校问题上,有些州——包括阿拉巴马州、亚利桑那州、宾夕法尼亚州、佛蒙特州以及西弗吉尼亚州——还在办学许可、教师资格和课程设置上免除了对宗教学校的要求。另一些州,包括科罗拉

---

136 州长的基督徒学校研究小组 1984 年 1 月 26 日提交的报告,第 27 页。

137 Nebraska Revised Statutes, § § 79—1701(1990).

138 见 Neal Devins, *Fundamentalist Christian Educators v. State: An Inevitable Compromise*, 60 G.W.L. Rev. 818(1992)。

多州和爱荷华州采取了行政妥协。包括肯塔基州、缅因州和俄亥俄州在内的一些州，则没有对法院推翻州法和相应程序的判决作出回应。有时
215 就像在北卡罗来纳州那样，这些改革是对法院判决的回应，有时则源自基层民众的政治压力。不管如何解释，宗教利益通常在立法领域占据上风。

结　语

二百年来，最高法院判决一直屈服于多数人的压力，有时引领对少数人权利的指控，但更多时候是背后推动。利益集团会将压力施向最可能回应他们需要的部门。有时，法院会更加支持利益集团的诉求，但此外就是民选部门。包括法院在内，没有任何一个部门可以声称拥有最终话语权。当然，还不仅仅限于易变的宗教政治。

宗教派系已经学会和其他宗派联合，形成最大压力和效力。与其他所有利益集团相比，宗教利益集团能更快更有效地接触当地居民。因此，像立法机关这种理应满足多数人利益的部门，在保护少数人权利方面，已经表现出强烈的敏感性和关怀度。基于此，在宗教信仰和实践问题上，民
216 选官员要比法官在界定宗教自由保护范围时更能发挥积极作用。

第十章　不间断的宪法对话

本书阐述了多种力量——政治与法律、司法与非司法、联邦和地方、公共和个人——共同缔造了宪法法律。三个部门都有参与，而不是一家唱独角戏。五十一部宪法都在发挥作用，而不是只有一部宪法。有关这种宪法对话的历史文献卷帙浩繁，但支持司法至上的文献也有很多。为什么？我们回避了事实和现实吗？

毫无疑问，许多强有力的表象支撑了联邦最高法院独自决定宪法含义（或至少享有最终话语权）的理念。一位不解真相的妇女认为，大法官的数量不受政治影响，这确实所言不虚。我们称颂“法治”、公正和司法独立。我们都渴望有不偏不倚的大法官。我们都支持有一个部门能够伸冤，保护受到围攻的少数群体，救助受到孤立的个人（我们有可能就是受到孤立的一员）。

公民们可能将最高法院作为父母官，希望能告诉它们什么是正确的，什么是错误的，引导它们走在真理的道路上。如果这是一种典范的话，美国公民向来不是孝顺、有礼貌的孩子，父母的智慧和能力常令他们困惑不解。只要公民们愿意，他们就反抗，直截了当地让最高法院知道，它们在判断宪法和国家价值方面又错了。而且，父母有可能告诉孩子：你提出的这种问题，我不回答，你自己解决。

事实上,我们是互不理解,并且注定仍要如此。我们想要一个独立的法院,但又希望其他力量能够制衡法院,使其调整方向或改变司法理论。正如罗伯特·达尔所言,最高法院“是一个政治部门,并且不容否认”,美国人极不愿意接受这个事实,“以致我们通常总是脚踏两只船。这让外国人感到困惑,逻辑学家感到惊奇,而设法想要保留两个世界优势的普通美
217 国人则从中获益”。[1]

一个多世纪以来,法律职业声称,法官“发现”法律,而非创设法律。但是,即便法官仍然以“我们发现……”开篇,也没有人再对此信以为真。桑德拉·戴·奥康纳大法官写于2003年的著作中承认,法律与政治之间的联系不可避免。奥康纳承认,如果要把司法解释“付诸实践,最高法院最终必须依赖政府其他部门。看一下过去相当长时间内我们最高法院、国家和宪法的历史,相互之间的关系显然是一个对话的过程,而非最高法院发布的一系列命令”。[2]

赫尔曼·普里切特在一篇颇具见地的文章中指出,法律和政治学训练偏离了语义学、哲学和实践理性。“法律是受人尊敬的标志,而政治类似于肮脏的词汇。法律是稳定的,政治是混乱的。法律具有一般性,政治则带有个人化色彩。法律是既定的,政治是自由选择的。法律是理性的,政治具有偏见和自利的特性。法律是公正的,政治是胜者为王。”[3]根据这种笼统的区分,法院更具有吸引力就不足为奇了。许多父母梦想他们的孩子能成为法官,但几乎没有人希望他们的儿女成为政客。然而,我们需要某种形式的政府,这意味着要选举公共官员(或者说“政客”)担任顾问或参谋。虽然有人不愿意承认,但法院确是政府的一部分,既独立于政府,

---

1 Robert A. Dahl, *Decision-making in a Democracy: The Supreme Court as a National Policy-Maker*, 6 J. Pub. L. 279(1957)(强调为原文所加)。

2 Sandra Day O'Connor, The Majesty of Law: Reflections of a Supreme Court Justice 43, 44(2003).

3 C. Herman Pritchett, *The Development of Judicial Research*, in Frontiers of Judicial Research 31(Joel B. Grossman and Joseph Tanenhaus eds., 1969).

同时也与政府相互依赖。

支持司法至上的理由

学界和公共官员经常捍卫司法至上，将其作为法治的一个重要元素。法学院的教科书和报章文摘同样将最高法院判决视为终局裁定。为什么会是这样？正如我们的分析所示，法院的每一个决定常常都要遭受私人和公共官员的监督，甚或遭到拒绝。在我们政治发展的某个阶段属于“终局”的决定，在后来某个时候有可能重新启动，由此导致对最高法院的理论进行修改、重新解释或推翻。

如果最高法院的判决不是宪法，那么如何解释司法至上？渴望有个终局裁定可能是人类的本性。沃尔特·墨菲曾经写道：“拥有一个最终的宪法解释者是一个很具吸引力的概念，就像是有一个宪法解释的万能钥匙一样诱人，只要旋转正确，就总能打开通向真理、争议和美国道路的 218
大门。”[4] 但是，终局并不是我们唯一的价值。就像从医生那里得到坏消息的病人一样，我们也可能得到其他意见。我们喜欢选择，而不是一个死胡同。并且，我们需要参与我们自己的命运，而不是仅仅被告知最终的结果。

另一种解释是，那些能够从中获益的人支持司法至上。毋庸置疑，最高法院是司法至上神话的主要受益者。法院既不掌握钱袋子，又不掌管刀剑，其地位不可避免要依赖于公众对其判决的接纳。但是，司法至上神话令许多其他部门也从中获益。譬如，司法部的权力和声望通常与司法至上神话紧密相连。司法部在法院代表联邦的权力，必然与最高法院通过其判决制约全国的权力有关。同理，参议院司法委员会委员经常支持司法至上，司法委员会掌管法官任命的权力，与最高法院的权力密切相关。总统和国会议员也会从法院判决中寻求支持。当制定分项否决立法

4 Walter F. Murphy, *Who Shall Interpret? The Quest for Ultimate Constitutional Interpreter*, 48 Review of Politics 401, 417 (1981).

时，一些议员希望法院能保护立法权，“避免国会自残”。[5]更值得提及的是，一些议员呼吁在立法中赋予最高法院便捷审查权，以免由国会来决定政治性法案的合宪性。至于总统而言，一直依赖最高法院，以回避政治上有争议的问题。譬如，约翰·肯尼迪和德怀特·艾森豪威尔都认可最高法院解决宪法争议的权威。[6]

甚至州和地方官员也将司法至上作为一个有用的战斗口号。20世纪60年代后期，支持国会改革的选举权判决，为南部官员愿意遵守新政策，但不愿意对其负责提供了庇护。[7]最高法院的罗伊案判决同样庇护了许多州的官员。例如，爱达荷州反对堕胎的塞西尔·安德勒斯州长如果否决反堕胎限制，极有可能引发大规模抵制，但他认为“最高法院根本不会支持这种立法的合宪性”，遂回避了爱达荷州这一棘手问题。[8]

司法至上还让法学教授和负责报道最高法院的新闻记者获益。在某种程度上将最高法院视作一个封闭体系（对宪法问题享有最终发言权），对法学教授而言，也具有强大的动力。具体而言，这种模式意味着他们在最重要的问题上——宪法法律的教学与实务——是专家。可能正是这个原因，法学教授充分利用充满最高法院判决的教科书与针对最高法院判
219 决的学术注释，让法律人的语言变成宪法语言。相反，如果最高法院判决只是社会和政治宽泛图景中的一部分，那么法律训练，特别是法学教授专业技能的重要性就会降低。新闻工作者也基于几乎完全相同的理由不希望最高法院的判决只是不断进行的宪法对话中的一个分支。与法学教授一样，最高法院新闻工作者的权力与最高法院自身的权力息息相关。简单来说，最高法院的“判决”与最高法院同等重要。

---

5 142 Cong. Rec. H3010（daily ed. Mar. 28, 1996）（众议员 Marge Roukema 的声明，R-N.J.）。

6 见第七章（废除校园种族隔离）、第九章（校园祈祷）。

7 见 Walter F. Murphy & Joseph Tannenhaus, *Publicity, Public Opinion, and the Court*, 84 Nw. U. L. Rev. 985, 1017（1990）。

8 Cecil Andrus, Text of Speech, Idaho Statesman, Mar. 29, 1990 at A—9.

司法至上好像注定要存在，但只是因为民选官员发现这比较实用，并且只是因为这是一种半真半假的陈词。事实上，虽然当代学术教科书继续坚持以法院为中心，但越来越不把最高法院视作宪法的主要（更不要说是最终）解释者。尽管如此，司法至上仍有学术上的支持者。拉里·亚历山大和弗里德里克·绍尔 1997 年在《哈佛法律评论》上发文谈道，司法至上是解决法律纠纷、保证理论上的一致性，以及维护政治稳定的必要手段。[9] 从根本上来说，每一点我们都不赞同。权力集中在最高法院就能解决政治争议，维护理论上的一致性，或是促进政治稳定吗？美国的历史经验并不支持这种观点。事实恰恰相反。

将解释权完全授予最高法院，将导致政治上的不稳定，并且司法权得以存在和延续的那点脆弱基础也将受到削弱。过去两百多年的历史证明，司法并不能以任何决定性的方式解决诸如堕胎、平权法案、联邦主义、隐私权、种族区分以及宗教自由等富有争论性的问题，历史恰恰指向一种更具平衡性和有限的司法角色。如果我们曾授予最高法院在宪法含义上拥有最终话语权，那么司法绝对主义将使宪法边缘化。譬如，民选官员可能会漠视宪法，将他们的政策抉择置于法院判决之前。而且，许多问题现在之所以能进入法院，是因为这将是全国对话的一部分。若不是基于这种认识，许多问题就留给民选部门，可能会排除法院的管辖权。事实上，我们将有两部宪法：一个是由最高法院决定，另一个则是由民选官员决定。

维护宪法

如果没有一个“最终的解释权从不同的宪法解释中作出选择”，宪法

9　Larry Alexander & Frederick Schauer, *On Extrajudicial Constitutional Interpretation*, 110 Harv. L. Rev. 1359（1997）.

220 能够得到维护并受到尊重吗？[10]在当今司法至上的捍卫者眼中，司法至上是保护“一部成文宪法”免受“政治变革”影响的唯一途径。[11]然而，宪法文本和结构，制宪者的原始意图，历史发展，甚或是最高法院对其作为宪法最终解释者地位的宣言，都不支持这种结论。[12]相反，制宪者提出的首要价值是分立与制衡体制，每个部门都可以主张自己的权力，保护自己的特权。“政治变革”对司法的影响显然与对民选部门的影响一样。归根结蒂，法院是政府的一部分，其成员的变化犹如行政和立法部门的改变。

诚如我们已经详细讨论过的，宪法文本、原始意图及其宪政实践，都支持一种有限的司法审查。事实上，在马伯里诉麦迪逊时代，一些大法官就怀疑司法审查权能否涉及国会和总统的行为。而且，从乔治·华盛顿开始——他的第一项否决是基于宪法理由——总统们都坚持认为，最高法院的判决只适用于“其论证应有的范围”。[13]较为著名的例子包括托马斯·杰弗逊赦免了依据《外籍和煽动叛乱法》被判有罪的所有人，亚伯拉罕·林肯否认德雷德·斯科特案的判决，富兰克林·德拉诺·罗斯福的法院改革计划，理查德·尼克松发起的废除沃伦法院自由主义的运动，罗纳德·里根对罗伊诉韦德案的批评，以及比尔·克林顿签署《宗教自由复兴法》。

从国会的角度来说，国会已经无数次质疑最高法院。出于对德雷德·斯科特案的回应，国会通过立法，禁止奴隶制。最高法院在 1918 年判决贸易权不能用于规制童工，国会表示反对，二十年后，再次依据贸易条款制定了保护童工的法律。1964 年的《民权法案》中包含了公共设施应提供平等保护，这与 1883 年的民权系列案相冲突，而最高法院从来没

---

10 Larry Alexander & Frederick Schauer, *On Extrajudicial Constitutional Interpretation*, 110 Harv. L. Rev. 1381 (1997).

11 出处同上，1376。

12 有关最高法院宣称自己拥有最终话语权，见 Louis Fisher, *The Curious Belief in Judicial Supremacy*, 25 Suffolk U. L. Rev. 85 (1991)。

13 3 Richardson 1145. 本注释来自安德鲁·杰克逊对延续联邦银行法案的否决。

有推翻这些判决。最近，还有立法者挑战最高法院在堕胎、校车、焚烧国旗、宗教自由、选举权、独立委员会和立法否决等问题上的判决。

因此，宪法本身、起草和批准宪法时的争论、国会与白宫的宪政实践，都不支持司法至上。从文本和传统来说，司法至上的提法不切实际。而且，没有丝毫证据支持最高法院作为宪法“最终解释者”的地位，司法至上的支持者不能不顾宪法关于权力分立的基本要求来展示对宪法的忠诚，这是不可能成功的。221

解决超然价值

规范分析富有生命的核心问题是“法律何为？”[14] 即使假定法律的主要职能是权威性地解决问题，促进稳定，那么司法至上的观点也不能达到预期效果。最高法院没有财权和军权，“必须以人民能够接受的方式说话行事”。[15]最高法院不是通过提出司法至上的主张来促进自己的部门利益，而是要明白其在政府中的有限地位。

譬如，以战争权为例。最高法院通常回避总统援引最高统帅权的问题。具体来说，由于当今国会几乎不可能制衡总统（反而是倾向于忠实地遵从总统的倡议），最高法院大法官和其他联邦法院法官也不愿意填补立法者留下的空白。更具体地说，如果没有国会的庇护，法院不愿意冒险。这种风险要么是民选部门的报复，要么是总统拒不遵行他们的判决。当今法院反而总认为它们无权管辖针对总统战争行为的法律诉讼。从1800 年到 1952 年，法院则经常受理这类战争权诉讼。

最高法院的历史就是在寻找不同方法和途径来限制自己权力的历史。大法官们不管是出于本能还是借助经验都已经发现，如果最高法院

14　Alexander & Schauer, *On Extrajudicial Constitutional Interpretation*, 110 Harv. L. Rev. at 1370, 1371.

15　Planned Parenthood v. Casey, 505 U.S. 833, 865 (1992).

试图解决那些最好留给政治过程解决的政治、社会和经济问题,风险极大。尽管最高法院偶尔会表示自己是宪法的"最终解释者",但大法官们必然遵守一种较为温和谨慎而又极为微妙的司法哲学。最高法院判决充其量只是迅速解决一些法院被迫卷入的争议。

马伯里诉麦迪逊案非常恰当地表明,政治对司法解释权的挑战与吹嘘的司法至上之间不可避免地相互联系。马伯里案判决作出后,最高法院及其首席大法官约翰·马歇尔都受到批评。法院的对手托马斯·杰弗逊刚刚当选为总统,在他的推动下,国务卿詹姆斯·麦迪逊公开挑战最高法院要求行政官员服从法院命令的权力。由于最高法院不愿与杰弗逊主义者当面对峙,为装饰门面,遂喊着说"阐明法律是什么显然属于司法的
222 职责",最终以管辖权为由,回避了马伯里案的争议。[16]

在少有的几个场合,最高法院坚持它在解释宪法上拥有最终话语权,但这种论断只有在当时的政治背景下才可理解。1957 年的库珀诉亚伦案就表明这种情况。最高法院声称,联邦法院的解释权具有"至高性",当时是南方大规模抵制布朗诉教育委员会案的判决,包括阿肯色州动用国家警卫队拒绝黑人小孩进入小石城中心学校,面对这种情况,最高法院才作出这种声明。陷入困境之后,最高法院可能想到了模糊的判决意见(像第二个布朗案判决那样)容易导致不遵守,遂决定强调自己的权威。

美国计划生育协会诉凯西案同样强调了最高法院的信念,即"屈服于政治压力"将给最高法院带来"不必要的严重损害"。[17] 此外,虽然最高法院拒绝屈服于总统的意愿(总统任命他们),不愿在"受到攻击"的情况下推翻罗伊判决,但最高法院通过抛弃三阶段标准,承认全国没有接受罗伊判决。

抵制法院命令的威胁,同样导致法院在一些案件中搬出司法至上,诸如重新分配议席的贝克诉卡尔案。在口头辩论阶段,田纳西州律师认为,

16 5 U.S. at 177. 正如我们在第一章中的阐释,马歇尔也担心,如果他作出不利于杰弗逊总统的判决,他的政敌会强烈要求对他的弹劾。

17 505 U.S. 833, 867, 869(1992).

他们可能抵制法院作出的重新分配议席命令。同样的教训也适用于法院在鲍威尔诉麦考马克案中宣称的司法至上。该案涉及众议院拒绝让亚当·克莱顿·鲍威尔就职。众议院向最高法院发出信号,如果法院要求让鲍威尔就职,他们可能抵制法院命令。[18]同样,在水门录音带案件中,法院针对行政特权作出的判决是否能够约束总统,在这一点上,尼克松的律师詹姆斯·圣克莱尔不置一词。[19]这促使法院要作出全体一致的判决(最终它们也达成了一致判决)。

特别是,当最高法院感受到其他部门的挑战时,就宣称自己在宪法解释上享有最终话语权,这种做法并不令人惊奇。因为最高法院担心政治部门漠视它的判决,所以总是采取一种无所畏惧的立场。可能正是这个原因,动用司法至上时,通常对政府几乎没有任何要求(诸如马伯里案),或者是与民众情感联系起来。至于库珀案,虽然阿肯色州州长福伯斯拒绝执行布朗案判决,为其赢得了州内选民的支持,但全国性民意支持艾森豪威尔总统派遣联邦军队进驻小石城。[20]重新分配议席的贝克诉卡尔案有可能冒犯的是州官员的意愿,但得出的是在全国范围内深得民心的结果。六十三份重要的大都市日报中,三十八份支持最高法院判决,十份反 223
对,其余保持中立或是暧昧不清。[21]民众意见强烈支持最高法院,迫使尼克松总统交出水门录音带。[22]凯西案中提出的"不合理负担"标准紧扣民意。[23]

最高法院既没有分配资金的权力,也无法动用军队,它知道只能靠赢得公众的支持。[24]最高法院认识到,作为宪法解释者的角色,依赖于民众

18 Robert B. McKay, *Comments on Powell v. McCormack*, 17 UCLA L. Rev. 117, 125—129 nn. 42—44 (1969).

19 79 Landmark Briefs 861, 871—872, 879.

20 Gerald N. Rosenberg, The Hollow Hope 78 (1991).

21 Richard C. Cortner, The Apportionment Cases 144—147 (1970).

22 Louis Harris, *President Should Obey Order to Give Up Tapes*, The Harris Survey, July 29, 1974.

23 Neal Devins, Shaping Constitutional Values 73—74 (1996).

24 Planned Parenthood v. Casey, 505 U.S. at 964—996(承认了最高法院"正当性"与"人民认可"之间的联系)。

的支持以及对其判决的理解。[25] 最高法院的判决不能脱离案件（有时是爆炸性）的社会和政治背景。

促进政治稳定

如果最高法院判决是终局性的，民主政府很大程度上就会忽视这些判决，坚持它们的政策偏好。“终局性”法院判决就成了空中楼阁，脱离了公共政策。宪法（和法院）的这种边缘化直接与法律的定纷止争功能相悖。相反，只有通过所有政府部门以及人民的讨价还价，才能实现社会稳定。大法官布兰代斯认为：“实验和犯错在物理学中硕果累累，在司法职能中也是合适的。”[26]

换句话说，合宪与否必须留给我们去探索、思考并达成妥协。通过这种对话协商的过程，法院得以重新调整其判决——将社会和政治力量纳入考量，并且在适当的时候修改或废除其判决。布莱克门大法官在 1982 年接受采访时说道：“从长远来看，人们对法院判决感到困惑、关注或感兴趣，可能都是好现象。总的说来，我认为，对于整个国家，这是件好事，因为联邦最高法院隶属于这个国家。”[27] 更具体地说，宪法隶属于这个国家。就最高法院的宪法解释来说，民选官员和公众必须接受其判决，或者至少必须承认最高法院有权作出这些判决。

这种试错过程并不意味着最高法院只能屈服于民意。然而，如果最高法院发布的判决除了引发不服从外别无价值，那么就无法促进政治稳定。只有最高法院通过宪法解释号令全国的权力在整体上得到认可，才
224 有助于政治稳定。为此，最高法院必须采取一种政治上颇为敏感的平衡

25 Tom R. Tyler & Gregory Mitchell, *Legitimacy and Empowerment of Discretionary Legal Authority: The United States Supreme Court and Abortion Rights*, 43 Duke L. J. 703, 715 (1994).

26 Burnet v. Coronado Oil & Gas Co., 285 U.S. 393, 408 (1932)（布兰代斯的反对意见）。

27 *A Justices Speaks Out: A Coversation with Harry A. Blackmun*, Cable News Network, Inc., Dec. 4, 1982, at 20.

术:为维护自己的权力,就不能要求自己的**所有**判决(甚至是那些公众认为已经过时的判决)都是终局性和不可更改的,有时还必须推翻自己的判决,顺应社会和政治势力。最高法院也确实认识到自己的权威和公众认可之间的联系,很少与主流的多数派步调不一致。[28]譬如,随着社会条件、经济结构和反对派的公众反应发生改变,在此重压之下,洛克纳时代的崩溃就是一例。1936 年,除两个州外,罗斯福在所有州中获得了胜选,公众对大法官的批评令最高法院备感尴尬,遂发布了一些支持新政的判决。在解释这种转变时,大法官欧文 · 罗伯茨承认,民意在废除洛克纳时代中发挥了不同寻常的重要作用:"回首来看,民众要求在全国保持统一标准时——事实上是统一经济体——最高法院很难抵挡。"[29]

社会和政治力量还在最高法院重新审议绝育和优生学运动、[30]政府强制向国旗敬礼、[31]罗伊案的三阶段标准、[32]死刑、[33]州权[34]以及其他更多领域的判决时,[35]发挥了确定性作用。有些判决获得了 8 比 1 的显著多数,但并不重要。[36]没有民众的支持,这些判决就没有解决任何问题。大法官

28　Richard Funston, *The Supreme Court and Critical Elections*, 69 Am. Pol. Sci. Rev. 795 (1975); Walter F. Murphy & Joseph Tanenhaus, *Publicity, Public Opinion, and the Court*, 84 Nw. U. L. Rev. 985 (1990) ; Robert A. Dahl, *Decision-Making in a Democracy: The Supreme Court as National Policy-Maker*, 6 J. Pub. L. 279 (1957) ; David Adamany, *Legitimacy, Realigning Elections, and the Supreme Court*, 1973 Wisc. L. Rev. 790 (1973) .

29　Owen J. Roberts, The Court and the Constitution 61 (1951) . 更多讨论,参见第三章。

30　Louis Fisher, *Social Influences on Constitutional Law*, 15 J. Pol. Sci. 7, 11—15 (1987) .

31　另见 David R. Manwaring, Rendering unto Caeser: The Flag Salute Controversy 154—160 (1962) ; H. N. Hirsch, The Enigma of Felix Frankfurter 152—153 (1981)。

32　另见 Devins, Shaping Constitutional Values, at 56—77, 139—148。

33　Louis Fisher, Constitutional Dialogues 75—76 (1987) .

34　第三章分析了伦奎斯特法院对州权的复兴。另参见 Mark Tushnet, *Living in a Constitutional Moment: Lopez and Constitutional Theory*, 46 Case W. Res. L. Rev. 845 (1996)。

35　针对最高法院推翻早期先例的情况,一个非常有用的概述见 Michael J. Gerhardt, *The Role of Precedent in Constitutional Decision-Making and Theory*, 60 G. W. L. Rev. 68, 147—159 (1991)。

36　Minersville School District v. Gobitis, 310 U.S. 586 (1940) (支持强制向国旗敬礼),三年后被另一个案件推翻,即 West Virginia State Board of Education v. Barnette, 319 U.S. 624 (1943)。

罗伯特·杰克逊教导我们说："政治势力发挥着实际作用，司法权时常会推迟，而从来不会永久性地抗衡实质多数人的意志。"[37] 因为法院若想最大化自己的权力与正当性，考虑社会和政治势力就是必要之举，而非胆怯懦弱。如果法院对公共价值或公共关怀置若罔闻，那么法院作出的判决就不切实际，难以落实。

在特定案件中，最高法院可能是最终解释者，但在该案所处的更大问题上，就不是最终解释者了。最高法院两个多世纪的判决中，很难指出某一个判决终局性地解决了某个宪法上的重大问题。如果某个判决难以令人信服，或者说事实证明不可行，那么民选官员、利益集团、学术评论家以及媒体都会表达他们的看法，最高法院最终会听取这些意见。

甚至在通常受到赞誉的判决中，诸如布朗诉教育委员会案，最高法院也必须对其判决中伤及执行地区和全国情感的内容进行调整。为了
225 调和南方对判决的敌意，最高法院在第一个布朗案判决中并没有提出救济措施，一年后的第二个布朗案中，对废除种族隔离的时间及判决性质都预留了广泛空间。许多情况下，最高法院都运用了所谓的消极美德：程序和管辖权两种策略，使最高法院避开了政治上的敏感问题。最高法院一贯的做法是，"在判决之前，不主动考虑宪法问题"，"不在要求的范围之外提出宪法规则"，"如果有一些其他理由……就不触及宪法问题"，诸如依据立法解释来判决案件。[38] 此外，正如我们对权力分立和战争权的研究所示，最高法院有时认为对某个问题不具备管辖权，将之留给国会和行政部门相互协商解决。这种故意放弃司法权的做法表明，法院缺乏民主正当性，需要避免与公众以及其他政府部门发生代价高昂的冲突。

---

37 Robert H. Jackson, *Maintaining Our Freedom: The Role of the Judiciary*, 19 Vital Speeches 759, 761 (1953).

38 Ashwander v. TVA, 297 U.S. 288, 346—348 (1936)（布兰代斯的协同意见）。

确保理论上的连贯

有人认为，法院是基于原则进行判决，而其他政府部门则满意于妥协。首席大法官厄尔·沃伦声称，政治上的进步"能够并且在大多数时候都是通过妥协实现的。当不能获得整块面包时，就拿半块。就司法过程而言，则恰恰相反"。[39]这种观点并不诚实。由多名成员组成的最高法院，与其他政府部门一样，逐步磨合，达成合意，通过妥协、权衡以及具体问题具体分析，作出判决。诚如亚历山大·比克尔所言，"所有优良社会都是有原则的，但布满原则的社会也是不现实的"。[40]

事实上，由于法院是一个多成员部门，发布的判决意见不可避免是多元的。首先，法院专注的是法律问题没有得到解决的纷争，并且问题双方都提出了貌似真实的理由。因此，在解决这些疑难案件时，法院必然会出现尖锐的分歧，很难围绕广泛一致的原则达成合意。[41]事实上，即便是司法至上的支持者也承认（尽管带着失望），没有多数意见的分裂式判决增多。大法官们都渴望论证自己的观点，而非用一个声音来代表法院，相对而言就缺乏了明确的规则。[42]在这种情况下，没有理由提出，司法至上能够保持原则上的一致。

那么，法律纠纷如何解决？如果民选政府将最高法院判决视为决定性的，那么这种制度能解决分歧且实现稳定吗？这种制度能让多数人失

---

39 Earl Warren, The Memoirs of Earl Warren 6 (1977). 有关这种观点在学术上的经典阐释，见 Herbert Wechsler, *Towards Neutral Principles of Constitutional Law*, 73 Harv. L. Rev. 1, 14—15 (1959)。

40 Alexander M. Bickel, *The Supreme Court, 1960 Term—Foreword: The Passive Virtues*, 75 Harv. L, Rev. 40, 49 (1961).

41 有关这个问题更全面的研究（包括存在两种以上判决规则时，最高法院为什么不能以前后一致的方式解决纠纷），见 Frank H. Easterbrook, *Ways of Criticizing the Court*, 95 Harv. L. Rev. 802 (1982)。

42 Larry Alexander & Frederick Schauer, *Defending Judicial Supremacy: A Reply*, 17 Const. Comm. 455, 479 (2000).

226 去对超验问题的控制吗？当然不能。如果最高法院将宪法视作自己的专有领地，便无法借助社会和政治力量来缓和自己的判决意见。在他们看来，政策制定者会认为宪法与自己的法定职能无关，可以不予重视。立法者讨论的是政策问题，与宪法议题无关。

我们认为，德雷德·斯科特案最好地诠释了司法绝对主义的失败，这个判决迫切需要遭到抵制。该案判决的时候，最高法院对自己"至高无上的独立地位"非常自信。大法官约翰·卡特伦告诉刚当选的总统詹姆斯·布坎南，最高法院准备"判决并终结长期以来严重困扰我国的"奴隶制问题。[43] 布坎南极力想要回避这个争议，所以就相信最高法院的话。在他的就职演说中，他呼吁全国人民相信，最高法院受理的这个问题"很快就会得到最终解决"。[44] 司法决议确实很快，但并不是最终解决。两天后，最高法院的德雷德·斯科特判决将全国推向了一场腥风血雨的内战，三千万人卷入了战争，六十多万人死亡，四十多万人受伤。

亚伯拉罕·林肯通过言语和行动，挑战了德雷德·斯科特判决的正当性和判决理由。在林肯看来，司法判决只能约束特定案件的当事人，但不能强行为民选官员施加司法上的政策要求。如果林肯认为德雷德·斯科特案已经解决了奴隶制的合宪性问题，情况会是如何？他还会将断然拒绝这个判决、发布《解放奴隶宣言》以及内战视为正当的吗？几乎不可能。正如司法至上支持者所承认的，即使林肯认为"德雷德·斯科特案是最高法院作出的判决，他有义务遵守"，但他基本上也可以认为这是一项"可以漠视的义务"——法律上具有约束力，但适当时候要接受公民不服从。[45] 这样说来，司法至上似乎是一个虚设的概念，不可避免要被社会和

43 10 The Works of James Buchanan 106 n. 1 (John B. Moore ed., 1910).

44 7 Richardson 2962.

45 Alexander & Schauer, *On Extrajudicial Constitutional Interpretation*, 110 Harv. L. Rev. at 1382.

政治势力“漠视”。

司法至上的支持者认为，德雷德·斯科特案是个例外，因此“判决程序”不能以“永不再现的案件”为基础。[46]但德雷德·斯科特案并不是例外。最高法院经常遇到一些情绪上对立的问题，立法者和公众很容易找到一些“可以漠视的理由”，进而援用公民不服从。如果政策制定者接受最高法院的判决是终局判决，就应该为反对法院判决留有渠道。如果民选官员不能参与和法院的宪法对话，就不可能心安理得地等上一二十年，寄希望于最高法院成员发生改变，再改变判决方向。相反，当选民们对司法判 227
决不满时，民选官员很可能会选择公民不服从。这类挑战不是“例外”，而可能成为公共生活的重要部分。

譬如，认真考虑一下，民选部门抵制最高法院在堕胎、平权法案、校车、童工、死刑、焚烧国旗、同性恋权利、立法否决、校园祈祷、选举权以及宗教自由等领域判决的意愿。今天，这些挑战在法院、民选官员和公众之间的协商对话框架中时有发生。如果司法至上主导了这个时代，这些挑战中的部分或全部就会成为不服从的理由。由于最高法院在有关州权、最低工资、堕胎以及宗教自由等领域的判决已经类似于德雷德·斯科特案，[47]所以，事实上这些挑战都不可避免将会出现。不论是否能够成功，都很难看到司法绝对主义促进稳定，或是令多数人失去对超验问题的掌控。司法至上确实没有确保原则一致，而是制造了公民不服从。司法至上鼓励最高法院大法官和民选官员各走己路，而不是参与相互之间的宪法对话，除了更易于导致政治上不切实际的判决之外，别无益处。

46　出处同上，1383。

47　E.g., Ronald Reagan, Abortion and the Conscience of the Nation 15, 19—21 (1984); *The Religious Freedom Restoration Act: Hearings before the Senate Committee on the Judiciary*, 102d Cong., 2d Sess. 4 (1992) (Oliver S. Thomas 的声明)。

切莫忽视宪法

司法绝对主义有可能让法院脱离社会发展进程，进而让宪法边缘化。民选部门只要在宪法中有一些好处，就会认真对待宪法。因此，如果民选官员没有机会参与政治化的宪法对话，最高法院的教育职能将会受到严重制约，宪法自身的不朽价值也将受限。

司法至上的支持者几乎不会被这种情况所困扰。譬如，为“提出一个宪法规定的概念”，亚历山大和肖尔告诫立法者，宪法保护不要逾越最高法院设定的界限。[48] 他们借助这种解释，反对下列规定：在选举权和就业歧视立法中给予区别对待的要求；批准分配妇女到作战飞机工作的立法和规章，允许联邦雇员（包括军人）穿宗教服装的立法和规章；以及民
228 选政府面对最高法院限定个人权利时提出的其他措施。

通过限制这种方式的公共对话，宪法变得无关紧要。合宪性论述不再成为妨碍进步改革的路障，或者换一种选择，合宪性论述也不再成为超越最高法院设定的界限、扩大宪法保护的障碍。民选官员难以采纳涉及宪法价值的公共政策，无法讨论构成宪法以及联邦自身基础的基本价值。与这些结果相比，“为解决问题而解决问题”的价值便逊色许多。

这些后果在两类案件中特别严重，这两类案件都是司法至上支持者所没有考虑到的。一类涉及到“未实施”的宪法规范：因各种原因未能上诉到法院的问题。[49] 在这种情况下，就留给民主政府来界定宪法含义。但如果民选官员不参与和法院的宪法对话，就无法认定这些问题的宪法维度受到了认真对待。相反，如果遵循司法至上模式，民选官员将集中力量专注于政策，而非政策选择的宪法维度。

---

48 Alexander & Schauer, *On Extrajudicial Constitutional Interpretation*, 110 Harv. L. Rev. at 1385.

49 对这个问题的最好评述，见 Lawrence Gene Sager, *Fair Measure: The Legal Status of Underenforced Constitutional Norms*, 91 Harv. L. Rev. 1212（1978）。

涉及的第二类情况是，最高法院将自己作为与政府一起塑造宪法价值的一分子。为减少失误、过失以及与社会乃至同等部门之间不必要的冲突，最高法院有时需要赢得民选政府的支持。废除校园种族隔离是特别值得书写的一个例子。布朗案判决十多年后，南方黑人学校非洲裔美国人的孩子占到了 98%。[50] 通过 1964 年的民权法案以及其他联邦措施，这个比例到 1968 年时降到 25%。[51] 随着总统、国会领袖和公众承诺要废除种族隔离法，最高法院才开始有胆量“彻底”批评种族歧视和校园隔离。[52]

此处蕴藏了司法绝对主义的真实危险。司法绝对主义不承认其他部门作出的宪法决策，对促进稳定了无助益。司法绝对主义鼓励对峙而非合作。民主政府不是和法院一道参与宪法对话，而是对宪法和法院漠不关心。对于法院来说，既不能获得民主政府的帮助，又不能指望民意来为自己的正当性背书。最高法院不再限于教育者的责任（如果公众没有参与宪法对话，为什么还要教育？），而是确信担任宪法的最终解释者，所以就看不到依据社会和政治势力调整自己判决的价值。

法律理论必须权衡实用主义和政治判断。司法绝对主义能够促进稳 229
定，这种观点难以令人信服。为维持稳定，法院判决应得到尊重，并且通常是可接受、可理解的。法官必须考量不服从的风险。因此，必须要有对话。法院自封享有最终话语权，以此发布判决，显然不够。

反思有关最终话语权的争论

司法至上产生的是不切实际的解决方案，而非更加平等的世界。正如大法官罗伯特·杰克逊提醒的，“司法治理是由单一职业人——法律人——的知识和局限性来引领最终决定”。[53] 亚历山大·比克尔说的更加

50 Gary Orfield, Public School Desegregation in the United States, 1968—1980, at 5（1983）.

51 出处同上。

52 Green v. County School Bd., 391 U.S. 430, 438（1968）.

53 Robert H. Jackson, The Struggle for Judicial Supremacy 291（1941）.

直接，不相信法院有能力提出一种“经久耐用的原则”，因此不相信“司法至上能够得到落实和认可”。[54]

我们在这里列出“最终话语权理论”受到的十个基本限制：

1. 最高法院支持某项措施的合宪性，譬如在麦卡洛克案中支持联邦银行的合宪性，或是在莫里森案中支持独立检察官的合宪性，并没有对行政部门和立法部门施加任何义务，并没有要求它们在未来必须正式采纳这种法律。例如，国会可以在任何时候自由废除有关独立检察官的立法（1999 年所作的决定就类似于此）。同样，杰克逊总统完全有权否决延续联邦银行的法律。最高法院的判决并不妨碍其他部门独立解释宪法的义务或自由。麦卡洛克案和莫里森案表明，如果两个部门想要设立联邦银行或是独立检察官，最高法院在宪法中找不到任何阻止的理由。如果国会和总统随后对联邦银行或独立检察官的合宪性产生怀疑，它们有权废除相应立法，或是在这些授权立法到期后不再延续其效力。

2. 最高法院判决宪法并不禁止某种行为，并不妨碍其他部门通过立法禁止或限制这些行为。法院不予保护的权利有可能得到国会、总统和各州的保护。杰克逊总统赦免了依据《外籍和煽动叛乱法》被定有罪的
230 个人，国会扩展选举权、言论和宗教自由保护的决定，以及各州制定的扩大宗教自由和残疾人权利保护的立法，都是这方面的例证。

3. 如果最高法院判决宪法并未授予联邦法院对某项行为给予保护，那么各州仍然可以通过解释本州宪法对这些行为提供保护。最高法院判决为宪法权利设定了最低标准或最小限度。各州可以认为这些标准太低，进而通过独立解释本州宪法和独特的文化补充增加权利。譬如，在堕胎权、同性恋权利和宗教自由方面，相对于最高法院对联邦宪法的解释，一些州通过解释自己的宪法对此提供了更宽泛的保护。

4. 许多宪法问题是通过证据规则、立法、习俗以及和解——普通法上

---

54 Alexander M. Bickel, The Supreme Court and the Idea of Progress 99 (1970).

解决纠纷的方法——得以解决。这些法院外的技术和制度，在塑造宪法价值和宪法原则上发挥了决定性作用。而且在一些其他场合，最高法院还指望行政部门和立法部门的辩论来为判决提供支撑，“在没有明确要求的情况下，从其他各种合宪性条款中获得启示和权威”。[55]

5. 最高法院有时以对某类案件无管辖权为由回避宪法问题。譬如，在有关战争权和行政特权的纠纷中，最高法院往往援引诉讼资格或政治问题来回避立法者与行政部门之间的冲突。此外，最高法院还通过拒绝颁发复审令，回避重要的宪法问题，有时甚至是永远避开某些宪法问题。

6. 还有一些情况，如果最高法院判决在国民中引发分歧，那么随着在这个问题上出现新的情况，还会一次又一次地审查法院判决。法院判决应受到尊重，但不应崇拜。如果法院发布了判决，我们不应暂停我们自己的决定。譬如在新政时期，在童工、经济规制和其他涉及贸易条款的问题上，国会成功排除司法障碍，就是一例。同样，公众对法院最初判决的不满，正是法院在向国旗致敬问题上快速撤退的原因。美国计划生育协会诉凯西案取代了罗伊案中三阶段划分标准所导致的“不合理负担”，就是
这种现象的另一个例证。这方面待引的例子还有很多。这些挑战和冲突 231
让宪法对话保持开放性，并为其注入活力。在追寻宪法与自治的协调时，我们都必须参与其中。

7. 期待法院一锤定音地“平息”一个重要问题是不现实的。法院通常一次只处理一部分问题，把其余部分留给随后的法院判决和非司法行为。大法官金斯伯格解释说，判决经常引发与其他政府部门、各州以及私人部门的“持续对话”。[56] 例如，在判决校园种族隔离违宪之前，法院发布了一些关于大学和法学院种族隔离的有限判决。同样，在判决《反种族

55 Henry P. Monaghan, *The Supreme Court 1975 Term—Foreword: Constitutional Common Law*, 89 Harv. L. Rev. 1, 3 (1975).

56 Ruth Bader Ginsburg, *Communicating and Commenting on the Court's Work*, 83 Geo. L. J. 2119, 2125 (1995).

通婚法》无效之前，最高法院等待布朗案确立的原则得到联邦和（大多数）州官员接受。

8. 最高法院通常宣布的是非常广泛的指导原则：为堕胎确立的“不合理负担”，为废除种族隔离提出的“迫切重要的政府利益”、“严格限定”和“以审慎的速度”；为淫秽材料提出的“引起淫欲”的标准。然后由民选官员和陪审团来诠释这些一般原则和规则，并将之适用于特定案件。最高法院界定边界，非司法的执法者填补中间的重要内容。

9. 在某些案件中，最高法院判决确实具有终局性，但影响极其有限。当最高法院判决佛罗里达的民选官员不能针对得票差距过低重新计票或是杜鲁门总统不能征收钢铁工厂时，这就是最终决定。然而，支撑这些判决的法律原则需要在未来纠纷中补充完善。更重要的是，法院判决的最终含义很可能取决于民选官员遵守法院判决的意愿。譬如，白宫极力阻止独立检察官向特工调查关于莫尼卡·莱温斯基造访克林顿总统的事，试想一下首席大法官伦奎斯特否决白宫做法的判决。这里也出现了终局性，但国会可能通过立法，赋予特工更大的特权，无需就总统行为进行作证，以此重新开始讨论这个问题。而且，民选官员可能认为，法院判决只对争议当事人有约束力。因此，美国移民归化局诉崔德案就只是解决了崔德的驱逐出境问题，国会和白宫认为，这个判决不切实际，在很多方面
232 都对之不以为然。

10. 司法判决并不纯粹是创造性活动。它们建立在先例和非司法部门确立的价值基础之上。法院的米兰达案判决之前很久，联邦调查局就会对被调查者提出告诫。吉迪恩诉温赖特案之前很长一段时间，许多州都已经决定，由法院为那些贫穷的被告人指定辩护人是正当程序的要求。最高法院在判断安乐死、同性鸡奸以及其他更多事项是否受隐私权保护时，通常都会注意各州的实践。除了法院依靠民选官员确立宪法标准的情形之外，最高法院通常还将民选政府的偏好纳入考量，以缓和自己的判决。

司法审查适合我们的体制,因为我们喜欢多元权力。权力制衡,甚至是非民选产生的法院指出民选的立法机关和总统已经越界,我们也会感到很安全。这种对多元权力的偏好,否认了最高法院拥有终局性解决宪法问题的话语权。我们不认为权力都集中在国会的立法权,或总统的行政权。同理,我们也不允许司法权和宪法解释权只集中在法院。我们拒绝三个部门中任何一个具有至高无上的地位,因为我们选择的价值是自由、对话、民主和有限政府。

把宪法移出法院

纵观本书,我们已经唤起大家注意,非司法部门在塑造宪法价值方面发挥了重要作用。在本章,我们也阐释了,民众与法院的分歧使宪法更稳定、更持久。但问题仍然是:司法审查发挥什么作用?在有些学者看来,利益集团不应追求法院主导的改革,因为司法审查要么无足轻重,要么达不到预期目的。[57]尽管我们不同意这种观点,但这些论述仍然具有很大的吸引力。

首先,司法审查的效力确实值得怀疑。法院判决的效力通常取决于民选政府执行法院命令的意愿。譬如,有关立法机关否决权的判决普遍受到忽视,因此很大程度上就是无足轻重的,相反,国会和白宫通过20世 233
纪60年代的改革,让废除校园种族隔离成为现实。[58]此外,法院在查证事实方面具有内在的局限性,导致法院对实施情况的了解不足,判决中易于出现错误。具体来说,由于法官和辩护人都依赖以先例为基础的法律论述,法院根本不能参与完整的成本效益分析。法院在判决案件的那一刻也无能为力。如果对基础性事实的认识发生改变,也只能通过推翻原判

57 典型例子,包括 Gerald N. Rosenberg, The Hollow Hope: Can Courts Bring About Social Change? (1991)(无足轻重); Mark Tushnet, Taking the Constitution Away from the Courts (2000)(达不到预期目的)。当然,本部分小标题源自图什奈特的著作。

58 见第四章(立法否决)、第六章(废除校园种族隔离)。

决的方式来予以纠正。而且，法院通常只能依赖当事人的论述，当事人则经常设定了法院将要考虑的问题。

更麻烦的是，司法审查有时会曲解民选部门对宪法问题的考虑。在有些案件中，司法审查鼓励政策制定者将宪法问题交给法院，而不是在他们的工作中纠结于可能存在的合宪性问题。增加最高法院便捷审查条款就是这种表现之一。而且，当立法者谈论到宪法时，他们经常模仿最高法院。特别是，立法者不是提出自己独特的解释方法，而是集中力量关注最高法院是否会支持他们的行为。

尽管如此，我们认为，司法审查是必要的，而不是反作用的。法院有时走在问题的前面，并且在这样做的时候，会启动一种建设性的对话力量，否则，部门间的对话可能就不会出现。譬如，南方抵制布朗诉教育委员会案的判决，最终促使国会在联邦资金的分配上设定了不得歧视的要求。同样，主张堕胎合法化的运动期望能够得到司法救济。特别是，虽然堕胎问题改革早于罗伊案，但罗伊案之前的立法争论认为，州立法者反对把堕胎作为一项基本权利，这已经相当明确——以致大多数主张堕胎合法化的支持者甚至都不再追求废除堕胎犯罪化的立法。

正如法院具有制度上的弱点一样，它们也有制度上的优势。譬如，由于法院必须为判决提供正当化理由，所以法官们特别关注作出合乎逻辑的论述。法官们还能在解决复杂的社会政策问题上发挥重要作用，这类问题也是宪法判决特有的问题。法官和政治家对社会和政治力量的反应有时是不同的，对宪法争议各有独特视角。由于特殊利益集团向法院和民选官员施压的方式不同，所以对不同政策后果的成本效益进行全面考虑，最好是经由广泛的政府决策过程。为此，法院以及民选官员都应积极
234 参与塑造宪法价值。

法院参与宪法对话还有另一个原因。特别是，当法院认为某些原则是错误的，他们努力发出“理性的声音……阐述并丰富一些持久有效的

普遍原则”[59]，这是非常有益的。法院在推翻民选政府行为时，有时援引一些冠冕堂皇的原则，所以法院也完全有能力赋予政府决策合法化。小查尔斯·布莱克解释过这种方式：“从最开始直到未来，限权政府需要的是能够令人民满意的手段，在其权力范围之内，尽可能采取力所及的一切必要手段……历史上，最高法院就是扮演着政府合法化的角色。”[60]法官通过判断正误，承担着最重要的使命：承认政府行为，并予之合法化。

塑造宪法价值

法律诉讼中赢者通吃的风格，不适合解决复杂的社会政策问题。正如我们的案例研究所示，政治制度内的高压使宪法更加稳定和持久。[61]尤其是绝对主义者和僵化恪守司法判决者贡献甚少，相反，那些情感上引发争议和高度分歧的问题都是通过政治妥协，达成中间立场，很好地得到了解决。譬如，以堕胎和废除校园种族隔离为例。在这些问题上，法院和民选官员相互影响，最终厘定的宪法标准成功地（如果还不能说很完美的话）平衡了相互对立的各种利益。

就堕胎权而言，罗伊诉韦德案既是司法承认堕胎权的一个重要导火线，又是凝聚反堕胎群体的一个口号。从 1973 年到 1989 年，四十八个州共通过了 306 项限制堕胎的措施。同样，在遴选最高法院大法官的过程中，堕胎问题如果还不能说是发挥了决定性作用，那么也是发挥了显著作用。1992 年，经过民选政府长达二十年的抵制，以及新任命了最高法院大法官之后，最高法院提出了妥协性方案：重新确认堕胎权，但否认了罗伊案中的三阶段标准。这个判决就是美国计划生育协会诉凯西案，本案

59　Henry M. Hart, *Foreword: The Time Chart of the Justices*, 73 Harv. L. Rev. 84, 99 (1959).

60　Charles L. Black Jr., The People and the Courts 52 (1960).

61　正是这个原因，我们认为，我们的研究解释了抛弃司法至上“在实践中”意味着什么。见 Larry D. Kramer, The Supreme Court 2000 Term, Foreword: We the Court, 115 Harv. L. Rev. 4, 8 n. 12；出处同上，7—8（批评了我们以及否认司法至上的其他学者）。

并没有引发反堕胎革命。虽然法院发出信号,表示愿意支持限制堕胎的规章,但州立法者担心引发反堕胎选民的激烈反应,通常选择回避堕胎问题。尤其是除了孕后期堕胎之外,自凯西案以来通过的限制堕胎规章通
235 常涉及的都是法院认可的限制措施:等待时间、知情同意以及告知父母。

对堕胎权的支持者来说,凯西案的折中出卖了妇女们的重要利益。对一个反堕胎者来说,还可以继续保持道德上的愤慨。但法院对堕胎与反堕胎利益的平衡导致在现实中没有其他选择。罗伊案之后政治上的突变表明,坚定地支持堕胎的法理学不可行。但禁止堕胎的法理学同样不切实际。罗伊案之前许多年里,几乎所有州都禁止非医学治疗性的堕胎,而堕胎率几乎与罗伊案之后几年完全相同。最终,由于在堕胎问题上的分歧比较严重,不管是绝对支持堕胎还是坚决反对堕胎,都不可能主导这个时代。然而,如果没有罗伊判决之后的对话,政治上不可行的三阶段标准将仍然有效。

最高法院试图终结教育领域的种族隔离,同样证明了司法改变社会的能力极其有限。虽然布朗诉教育委员会案对于根除南部各州的双重教育制度发挥了重要作用,但最高法院也允许去感受民选政府在这个时代的偏好。譬如,为缓和南方对法院判决的敌视,最高法院在第一个布朗案判决中并没有提出救济措施。

20 世纪 60 年代,社会和政治势力,特别是联邦政府执行布朗案判决的努力,为最高法院在斯旺诉夏洛特 — 梅克伦伯格教育委员会案中提出的强制校车制度发挥了重要作用。然而,斯旺案判决远远超出了民选政府的偏好。在尼克松和里根执政期间,最高法院和民选政府在校车问题上打得难解难分——这场争执现在已有缓和。具体来说,最高法院允许地区初审法院在决定学校制度是否符合废除种族隔离标准时,要考虑当地的实际情况,由此将废除种族隔离问题交给了地方法官——许多(并非全部)地方法官就终止了存在已久的废除种族隔离禁令。

在废除校园种族隔离和堕胎问题上要想达成平衡,就要求所有部门

和各级政府相互争论。这种充满活力的过程最后达成一种非常微妙的妥协。这种相互影响的过程可能非常紧密，就像制作香肠那样融为一体。这就有助于解释芭芭拉·克雷格和戴维·奥布赖恩将堕胎纷争称之为“令人失望地阐释……和反映了”美国制度。[62] 然而，正如金斯伯格大法官在她的确认听证会上正确地指出，在我们的制度中，法院“并不单独护卫宪法权利。最高法院与国会、总统、各州以及人民一道共同担负起这项重要责任”。[63]

法院有时会发起这种宪法对话，这是无可置疑的。没有布朗案或罗伊案判决，平等受教育权和堕胎权在今天可能是完全不同的景象。但同 236
样不可置疑的是，在废除校园种族隔离和堕胎权保护方面，如果要找到切实可行的方法，需要民选政府参与，有时是支持，其他时候可能是反对最高法院的行为。

布朗案和罗伊案具有启示意义，还有其他原因。在布朗案判决中，法院致力于种族社会的变革，但却考虑到自身权力的有限。罗伊案反而是研究司法自恃的素材。在努力终结堕胎纠纷时，哈里·布莱克门大法官提出了一种三阶段标准，旨在限制未来政府回避法院判决的企图。结果，罗伊案判决后的政治变化异常严峻，分歧不断。如果最高法院在罗伊案中发布的是一个不那么有抱负的判决，倒有可能确保宪法对话更文明，且更具建设性。譬如，判决仅限于罗伊案中迫在眉睫的问题（强奸受害者无权堕胎），这就为法院接下来认可其他类型的堕胎限制留下了空间。对于反堕胎者来说，就不会把推翻罗伊案作为推进他们议程的唯一途径，对于支持堕胎者来说，就会既依赖法官，也仰赖立法者（而不是只依赖法院支持他们的议程）。虽然支持堕胎者与反对堕胎者之间不可能达成政治和解，但除了罗伊案推动的宪法对话外，这个过程就不可能实现。

62 Barbara H. Craig & David M. O'Brien, Abortion and American Politics 15 (1993).

63 Joan Biskupic, *Ginsburg Stresses Value of Incremental Change*, Washington Post. July 21, 1993, at A6.

这里的教训很简单:最高法院并不能一次性解决有争议的社会问题,也不可能在一个判决中解决所有问题。相反,法院判决应当为民主协商,包括民众的抵制,预留空间。复杂的社会政策问题,特别是这些涉及宪法价值的问题,最好通过“各方的相互斯杀”来解决。[64] 宪法对话的政治化毫无疑问是党派化,且承载着价值判断。但是,其他一切程序都不容许与宪法有关的政府各方以及人民进行必要的讨价还价,无法推动协商过程。同样,其他一切程序得出的结论很可能不被人民、人民的代表或法院接受。正由于此,法院、民选官员以及人民在制定公共政策,包括解释宪法时,都应当成为积极的参与者。

结语:持续的宪法对话

信奉司法至上为法院施加了不可承受之重。这种期待得到的即使不是灾难,也是失望。在引领公众对宪法问题的态度上,最高法院是(也仍
237 然应当是)一个重要推动者,但如果挑战法院判决异常“困难”——如果不是“徒劳无功”的话——对宪法决策并无好处。[65] 正如本书所力证的,宪法决策的方方面面都渗透着社会和政治的影响,法院无法摆脱。可能更重要的是,在我们看来,法院、民选政府以及美国人民之间的对话协商,既不可避免,又颇具建设意义。因为政府的每个部门都有其独特的优缺点,只有引入积极广泛的参与,才能改善宪法解释。此外,通过宪法对话,宪法会变得更加稳定、更有生命力——因为法院、民选官员和人民都认为自己是利益相关者。

我们是从制度上,而非基于政治、党派或政策考虑,得出这些结论。有些学者也持这种观点,但却是因为在他们看来,最高法院过于保守。因

64 Bikel, The Least Dangerous Branch, at 261.

65 Alexander & Schauer, *On Extrajudicial Constitutional Interpretation*, 110 Harv. L. Rev. at 1386.

此，他们支持民选部门发挥更加积极的作用，认为这样的结果会更好些。如果最高法院发生改变，变得与沃伦法院比较接近，他们就会改变看法，转而支持法院。我们的观点与法院的组成、偏好无关。我们的观点适用于目前的情况，也适用于此前的每个年代、每个世纪。

政治现实和宪法价值要求，法院与其他政治部门以及广大社会分担解释宪法的艰巨任务。宪法并不单单取决于文本或司法解释，而是从法院外的各种力量中——理念、习俗、社会和立法——汲取生命的养分。通过这种丰富多样的政治过程，有条不紊地调适宪法，进而在法律原则和不断变化的现实需求之间保持和谐。比克尔认为，法院参与了和政治部门乃至整个社会“持续的对话”，宪法原则是在这个过程中“通过对话发展演变，而非取决于某一方完美的阐释”。[66]

司法绝对主义最主要的不寻常之处，并不是“解释上的混乱”，[67]而是政府各级公共官员确实都有独立的宪法解释权。宪法的主要目的并不是要将最终解释权授予某个部门。制宪者优先考虑的价值是权力制衡，而非授予任何部门宪法价值上的垄断权。结果从一开始就是“合作解释”，每个部门都能作出独立的宪法解释，并且都愿意作出解释。这种体制存续了两百多年，并没有导致解释上的混乱。 238

在宪法问题上，包括法院在内，没有一个部门享有最终话语权。最高法院是一个主要参与者，但并不是最重要的。正是这种部门间的相互尊重与互相协商，使得非民选产生的法院能够在一个民主社会运转。三个部门同意公开进行协商，能够暴露各自的缺陷，有效控制恣意之处，逐步在宪法价值上达成共识。公众通过参与这个过程，为宪法文本增添合法性、生命力，以及不断更新其含义，否则宪法就可能是一个陌生的、短命的文件。这期间蕴含了真正的稳定性，蕴含着对宪法的尊重和理解。 239

---

66 Bikel, The Least Dangerous Branch, at 240, 244.

67 Alexander & Schauer, *On Extrajudicial Constitutional Interpretation*, 110 Harv. L. Rev. at 1379.

案例索引

(词条后数字为原书页码,见本书边码)

主题索引

（词条后数字为原书页码，见本书边码）

法政科学丛书

第一批书目

1.《日本国宪法的精神》

[日]渡边洋三 著 魏晓阳 译

作为日本政治的基石,《日本国宪法》具有和平宪法的本质特征。作者结合宪法和日本人民生活中的例子,倡导日本国民在当今复杂多变的世界局势和国内政治中,依赖宪法作为指南针,追求和平、自由、人权和平等,并号召民众抵制修宪派。

2.《中央与地方关系的法治化》

张千帆 葛维宝(美) 编

本书是由北京大学宪法与行政法研究中心张千帆教授和美国耶鲁大学中国法研究中心主任葛维宝教授共同主编的学术论文集,收录了有关中央与地方关系法治化问题的极具代表性的学术文章,主要探讨的是中央与地方分权的理论基础、地方自治及其宪法的界限、地域歧视与迁徙自由、中央与地方的财政分权和行政关系。

3.《社会权力与公民社会》

郭道晖 著

本书突破了传统的"以国家权力制衡国家权力"的权力制衡原则的局限,提出了"以公民权利制衡国家权力"的新命题,并在此基础上进一步提出了"以社会权力制衡国家权力"的新的权力制衡模式。本书所提出的社会权力理论,不仅为制衡国家权力、防止权力腐败提供理论支撑，而且为我国现代公民社会的构建提供一个全新的思路。

4.《**解析政治学**》

［美］梅尔文·希尼克(Melvin J. Hinich)，迈克尔·芒格(Michael C. Munger)著 陆符嘉 译

本书是政治学解析理论的介绍性读物，它解释了社会作为一个整体为什么要做出某些政治决策，而且将重点放在了评价这些决策上。本书以亚里士多德、霍布斯、卢梭等人的经典政治理论为依托，重点探讨了“中心”在政治中的作用。

5.《**人民自己:人民宪政主义与司法审查**》

［美］拉里·克雷默(Larry D. Kramer)著 田雷 译

在这一突破性地阐释了美国整个司法审查系统的著作中，拉里·克雷默揭示出，美国的建国者们曾经争取和创造了一个与当今美国人所认为的主流模式非常不同的系统，他们对公民的职责与权利曾有着与现在截然不同的看法。

6.《**地方政府竞争**》

冯兴元 著

本书论述了地方政府竞争的理论范式和分析框架，从地方发展模式、地方保护主义、各级政府公共服务事权的划分、城市政府竞争、县乡财政管理体制、村民自治实践等多个角度进行了实证分析，拓展了“竞争型政府”范式在地方政府经济、财政和政治行为分析中的应用，并探讨了财政联邦制是否可以成为地方政府竞争的秩序框架。

7.《论道宪法》

蔡定剑 著

本书集合了蔡定剑教授二十多年来公开发表的精华文章,全面展示了他在我国宪法和政制研究领域的卓越成果,读者从中不仅能够清晰地把握这位杰出学者的宪政思想和学术发展脉络,而且可以进一步加深对我国民主宪政发展历程及其所存在问题的认识和理解,这无疑会为我们进一步探求中国未来的宪政发展之路指明前进的方向。

8.《司法审查制度比较研究》

张千帆 包万超 王卫明 著

本书系统探讨了司法审查制度的理论和实践中的关键问题,对不同国家的司法审查制度进行了对比分析,并结合中国宪政制度的基本特点提出了具有一定建设性的对策,为我国的司法审查制度构建提供了清晰的思路。

第二批书目

9.《财政联邦主义》

[美]华莱士·E. 奥茨(Wallace E. Oates)著 陆符嘉 译

本书从经济学的角度,论述了中央政府和地方政府之间的职能分工,以及有效行使其职能所需要的财政工具。作者通过一系列假定,提出了分权化提供公共产品的比较优势,即著名的奥茨“分权定理”,并以此为基础,对联邦财政理论进行了经验研究和动态分析。

10.《生命权的宪法逻辑》

韩大元 著

本书对生命权的基本范畴、类型及有代表性的判例进行了理论和实证分析，深入探讨了死刑、自杀、人体器官移植、克隆人、安乐死等涉及生命权的社会热点问题，并提出了宪法在调整上述权利关系方面所应发挥的作用。

11.《自由主义基本理念》（修订版）

顾肃 著

本书从分析自由主义的理论基础入手，论述了自由主义对平等与自由、权利与正义、法治与民主等基本问题的看法；回溯了自由主义的思想渊源，对其历史演进作了详尽的描述；并以当代自由主义的发展及其与保守主义、社群主义的争论为中心，展示了当代自由主义的理论探索及其面临的挑战。

12.《论拉美的民主》

［美］彼得·H.史密斯 著　谭道明 译

本书对拉丁美洲自1900年至今的民主化进程进行了深入细致的考察，以全面且独特的视角介绍并分析了拉美国家民主的起源及进化，借助诸多例证性的奇闻逸事、人物评论、方法论说明以及对概念化发展路径的评议，对拉美国家在向民主推进过程中所涉及的相关议题进行了生动阐释。

13.《印度民主的成功》

［美］阿图尔·科利 编　牟效波 等译

本书主要关注了权力在印度的分配方式，认为它在中央集权与地方分权之间实现了一种微妙的平衡，即在没有完全排除边缘阶层的情况下，社会中强势集团的利益得到了满足。书中讨论了民主制度的巩固，也论及了推动或阻碍民主发展的力量，从而全面揭示了印度在探索民主政体构建方面所取得的成功。

14.《**自由国家的社会正义**》

[美]布鲁斯·A. 阿克曼 著　董玉荣 译

本书是继罗尔斯的《正义论》之后又一部重要的当代政治哲学论著,涵盖了诸如自由、民主、权力、财富、公民资格、教育、自由交换、托管制度、剥削和契约等内涵丰富且极具争议的政治学关键议题。布鲁斯·阿克曼通过对这些议题的清晰解读,充分厘清了自由国家的正义诸范畴,并特别强调了中立性对话在自由国家中规制权力斗争的基础性作用,指出任何权力主张都必须通过对质疑者的正面回应来获得合法性,这是自由国家社会正义的基本要求。

15.《**民主的宪法**》

[美]尼尔·戴文思 路易斯·费希尔 著　李松锋 译

在这部引人入胜的著作中,作者详细阐述了最高法院在解释宪法时如何受到民选的官员和普罗大众的影响。作者通过对种族歧视、隐私保护、联邦主义、战争权分配、言论自由和宗教自由等一系列热门案例的分析,表明了在诸如宗教自由和言论自由等领域,在个人权利保护等方面,民选官员比法院做得更好。正是非司法部门在宪法解释方面的贡献,捍卫了宪政原则,维护了宪法稳定,充分保护了个人和少数群体的权利。这在一定程度上纠正了传统上对美国宪法的认识,打破了司法至上的神话,丰富了美国宪法理论。